教育部人文社科研究青年基金项目成果
河北省社会科学基金青年项目成果

中小学师德问责制比较研究

◎ 乔花云　司林波　著

2018・秦皇岛

图书在版编目（CIP）数据

中小学师德问责制比较研究/乔花云，司林波著．—秦皇岛：燕山大学出版社，2018．5
ISBN 978-7-81142-526-0

Ⅰ．①中… Ⅱ．①乔… ②司… Ⅲ．①中小学－教师－师德－责任制－对比研究－世界
Ⅳ．①G635．16

中国版本图书馆 CIP 数据核字(2017)第 320202 号

中小学师德问责制比较研究

乔花云　司林波　著

出 版 人：陈　玉
责任编辑：张　蕊
出版发行：燕山大学出版社 YANSHAN UNIVERSITY PRESS
地　　址：河北省秦皇岛市河北大街西段 438 号
邮政编码：066004
电　　话：0335-8387555
印　　刷：北京建宏印刷有限公司
经　　销：全国新华书店

开　　本：787 mm×1092 mm　1/16　**印　　张**：13.5　**字　　数**：325 千字
版　　次：2018 年 5 月第 1 版　**印　　次**：2018 年 5 月第 1 次印刷
书　　号：ISBN 978-7-81142-526-0
定　　价：45.00 元

序

教育问责制作为提升教育质量、促进教育公平的重要举措，已经成为当今世界各主要发达国家和地区教育改革的重要内容，引领着世界教育改革的潮流和趋势。师德问责制是教育问责制的重要内容，对师德问责制度的研究和探索不是新近出现的新领域，从古至今，从中到西，很多成果出现在教师师德、教师专业伦理、教师职业道德、教师职业伦理、教师评价、教师惩戒等研究领域中。随着教育绩效运动在英美国家教育领域的兴起，教育问责制逐渐展现出巨大的成就和影响。其中，作为教育问责核心内容的师德问责的思想也开始逐步向世界其他国家和地区扩散，逐步形成了各具特色的师德问责模式。

相对于发展中国家，欧美发达国家的中小学师德问责制发展相对健全，尽管健全的师德问责制表现形式不同，但是健全的制度体系和有效的运行机制是欧美发达国家师德问责制的共同点。近年来我国频发的中小学教师师德失范行为，已经引起教育部门的高度重视，教育部提出了建立健全中小学师德建设长效机制的目标任务，2014 年1 月正式颁布的《中小学教师违反职业道德行为处理办法》标志着我国中小学师德建设进入问责的新阶段。

通过对欧美主要国家以及亚洲新兴工业国家和地区中小学师德问责制的介绍和比较，发现这些国家和地区中小学师德问责制的发展模式、特点和运行机制，对于我国中小学师德问责制的建立健全具有重要的启发意义。

本书选取了美国、加拿大、英国、法国、德国、澳大利亚、新西兰、日本、韩国、新加坡、中国香港和中国台湾等分布在四大洲的 12 个国家和地区的中小学师德问责制为研究对象，系统全面地介绍了世界各主要国家和地区中小学师德问责的现状和特点，对这些国家和地区中小学师德问责制的产生背景、制度设计及问责模式等方面的共性和差异进行了全面比较分析，高度概括出了国际中小学师德问责制的基本模式、特点及发展趋势，明确了对中国大陆的借鉴启示。进而在批判借鉴的基础上，试图构建起符合中国国情的具有中国特色的中小学师德问责制的理论、制度和实践体系，这无疑具有很强的理论和现实意义。

本书篇章结构设计合理，比较主题选择恰当。本书按照地域原则，选取北美、欧洲、大洋洲和亚洲的12个较典型的国家和地区作为研究对象，按照历史发展顺序，对世界主要国家和地区的中小学师德问责制的产生背景、发展历程等进行了较为详细的阐述；对研究对象均按照"背景—内容—特点—评价与启示"的篇章结构进行设计，便于进行横向比较研究；基于国际比较和中外比较两个视角对研究对象进行了深入的多重比较分析，得出的结论更加客观有效。这既是本书的特点，也是本书的优点和创新所在。

本书资料翔实，内容丰富，逻辑性较强。在当前国内尚无中小学师德问责制系统研究的现状下，作者能够对世界主要国家和地区中小学师德问责的理论与实践进行较为系统的梳理和研究，实属难能可贵。诚然在理论修养方面还需不断提高，但是透过本书的字里行间，我们有理由相信这一研究不是终点，而是一个新的起点。

他山之石，可以攻玉。本书是对师德领域问责制度研究的一次积极探索和尝试，不仅对世界主要国家和地区的中小学师德问责实践进行了介绍，而且还对构建中国特色的中小学师德问责模式提出了设想和建议，因此本书的出版将不仅是对教育管理学科理论的丰富，也将对我国教育改革的实践提供一定的参考价值。

希望作者能够在已经起航的师德问责的研究道路上，对这一问题进行更加深入、更加具体的研究，为构建符合中国国情的中小学师德问责制度贡献一份力量。

余小波

2017年12月16日于长沙

（作者系湖南大学教育科学研究院院长、教授、博导）

目录

第一部分 理论篇

第二部分 国别篇

第三部分　比　较　篇

第四部分　结　论　篇

第一部分

理论篇

1

第一章　绪　　论

本书所研究的“中小学师德”，特指普通中小学、中等职业学校、幼儿园、特殊教育机构教师的职业道德。幼儿园、小学和中学这三个阶段的学生对教师的依恋程度比较高，对教师的行为态度模仿性比较强，这都突出了中小学师德建设的重要性。中小学教师的师德水平在整个教育发展中处于关键地位，甚至对国家的发展具有重要影响，因此世界各国都对中小学教师师德问责制度的建设十分重视。中小学教师职业道德失范，不仅严重损害学生的身心健康，而且直接影响教育目标的实现和社会良好道德风气的形成。近年来频发的中小学教师师德失范行为，已经引起教育部门的高度重视，教育部提出了建立健全中小学师德建设长效机制的目标任务，2014 年 1 月正式颁布了《中小学教师违反职业道德行为处理办法》，该《办法》的出台标志着我国中小学师德建设进入问责的新阶段。

第一节　研究背景及意义

从国外的经验和近些年问责制在我国各领域的实践来看，师德问责制是打造中小学师德建设长效机制的重要制度途径。然而，就目前的情况来看，我国中小学师德问责不仅在理论研究上十分薄弱，问责实践经验同样不足。我国中小学教师承担着世界上最大规模的中小学教育，如何通过完善中小学师德问责制度促进教师专业化发展，提高中小学教师整体素质，以此提高中小学教育质量，是需要我们认真研究的一项课题。在此背景下，尽快深入开展中小学师德问责制理论与实践的比较研究，借鉴经验为我所用，必然是一项非常紧迫而有意义的工作。

一、研究背景

（一）国际背景

在国际认识上，1966 年联合国教育、科学及文化组织（UNESCO）提出“教学应被视为一种专业”。20 世纪 60 年代以来，西方国家教师专业化运动逐渐兴起，其根本目的在于提高教师队伍的整体素质和教育质量。因此，西方理论界对教师专业伦理、教师师德、教师职业伦理等进行了一系列研究。20 世纪 80 年代，世界各国陆续探索和变革教师评价制度，各国政府对教师师德这一核心概念及其标准和评价制度不断完善、改进，并在不同时代的价值体系的变迁中革新着他们关于中小学教育的方针政策。各国推行的教师专业化和教师评价改革成为势在必行的趋势，一方面问责制度将教师质量、教师素质敲定到教师这一专业身份上；另一方面，全球经济模式的国际化发展不断鞭策各国政府进一步完善教师问责制度，以便确保教师质量、提高国家教育水平。在整个教育体系中，中小学教育作为基础教育，各国政府严把中小学教师的各项改革措施，中小学师德问责制度成为各国教育改革的重中之重，成为各国当前教育体制综合改革的核心。

（二）国内背景

在我国社会传统文化中，教师的社会地位是特殊而崇高的。重视教育和优先发展教育是我国发展教育的方针。党的十九大报告明确指出教育优先，要全面贯彻党的教育方针，落实立德树人的根本任务，发展素质教育，提高教育公平，培养德智体美全面发展的社会主义建设者和接班人。这强调了“国家发展靠教育，教育发展靠教师”的理念，突出了教师的专业素养和质量水平的重要性。《中华人民共和国教育法》中规范“教师是履行教育教学职责的专业人员”，随之对教师专业建设的研究日益关注，教师师德构建不仅需要具有法典意义的伦理规范，师德的培养、失德行为惩罚等方面的研究也是极其必要的。

在传统与现代的社会文化的冲击中，教师作为教育伦理中重要的角色，承担着社会赋予教师的崇高的职业信念。在经济高速发展、物欲横流的大背景下，一部分教师的思想发生了偏离，其中中小学教师的偏离现象更加普遍，主要表现在缺乏事业心、上课照本宣科、知识贫乏、观念陈旧、教法呆板、缺乏爱心和耐心。在日常教育工作中，有的教师偏爱尖子生，漠视或歧视后进生，不能够有教无类和一视同仁；有的教师为了利益进行有偿家教，甚至向家长索要礼物。中小学教师失德行为成为社会热议内容，其社会危害巨大，不仅表现在使受害学生产生重大的心理和行为创伤，还会降低教师群体的社会信誉度，损害其他优秀教师的利益。尤其在互联网信息分享下，“虐童”“虐待学生”“性骚扰学生”等触目惊心的负面新闻，引起了整个社会对教师师德的讨论和质疑，通过关注这些案件的处理过程揭示出师德问责制的不尽完善。

导致以上问题出现的原因是多方面的，既包括教师自身素质差和行为低劣，也包括师德建设机制不健全等原因。尤其是我国中小学师德问责制在各个方面还处于不完善阶段，对教师师德建设引导作用小，缺乏规范教师师德行为的科学的参照依据，缺乏保障教师师德利益的相应制度体系。可见，一切问题的解决都集中在中小学师德问责制度建设上。因此，我们一方面继续分析我国中小学师德问责制度的不完善处；另一方面还要比较其他国家和地区中小学师德问责制度的特点和优势，以此作为参照和借鉴提出对我国中小学师德问责制度建设的合理建议。

二、研究意义

(一)理论意义

基于国际的视野,开展对不同地域、不同文化传统及制度环境的国家和地区中小学师德问责制的思想和理论的梳理与比较,一方面可以丰富对中小学师德问责制基本理论的认识,包括对具有共性特征的一般理论和具有国别差异的特色理论的认识两个层面,进而推动我国中小学师德问责制理论体系的建立和发展;另一方面也是对问责制理论和教育管理学科理论的丰富和拓展。具体的理论意义表现在以下三点:

第一,丰富了中小学师德问责制的理论体系。目前对教师师德、教师专业伦理、教师职业伦理的研究还呈现分散化研究,师德问责体系应该包含哪些必要制度还没有定论,通过对美国、加拿大、英国、法国、德国、澳大利亚、新西兰、日本、韩国、新加坡,以及中国的港、台地区等12个典型地区的中小学师德问责制进行比较分析,来挖掘各国和地区中小学师德问责制的法律规范、问责主体、问责制度、问责特点等方面的共性和异性,从而形成中小学师德问责制度体系。

第二,提高了师德研究的成熟度。对于核心词汇还没有达成共识,师德内涵、师德培养、师德问责及其惩戒等研究还呈现"东家言东家,西家言西家"的局面,表明在师德研究领域的研究主题集中度较低,研究的成熟度也不高。本书通过对核心词汇,如教师师德、教师专业伦理、教师职业伦理、教师师德培养、教师师德问责制等概念的界定、比较和分析,提高了师德领域研究的成熟度。

第三,丰富了比较教育的学术研究。纵观中外中小学师德问责制发展历程,可以看出师德问责制一直处在不断地完善中,各国所构建的师德问责制都具有鲜明的国家文化特点和时代特点,问责制度受到国家行政体制、社会发展程度、教育理念等多元因素的影响,在不同的历史阶段会聚焦不同的问责核心价值,形成了不同的师德问责制度的内容体系和建构机制。因此通过对中小学师德问责制的国际比较,通过介绍分析美国、加拿大、英国、法国、德国、澳大利亚、新西兰、日本、韩国、新加坡,以及中国港、台地区的中小学师德问责制度,为我国的中小学师德问责制的发展改革提供一定的理论指导,丰富了比较教育的学术研究。

(二)实践意义

从"地域""文化""制度"背景差异出发,积极开展中小学师德问责的法律规范、制度设计及其运行体制机制的比较和典型案例的研究,必然可以发现和归纳各国中小学师德问责制建设与运行中的成功经验和失败教训,可以为我国中小学师德问责制度及其实践体系的建构提供直接的参考价值。具体实践意义表现在以下两点:

第一,为我国建设中小学师德问责制度提供参照和借鉴。相对于其他国家的中小学师德问责制度而言,发达国家的中小学师德问责制度建设得相对完善,有很多值得我国参照的地方。本书所选取的国家及地区,无论是来自美洲、欧洲、大洋洲还是亚洲,均已具有比较完善和具有其发展特点的中小学师德问责制度,通过比较这12个国家和地区的中小学师德问责制度,总结它们中小学师德问责制度的特点,提出对我国建设中小学师德问责制度的建议，为我国完善中小学师德问责制度提供必要参照和借鉴，具有重要的实际意义。

第二，为制定中小学师德行为规范提供了调查材料。行为规范是一种纸质的有文本性质的"应然"蓝图，本书通过梳理这12个国家和地区的师德行为规范，了解其他国家和地区在中小学师德行为和失德行为的范围界定，为绘制"师德行为规范"这一蓝图奠定了基础，为制定我国中小学师德行为规范提供了参考。

第二节　国内外研究现状

对中小学师德问责制度的研究和探索不是新近出现的创新领域，从古至今，从中到西，很多研究出现在教师师德、教师专业伦理、教师职业道德、教师职业伦理、教师评价、教师惩戒等领域范围内，这都是师德问责制度所研究的内容。但是直接对某个国家的中小学师德问责制度进行研究的专著和论文还不多。通过对国内外学者的文献梳理，我们来分析中小学师德问责制的国内外研究现状。

一、国外研究现状

对中小学师德问责制度的研究，最早是从对师德规范的研究开始的。早在1954年莫斯科举行的国际教师团体协商委员会就对师德规范做出了明确规定，会议通过了《国际教师团体协商委员会教师宪章》，提出了有关道德意识、师德行为等方面的概念界定，内容包括教师要尊重学生，学生具有思想自由的权利，教师不能将自己的信仰和见解强加于学生等内容①。随后，在1966年，联合国教科文组织通过的《关于教师地位建议书》提出了9条具体师德规范。美国最早的师德规范和守则可以追溯到1929年的《教学专业伦理规范》。日本在1952年通过了《教师伦理纲领》，提出了10条关于师德方面的规范，规范的主要目的是倡导教师职业的道德理想。目前各国和学者们在道德规范上提出了更为具体的要求，日本从对自身、对他人、对自然和个人与团体四个方面提出师德规范；德国教师具有国家公务员和教师的双重身份，分别从公务员角度和教师职业角度提出教师师德行为规范，指出教师要重视对教育关系的理解；英国师德规范融到了各学科的教学内容与实践中，要求教师要掌握青少年身心发展、卫生安全知识、与学生家长关系等方面的知识。

此外，在各国形成本国的师德规范文本之时，学者们就师德规范提出了自己的见解。国外学者们一般将师德表述为教师职业道德、教师职业伦理、教师职业责任等概念。Alnasrawi S. C. 和 Gill J. A. 认为沟通、团队合作和道德行为等专业技能在各种职业中通常比技术能力更重要。在道德的利他性方面，教师比医生、律师及工程师职业更强调这一点，对教师的道德要求甚至比其他专业知识要求更重要。Alnasrawi S. C. 和 Gill J. A. 通过在佛蒙特州进行了一项实验，让一位特殊教育者担任常规教育工作者顾问，在此模式下开发了咨询师资的道德规范，规定了其资格、程序，以及咨询教师与学生、家长和其他员工

① 洛克．教育漫话[M]．杨汉麟，译．北京：人民教育出版社，2007．

的关系①。早在1988年,Strike K. A. 提出教师要具有公平、诚实、承诺、尊重和责任等师德,才能真正对待师生之间平等的关系②。Mead J. V. 对教师在日常决策过程中的行为进行了研究,主要采用了访谈方法,让教师描述了他们认为重要的关键事件。通过对访谈结果分析,提出师德规范主要体现在师生如何平等地在个人需求中进行互动作用,并且提出了道德规范个人化的理念,最后提出了一个规范模型,解释教师如何在日常的基础上进行道德操守③。Children Y. 和 P-Mar V. N. 通过介绍教师处理"一名被抓住偷窃的小学生"这一案例的不同观点,根据提议的解决方案来对照 NAEYC 的道德准则,提供学生行为分析,并提出可能涉及或不涉及儿童父母的纪律处分建议,以此来验证官方颁布的道德准则与教学过程中的匹配度问题④。以上可见,学者们对教师职业道德研究的核心内容是师生关系中的教师行为。

在教师师德规范中,除了规范教师和学生的行为关系外,对教师之间、教师和家长之间、教师和教育管理机构之间等关系同样重视。Osobka A. 指出,要分别从法律和道德两个方面来分析教师的职业道德,学校和教育委员会所拟定的章程中应该对教师与其他客体之间的道德关系都进行规范⑤。Colnerud G. 指出教师的职业道德还应该包括解决好教师与学生、教师与教学、教师与同事、教师与家长这四者的关系⑥。Fenstermacher 指出采取适当的措施来监督学校办学,使学校的管理更加透明化,是避免教师腐败的一个重要措施,是加强教师职业道德修养的一个方法⑦。

师德规范的建立为教师师德行为提供一道标杆,有利于教师师德的形成和发展,因此很多学者都提出师德规范的建立具有重大作用。Nash 提出道德守则使教师掌握了做伦理决策时的技巧,教师能将决定和合适的规则联系起来⑧。Gunnel Colnerud 认为建立教师的职业道德守则与个人的道德判断和伦理规则并不冲突,它们是相辅相成的⑨。Lew M. M. 等人指出教师需要掌握道德知识和决策技巧以此来检查"正确"和"错误"的师德行

① Alnasrawi S C,Gill J A. Consulting Teacher Code of Ethics[J]. Education Unlimited,1981(3):42-44.

② Strike K A. The Ethics of Teaching[J]. The Phi Delte Kappan,1988,70(2):156-158.

③ Mead J V. Does a Professional Code of Ethics Exist for Teachers? An Investigation of the Operation of Ethical Codes in Daily Teacher Decision Making[C]. The Annual Meeting of the American Educational Research Association. New Orleans,1988.

④ Children Y,P-Mar V N. Using the NAEYC's Code of Ethics[J]. Young Children,1997,49(March):56-57.

⑤ Osobka A. Breach of ethics(Teacher's code of ethics)[EB/OL]. http://www.geocities.ws/pan_andrew/teachers.htm.

⑥ Colnerud G. Ethical Conflicts in Teaching[J]. Teaching & Teacher Education,1997,13(6):627-635.

⑦ Gary D Fenstermacher. On the Concept of Manner and its Visibility in Teaching Practice[J]. Journal of Curriculum Studies,2001,33(6):639-653.

⑧ Nash R J. Three Conceptions of Ethics for Teacher Educators[J]. Journal of Teacher Education,1991,42(3):163-172.

⑨ Gunnel Colnerud. Teacher Ethics as A Research Problem:Syntheses Achieved and New Issues[J]. Teachers & Teaching,2006,12(3):365-385.

为，并提出在马来西亚，教师职业道德规范(TCEs)包括阐述教师对四类利益相关者(即学生、家长、自我、同事和教师职业)的问责陈述①。Cho E. J，Han S. Y 和 Shin H. E. 审查了道德准则，指出准则为幼儿教师的道德决策和实践提供了指导方针，并对韩国、日本、英国和美国的道德准则进行了比较，来分析道德守则的利益范围，以及如何从最小损害的观点转向最大利益的观点②。

纵观国外众多教师师德规范的发展和形成，并不完全是由政府单方面研究出台的，更多的是一些教师协会或教师组织不断地起草修改完善的。这些成果的形成，背后必不可少的是许多专家的理论论证和实证论证，这也是所颁布的师德规范和师德守则被教师接受并遵守的原因之一。大量的实证论证更多地反映了教师第一线的工作需要和真实行为。教师评价成为论证教师师德水平的有效方式。美国为了提高教师能力，实行差异工资，对于能力强的教师和使学生成绩明显提高的教师进行奖励。加拿大为了提高教育质量，将教师师德评价作为一项政策以此督导教师专业化的形成，通过教师反思自己的教学行为，以确保所有教师都能提供最优质的教学，从而使每一位学生都能够获得最优质的教育。英国在 20 世纪 80 年代末提出了发展性教师评价制度，其评价理念在于改进教师各项能力，尤其是教师师德水平，直至发展成现在的教师绩效评价体系。日本最早在 1999 年提出教师业绩评价，替代原来的教师工作评价，其中对业绩的阐述很多是在反映教师师德方面的业绩。

通俗来讲，师德问责制是指对教师的职业道德和专业责任进行考察和评价。Fleischmann K. R. 等人通过研究组织和个人是否需要通过发展道德规范来促进人们遵循道德准则，发现大多数建模者主张构建道德守则③。Ametrano I. M. 和 Lloyd-Hazlett J. 都对学生辅导员师德问责进行了分析，认为健全的师德决策制定，包括协调个人价值和专业价值的能力，是辅导员师德的一个关键方面，师德问责制度是一项极其复杂的任务，因此单纯的道德规范和标准是不够的④⑤。除了各种法律法规规范这些硬性指标以外，师德问责制度建设也会受到其他软性指标的影响。Annette Braun、Meg Maguire、Stephen J. Ball 通过对比英国 4 所中学的政策环境，提出在相同的外界政策影响下，具有团队精神的学校

---

① Lew M M，Applegate B，Lim Z C，et al. Evaluating Pre-Service Teacher's Knowledge on Teacher Codes of Ethics：Challenge faced by Malaysia's Teacher Education Institute[EB/OL]. https://scholarworks.wmich.edu/grad_research_posters/100/.

② Cho E J，Han S Y，Shin H E. Early Childhood Teacher's Professional Ethics ：The Code of Ethical Conduct[J]. Korean Journal of Child Studies，2016，37(6)：185-200.

③ Fleischmann K R，Hui C，Wallace W A. The Societal Responsibilities of Computational Modelers：Human Values and Professional Codes of Ethics[J]. Journal of the Association for Information Science & Technology，2017，68(3). 543-552.

④ Ametrano I M. Teaching Ethical Decision Making：Helping Students Reconcile Personal and Professional Values. [J]. Journal of Counseling & Development，2014，92(2)：154-161.

⑤ Lloyd-Hazlett J，Foster V A. Student Counselors' Moral，Intellectual，and Professional Ethical Identity Development[J]. Counseling & Values，2017，62(1)：90-105.

中的教师，更容易获得教育自信，能够自主地遵守教师道德规范①。Zhu Chang 提出类似观点，指出学校文化是影响教师行为和教师态度的重要因素，对学校师德特点的形成至关重要②。Martin C. 提出教学是一种道德努力，教育价值定性为道德探究和实践的持续学习过程，最好通过一种自由教育形式来实施③。Goh P. S. C. 和 Wong K. T. 在研究实习教师胜任能力时，提出不能一味实施基于标准的教学实践培训和师德评价，应让实习教师在整个教学培训、实践和评价过程中参与进来，同时还提到信任和尊重对实习教师能力形成具有重要影响作用④。Alis Oancea 提出在教师师德培训中，建构教师知识和教师属性，可以对教师公开的教学记录话语进行分析，将知识传授和师德影响联系起来，作为实践教学的一种方式⑤。在中小学师德问责制度中，校长作为一个重要的问责主体，具有问责组织者和问责被调查者的双重性质。Linda Hammersley-Fletcher 讨论了英国校长及教育管理者与教师在教育价值观和教育师德方面存在分歧的地方。校长及教育管理者为了寻求学生的利益，会迫使教师在教育实践中遵守更多的约束和规范。而教师师德最好的培养和应用方式，不是自上而下的方向，而是通过多层次协作和授权来灵活实现的⑥。

西方国家近代中小学教育的历史较长，中小学师德问责制的理论研究和实践成果也较丰富。在理论发展方面，西方学者对中小学师德问责制的研究过程是一个由教师个体责任向公共责任演变的过程。在师德问责之初，主要是对教师个体的职业道德失范实施责任追究，后来随着实践的深入，教育行政主管部门、学校，甚至是师资培养单位等都被纳入问责的范围。在问责客体演变的同时，问责的主体也随之发展。目前，学校、教育行政部门、企业单位和社会组织等都已成为师德问责的主体。其中，学校和教育行政部门由于担负师德培训和监督的责任，也同时是问责的客体，承载了主客体的双重身份。双重身份的存在也为师德问责中的行动选择带来了困扰。这也是当前师德研究的重要论题。

对师德规范建设的重视是西方国家中小学师德问责制的又一个重要特征，西方国家中小学师德问责的思想也主要体现在政府部门或行业组织颁布的师德规范和专业标准中。通过对美国《教育专业伦理规范》和《每个特殊儿童教育者必须知道什么——有关特殊教育教师准备和资格的国际标准》、德国《教师教育新标准》、英国《教师职业标准》等相

---

① Beynon A, Maguire M, Ball S J. Policy Enactments in the UK Secondary School: Examining Policy, Practice and School Positioning[J]. Journal of Education Policy, 2010, 25(4): 547-560.

② Zhu C, Devos G, Li Y. Teacher Perceptions of School Culture and their Organizational Commitment and wellbeing in a Chinese School[J]. Asia Pacific Education Review, 2011, 12(2): 319-328.

③ Martin C. On the Educational Value of Philosophical Ethics for Teacher Education: The Practice of Ethical Inquiry as Liberal Education[J]. Curriculum Inquiry, 2013, 43(2): 189-209.

④ Goh P S C, Wong K T. Beginning Teachers' Conceptions of Competency: Implications to Educational Policy and Teacher Education in Malaysia[J]. Educational Research for Policy & Practice, 2014, 13(1): 65-79.

⑤ Oancea A. Teachers' Professional Knowledge and State-Funded Teacher Education: A (hi)story of Critiques and silences[J]. Oxford Review of Education, 2014, 40(4): 497-519.

⑥ Hammersley-Fletcher L. Value(s) Driven Decision-Making: The Ethics Work of English Headteachers within Discourses of Constraint[J]. Educational Management Administration & Leadership, 2015, 43(2): 198-213.

关师德规范和职业标准的分析，我们可以探微西方国家中小学师德问责制的基本内涵和特质。基于对西方国家中小学师德规范和专业标准的解读，我们可以发现西方国家中小学师德问责制建设具有的基本特点：一是师德规范的制定具有层次性，便于对教师整体与个体提出不同层次的职业道德要求。比如美国《教育专业伦理规范》将师德分为师德理想、师德原则、师德规则三个层面的内容，其中师德规则层次最低，也最为具体详细，对教师行为提出了明确具体的要求，如不得利用与学生的专业关系牟取私利、不得无故阻止学生接触各种不同的观点、不得有意为难或者贬低学生等。二是把师生关系作为师德问责的核心内容。三是在师德问责中，注意把教师对师德规范的心理认同和外部的激励机制有机结合起来，通过问责促进教师职业道德的内化与养成，实现由他律向自律的转变，进而提高师德问责水平和效果。四是鼓励问责中的广泛参与，学生、家长和社会普通公民，甚至是企业等用人单位都可以成为师德问责的主体。五是不断创新问责方式，在问责方式的选择上，除了自上而下的教育行政问责之外，积极探索专业问责、市场问责等新兴问责方式。六是问责结果异常严厉，教师一旦踩上师德红线，就有面临着被辞退的危险，有的甚至终身丧失教师资格。总体来说，西方国家在中小学师德问责制的理论研究和实践方面已经积累了丰富成果和经验，值得我们学习和借鉴。国外学者对中小学师德问责制度的研究，不仅为各国政府构建中小学师德问责政策方针提供参考，也为我国学者研究中小学师德问责制度提供了研究方向，从而为我国构建中小学师德问责制度奠定基础。

二、国内研究现状

在教师漫长的职业发展中形成了一定的道德准则，教师专业发展对教师职业道德赋予了新的要求，我国学者对教师师德问责的研究是从教师师德的内涵和范围开始的。教师专业化是教师通过专业训练获得教育专业知识技能，实施专业自主，表现专业道德，提高从教素质的成长过程。我国较早明确提出教师专业道德的人是常道直，他于 1939 年发表了《世界教师专业道德规约》的提案，在其所著的《教育制度改进论》书中，提出教师专业道德规约是指指示教师在各种关系及活动中所常信守之德义和专业的原则①。

对于教师专业道德和教师职业道德两个概念，我国学者对其有不同的见解。董小燕认为普通职业道德作用范围较为广泛，接受的是他律的约束，而专业道德在专业范围内靠专业人员的自律践行道德②。谷静认为教师专业道德是升级版的教师职业道德，是教师作为专业人员所必须具备的最基本的专业准则③。目前，学者们更多地将教师专业道德作为教师职业道德的一部分来研究分析，无论两者是何种关系，毋庸置疑的是它们都是教师师德的一部分。

对于教师师德规范的研究，杜中兰和李天凤对新中国成立以来颁布的第四版《中小学教师职业道德规范》进行了比较分析，他们认为规范不断地修改体现了与时俱进的特点，不断对教师的精神境界提出更高的要求，体现了以人为本、以生为本的理念和注重教师个

---

① 常道直.教育制度改进论[M].南京：正中书局，1942

② 董小燕，顾建民.专业伦理教育与高校德育改革[J].教育科学，2001，18(2)：43-45.

③ 谷静.专业道德：教师职业道德的超越[J].教学与管理，2008(3)：17-20.

人修养、树立终身学习目标的理念。最后，他们提出要采取多种措施贯彻落实规范①。我国学者主要从师德内涵、师德行为要求，以及失德行为等方面进行研究。师德的内涵可以分很多层次，从要求上看，教师师德具有高层次性，教师师德被视为教师素质的重要组成部分，是因为教师师德不仅是教育目的也是教育内容，具有特殊的教育价值。从行为上看，教师师德具有很强的典范性，在影响上教师师德具有深度和广泛性，学生常常会不自觉地效仿教师的言行、态度和气质等，而且通过学生的行为随着他们的成长过程影响到学生家庭乃至整个国家和社会的道德风尚。中小学师德问责制的核心概念是问责，"问责"的准确内涵应是"问责主体对责任主体履职过程的监督、过问，以及责任主体对监督、过问的回应，而不完全等于事后责任追究"。因此，认为中小学师德问责制是指相关权益主体依据一定的规则、标准和程序，对中小学教师在处理师生关系、同事关系及与学校和社会的关系中对职业道德规范的遵守情况，以及教育行政部门、学校等相关责任主体对教师职业责任的绩效表现进行监督、质询和评价，并要求其承担否定性后果的一种责任追究制度②。

在师德问责制的建设中，离不开各种师德规范，最常见的是各国或各州制定的教师标准，以此作为评判教师师德的依据。朱剑通过解读《苏格兰职前教师教育标准》，提出以"学生为本"为核心的师德规范，从课程设计到实际教学，具体规范细化出 100 个条款③，运用具体的教师标准规范来对教师师德进行引导和评判。同样，师德规范在教师相关培训规范文本中也会有所体现，吴迪认为英国职前培训文件中提出的 3 个一级培训指标对教师专业价值和个人义务进行了规范，不仅成为评估培训的标准，也成为判断、评价客体是否符合要求的主要参照标准④。

在实证研究方面，朱宁波、刘丽娜从意识和行为两个维度对中小学教师职业道德建设的现状进行了调查，调查表明：中小学教师在《中小学教师职业道德规范》的要求与践行之间还存在着很大的差距⑤。于永顺根据对中学教师职业道德的分析，提出 4 个冲突，即现代教育对中小学教师职业道德的高要求与中小学教师对自身职业低认同之间的冲突；教师树立权威形象与学生渴望被"尊重"的需求之间的冲突；在教育过程中团结协作的道德要求与教育内部分歧之间的矛盾冲突；家长渴望与教师沟通和教师无暇与家长交流之间的冲突⑥。蔡永红认为教师绩效评估是教师资格证书、教师聘用、教师奖惩、教师职业梯级计划，以及教师证书更新续用的依据，通常以教师评价的形式出现，提出了从职业道德、职业奉献、助人合作、教学效能、师生互动、教学价值 6 个维度对教师进行评定⑦，以了解教师工作的质量，这 6 个维度都是教师师德的直接表现。在师德的评价方式上，孔祥沛认为"德性"的文化传统使得评价更多的是一种人文主义的评价模式，过分强调了评价的民

① 杜中兰，李天凤. 我国中小学教师职业道德规范之变迁[J]. 现代教育科学，2009(4)：39-41.

② 乔花云. 中、美、英三国中小学师德问责制比较研究[J]. 佳木斯大学社会科学学报，2015，(5)：167-169.

③ 朱剑.《苏格兰职前教师教育标准》解读[J]. 外国教育研究，2013，40(7)：92-101.

④ 吴迪. 苏格兰职前教师教育课程鉴定与评估述评[J]. 徐州师范大学学报，2006，(4)：122-126.

⑤ 朱宁波，刘丽娜. 中小学教师职业道德现状的调查研究[J]. 教育科学，2009，25(6)：37-41.

⑥ 于永顺. 我国中小学教师职业道德面临的主要问题及解决对策[J]. 教育科学，2001(1)：18-22.

⑦ 蔡永红. 对教师绩效评估研究的回顾与反思[J]. 高等师范教育研究，2001(3)：73-76.

主性和伦理性而忽视通过评价获得改进路径的目的性①。目前，对教师师德评价的研究门目繁多，从理论层面，师德评价具有帮助教师改进的功能，但是在实践中，教师师德评价和改进措施实施的整体效能偏低，如何通过教师师德问责制度提高教师绩效考核和师德评价的科学性和有效性是目前亟待解决的一个问题。

目前，在对中小学师德问责的研究中，学者们注意到影响中小学师德的非常规影响因素。孙炳海从教师职业道德规范的变化发现，教师师德的体现从道德理想转为更细化的行为特点，通过构建由共情表达、共情动机和共情感知组成的中小学教师职业道德行为三维影响因素，提出教师共情是影响关爱行为的最有效的一种途径，从而能够真诚地从学生立场考虑，调节自己的教学，以适切的方式引导学生在学业与情感各方面的成长②。李晓燕认为中小学教师法律素养也是中小学师德体现的一部分，教师劳动的示范性特点使教师的法律素养在法治教育中具有“师表”作用。她提出，教师要提升对教育法律现象的高度敏感力，正确理解法治与德治的关系；遵守教育法律规范，坚守教师职业道德底线；善于依法行使教育权，教育和引导学生；依法制定学生管理制度，日常管理体现法治精神③。

国内学者对中小学师德问责制的直接研究非常稀少，通过中国知网检索，尚没有发现专门讨论中小学师德问责制的文献，但师德问责的思想从其他相关文献中仍然可以发掘。

通过对相关文献的梳理，涉及中小学师德问责的研究主要蕴含在如下几方面研究成果中：

一是散落在关于教育问责制研究的相关文献中。教育问责制产生于 20 世纪五六十年代的美国，是顺应对基础教育质量改进的呼声而兴起的，于 20 世纪七八十年代已广泛被西方国家所采用。教育问责制与中小学师德问责制既存在不同，又存在交叉，比如教育问责和师德问责的标准和内容不尽相同，而主客体则可能存在重合。虽然国内关于教育问责制的研究文献不是十分丰富，但在关于义务教育问责制和中小学校长问责制研究的相关文章中还是提到了对教师职业道德责任追究等问题。只不过这里所提到的职业道德责任追究是作为教师承担的对学生德智体全面素质培养中“德”的培养应该承担的责任和义务，而中小学师德问责制中“师德”的含义要更加丰富，远超过对学生德育的培养的范畴。所以，教育问责制中关于师德问责的相关成果对师德问责的阐述和理解相当有限。

二是散落在关于教师道德和教师职业道德的相关研究中。国内学者关于教师道德、教师职业道德研究的文献特别多，而且多数文献对教师道德和教师职业道德没有做出明确区分，一些直接以“师德”为主题的文献也没有明确所研究的是教师道德还是职业道德，其实二者的内涵和外延都是不同的。在已有的研究中，关于高校教师道德，特别是职业道德的研究较多，关于普通中小学和中等职业学校教师职业道德的研究文献相对较少，关于幼儿园和特殊教育机构教师职业道德的研究则更少。相关文章大多发表在普通期刊上，理论性和学术性不强，主要讨论的是教师职业道德的概念、内容、存在的问题及改进对策等，而且部分文章有把教师职业道德无限扩大化的趋向，实际上缺乏实质的内容，在实践

① 孔祥沛．论我国高等教育评估机构面临的十大挑战[J]．辽宁教育研究，2007(2)：97-99.

② 孙炳海．中小学教师职业道德行为的心理学研究[J]．教育科学研究，2018(3)：93-96.

③ 李晓燕．中小学教师法律素养在法治教育中的师表作用及其实现[J]．中国教育学刊，2018(3)：7-10，21.

中也不好把握，也就无法实施问责。因此师德问责制的对象是教师职业道德，而不是教师道德。在已有的关于中小学教师职业道德建设的研究成果中，提到了教师职业道德失范及责任追究问题，这是直接与师德问责制相关的成果，但正如前面所说，这些成果的理论性和学术性不强，没有从学理上进行深度分析，也没有从法理上提出行之有效的制度构想。所以，在关于教师职业道德问题的专题讨论中，国内学者对师德问责制的关注不够，几乎没有相关的科研成果。

三是散落在关于教师责任和教师职业责任的相关研究中。目前学术界对教师责任问题已经从哲学、伦理学、教育学、法学等多个角度进行了讨论。在已有研究成果中，部分学者还对教师责任进行了分类，并提出了对各类型责任的问责方法。比如田秀云教授将教师责任分为法律责任、职业责任、道德责任三种类型，这些概念都与师德问责制密切相关，其中职业责任既是教师责任的重要类型之一，也是教师职业道德的核心内容。师德问责制的核心就是对教师职业责任的评鉴和追究。因此，关于教师职业责任的研究成果直接构成了师德问责制的重要理论基础。但在已有成果中，关于中小学教师职业责任的研究寥寥无几。因此，在教师职业责任领域的研究仍然没有对中小学师德问责制得出较为有分量的成果。

总体上来看，国内对中小学师德问责制的基本理论研究的关注度还不够，理论研究成果很少，在中小学师德问责的制度建设方面也缺乏实践经验。同时，国内学者也没有开展对西方发达国家及国外其他国家中小学师德问责制的专门系统研究。课题组认为，我们接下来的研究和工作重点：一是尽快深入开展中小学师德问责制的理论研究，明确师德规范和问责标准，切实制定适合我国国情的具有可操作性的师德规范及实施细则；二是对保障师德规范落实的制度及其运行体制机制进行研究，建立中小学师德问责长效机制；三是积极探索多样化的问责工具和问责方式。同样认为，开展国内外中小学师德问责制的比较研究是尽快实现上述目标的有效途径。

三、研究现状评述

国内外学者对中小学师德问责方面的研究很多，这一方面表明了中小学师德问责的重要性，另一方面表明了中小学师德问责研究的不成熟性。以上对国内外学者相关研究的分析，为我们提供了大量的可供借鉴的理论和方法，奠定了一定的研究基础。目前各国政府仍在中小学师德问责制度方面进行不断的完善，究竟一个什么样的制度体系才是一个科学的、系统的、完善的师德问责制度体系，这仍是需要我们继续研究的一个重要课题。

从目前的研究理论上看，国内外学者对师德方面的研究相对丰富，但是没有形成一个完整的、系统的体系。在中小学师德问责制度方面，更多的是对中小学师德建设、中小学教师评价、中小学专业道德等方面逐个进行分析，对中小学师德问责制度没有清晰全面的分析。

在中小学师德规范方面的研究中，学者们通过一系列方法提出了师德规范应包含的内容，包括教师与学生之间、教师与教师之间、教师与家长之间、教师与各级政府教育部门之间各种关系的规范。在完善中小学师德规范方面需要将零散化的研究系统整合起来，切实分析中小学教师师德的现状和问题。在制定中小学师德规范时，一定要体现出中小学教师的职业特殊性。

在中小学师德评价方面的研究中，通过大量的文献收集和整理，发现中小学师德评价结果最终多以对一些中小学教师道德楷模进行宣传或由道德楷模分享的总结、报告来展现。中小学师德问责制度是以中小学师德评价为基础的，因此如何科学有效地进行中小学师德评价也是我们即将研究的内容之一。

综上所述，目前对于中小学师德问责制度的研究已经取得了一定的成果，但也存在着一些问题，例如中小学师德问责的研究片面化、非系统化，针对中小学教师特点的师德研究未能体现。本书正是针对这些问题，通过对不同国家和地区的中小学师德问责制度进行比较、分析，吸取经验、教训，试图为我国完善中小学师德问责制度提出相关建议意见。

第三节　基本思路、内容及方法

一、研究思路

本书的研究思路路线图如图 1.1 所示：

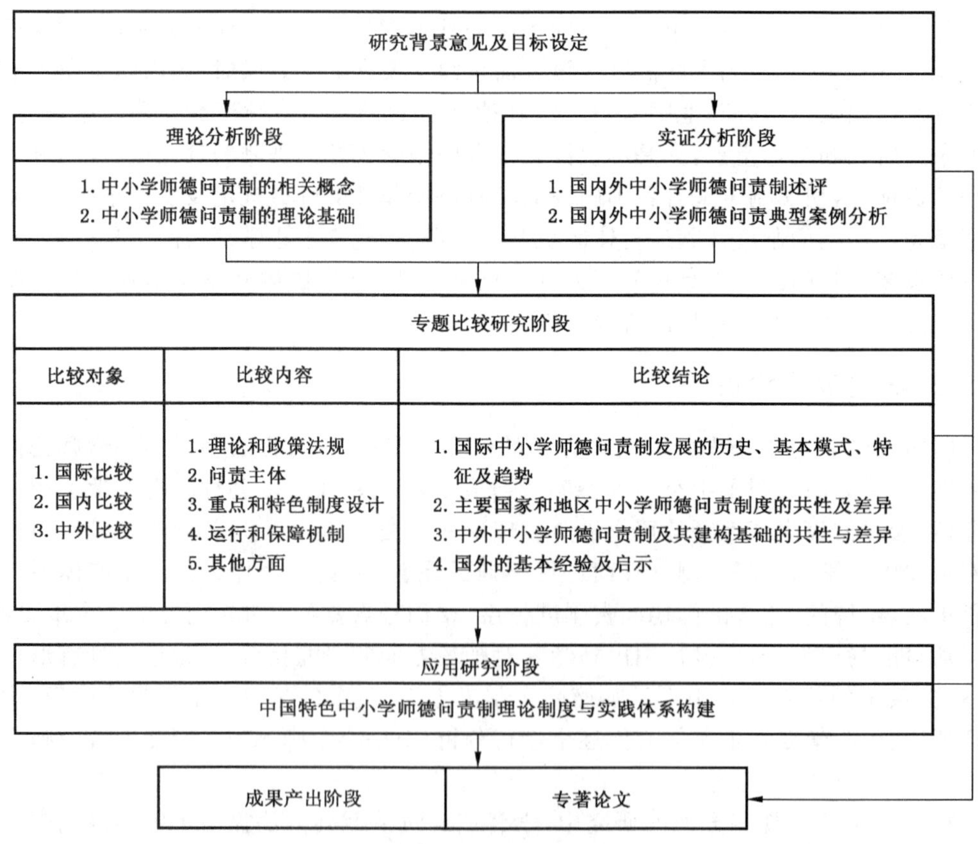

图 1.1　研究思路路线图

二、研究方法

(1)文献研究法。本书除了使用传统的文献法检索资料之外,主要采用网络来检索所需资料,另外还通过 E-mail 方式与国内外专家联系,获取相关国家和地区中小学师德和师德问责制建设方面的珍贵资料或查询资料的途径,并对文献资料进行鉴别、整理、筛选与综述。

(2)比较研究法。横向比较与历史比较相结合。在对各个国家和地区中小学师德问责制的介绍中主要采用历史比较的方法,理清各国和地区中小学问责制的发展历程及各个时期的特点,从而更加准确地把握各国中小学师德问责制的一般理论和特征;在国家和地区间的比较中主要采取横向比较的方法,重点归纳各国和地区中小学师德问责制建设的共性与差异。

(3)案例研究法。案例研究可以补充一般理论研究和宏观分析的不足。本课题将选择主要国家和地区具有典型特征的中小学师德失范问责案例进行深入剖析,解构师德问责的国别差异及其背后的影响因素,从而为我国中小学师德问责制的本土化建构提供更加具体、直接的参考。

三、主要研究内容

第一部分,理论篇,包括第一章和第二章。第一章,通过对中小学师德问责制的背景介绍,提出其研究的理论意义和实践意义;对国内外学者关于中小学师德问责制的研究进行综述分析。第二章,是对中小学师德问责制的理论分析。通过界定相关核心概念,明确中小学师德的类型、主要内容,中小学师德问责制的概念、特征、结构及功能等,并在上述方面与高校师德和师德问责制进行比较,明确中小学师德和师德问责制的独特性。

第二部分,国别篇,包括第三章至第七章,是对主要国家和地区中小学师德问责制的述评。分别对美洲(美国、加拿大)、欧洲(英国、法国、德国)、大洋洲(澳大利亚、新西兰)、亚洲(日本、韩国、新加坡)以及中国(大陆、香港、台湾)的中小学师德问责制建设的理论与实践进行梳理与介绍。内容包括:①中小学师德问责制的产生背景与发展脉络;②中小学师德问责的理论与政策;③中小学师德问责的制度设计及运行体制机制;④中小学师德问责的特点、存在的问题及原因;⑤评价及启示。

第三部分,比较篇,包括第八章和第九章。第八章,基于“地域”优先,兼顾“文化制度”差异的原则,采用洲内和洲际比较,对亚洲主要国家和地区进行洲内比较,对欧美国家进行洲际比较,即各大洲及该洲在中小学师德问责制建设方面具有代表性或典型性的国家之间比较。第九章,中国大陆与中国港、台地区和国外主要国家在中小学师德问责制建设方面的比较。

第四部分,结论篇,即第十章。基于上述比较分析,得出国际中小学师德问责发展的基本模式、特点、发展趋势等基本结论及对中国大陆中小学师德问责制度建设的启示。

第四节　研究要点、特点及创新点

一、研究要点

(1)重点。各个国家和地区中小学师德问责制产生、发展与演进的历史考察,师德问责制度内容的述评。比较教育研究需要占有大量翔实而准确的研究资料,这是课题研究科学性的逻辑起点。本书研究重在占有大量的国内外文献资料的基础上,通过系统梳理和比较分析,从一般现象中归纳出各国师德问责制的一般特征。这需要研究人员有足够的文献检索和学术诊断能力。

(2)难点。由于各国教育行政管理体制、学校管理制度,以及社会文化观念的差异,选择合适的比较对象和可以比较的主题假设,这是本书的一个研究难点。同时,在对世界四大洲十几个国家和地区中小学师德问责制基本概况和一般特征的介绍的基础上,如何在把握其个性差异的同时高度概括出其共性规律,进而预测其发展的基本趋势则是本书的又一难点所在。

(3)突破点。在总结国外中小学师德问责理论与实践经验的同时,我们要清楚地认识到,由于政治文化环境以及教育管理体制和学校管理制度等各方面的差异,我们不能照抄照搬国外制度,必须在消化吸收的基础上实现与我国国情的有效契合,尽快实现向本土化的转化,只有这样才能真正构建起适合我国国情的中小学师德问责制理论、制度与实践体系。因此,如何实现国外中小学师德问责制理论和经验的本土化是本书拟突破的另一要点和难点。具体来说,基于对国内外中小学师德问责制理论成果的比较与借鉴,建构起完整的中小学师德问责制的理论体系,将是本书在理论上要突破的重点内容。通过对国内外中小学师德问责规范、制度设计及其运行体制和机制的比较分析,以及典型案例的深度剖析,力图建构起适合当前我国国情的中小学师德问责规范体系、运行机制和实施细则,是本书在实践层面要突破的重点。

二、特点

本书的写作主要沿着以下四个脉络展开,这也是本研究成果的主要特点和优点。

第一,按照历史发展顺序,对四大洲十几个主要国家和地区的中小学师德问责制的产生背景、发展历程等进行了较为详细的阐述,使读者能够把握不同国家和地区师德问责制发展的历史脉搏。同时,也能了解这些国家和地区在不同时期师德问责的不同发展特点。

第二,按照地域进行划分,由于受到地域及文化背景的影响,同一洲的不同国家之间,往往在师德问责的做法方面存在着一定的共通性。按照洲际划分,也可以更好地理解师德问责制的异同之处。因此,从这一角度出发,北美、欧洲、大洋洲和亚洲部分发达国家和地区成为了研究的重点。

第三,按照"背景—内容—特点—评价与启示"的篇章结构对四大洲 12 个国家和地区的师德问责制进行概述,具有较强的内在逻辑性。这样的结构安排充分遵循了比较研究"以述为主,辅之以评,述评结合"的基本要求,即在对各国和地区中小学师德问责制客观现状介绍的基础上,评价其优劣并从中发掘出对我国中小学师德问责制的一般启示。

三、创新点

本书透过历史比较的视角，对中小学师德问责制的产生、发展与演进的历史轨迹进行追溯，分析师德问责制演进的一般特征和规律，并在借鉴国外和国内港、台地区师德问责制的一般原理和个别特点的基础上，对师德问责制本土化问题进行专题研究，尝试构建中国大陆中小学师德问责制的理论体系和运行机制。

具体来说，本研究成果具有以下几方面的创新：

第一，采用多重对比的方法。为了避免个别研究结论的局限性，在对各国和地区经验进行分析研究的基础上，基于国际比较和中外比较两个视角对各国和地区间的经验和做法进行横向对比，从中提炼出其共性和个性，以便更具实效性和针对性地为构建中国特色的中小学师德问责模式提供普遍性参考和特殊性借鉴。

第二，正反两方面经验探索。进行有所选择、有所比较的借鉴和总结，不仅探讨国内外中小学师德问责制的成功经验，也试图分析其不足之处及有待改进的地方。全面分析比较世界主要国家和地区中小学师德问责制建设的一般特点、富有个性的制度设计，以及存在的固有缺陷，从而可以为中国大陆中小学师德问责制的建构提供更有针对性的正反两面经验。

第三，对师德问责制内涵的深度分析。在对相关概念进行充分的梳理、比较的基础上，深入分析了中小学师德问责制的内涵，首次明确提出了中小学师德问责制的基本概念，即提出中小学师德问责制是指相关权益主体依据一定的规则、标准和程序，对中小学教师在处理师生关系、同事关系及与学校和社会的关系中对职业道德规范的遵守情况，以及教育行政部门、学校等相关责任主体对教师职业责任的绩效表现进行监督、质询和评价，并要求其承担否定性后果的一种责任追究制度。

第四，对问责模式的高度归纳。对国内外中小学师德问责制的发展模式进行归纳研究，提出了四大模式，即以法国为代表的集权模式的中小学师德问责制，以美国为代表的自治模式的中小学师德问责制；以德国为代表的集权和自治相结合式模式的中小学师德问责制；中国大陆及港、台地区富有特色的中小学师德问责制，中国大陆和港、台地区的中小学师德问责制拥有自身的特点，中国大陆地区更接近于集权模式，地方教育行政管理部门在师德监督和问责中扮演主导角色，学校的自主权有限；而中国香港、中国台湾地区虽然在全区域层面也制定教师的行为标准，但学校拥有更多的自主权，承担更多的问责功能，特别是在中国香港的学校里，自我问责扮演着十分重要的角色。

第二章　中小学师德问责制的理论分析

《教育大辞典》中对教师的定义是："教师是学校中传递人类科学文化知识和技能，进行思想品德教育，把受教育者培养成一定社会需要的人才的专业人员。"与其他职业不同的是，教师作为教育者，与受教育者在教育活动领域中存在着天然的关联。本书所确定的"中小学教师"的范围，与我国现行教育法律法规所界定的范围一致。《教师法》第四十条第三项规定："中小学教师，是指幼儿园、特殊教育机构、普通中小学、成人初等中等教育机构、职业中学以及其他教育机构的教师。"师德问责制属于教育问责制的一部分，师德问责制将关注点集中在教师素质、教师道德、教师专业化等方面。本章分别从概念、特征、结构、功能及理论基础对中小学师德问责制进行理论分析。

第一节　中小学师德问责制的相关概念

概念是人类思维的基本形式之一，反映客观事物的一般的、本质的特征。人类在认识过程中，把所感觉到的事物的共同特点抽象出来，加以概括，就成为概念。鉴于研究需要，本书将"师德"和"问责制"作为核心概念。

一、师德的相关概念界定

（一）职业道德

师德是指教师的职业道德。职业道德，是道德在职业活动中的一种特殊要求和准则，是道德这个庞大体系中的一个重要组成部分，也是职业劳动者素质结构的重要组成部分。职业是责任、权力和利益的有机统一，每一个职业劳动者在履行自己的职业责任、实施自己的职业权利、获得自己职业利益的过程中，除了要按照法律和职业规范进行各项活动外，拥有良好的职业道德才能够使自己更加游刃有余地在职业工作中发展自己，从而散发出个人和行业的职业魅力。如此，职业道德就是从事相同职业的人们，通过特定的职业活动所凝结成的具有自身职业特征、比较稳定的，并能影响和指导自身职业实践的价值观

念、道德准则和行为规范的总和。

职业道德具有以下特点：

第一，职业道德是在职业活动中逐渐形成和完善的，表现出行业性和有限性。职业存在着个性和共性的统一，既相互区别又相互联系。在某一特定的行业和具体的岗位中存在着与该行业该岗位相适应的、具体的职业道德要求和准则，这些个性化的要求和准则，只在特定的职业范围内发挥作用，只能对从事或正在执行该行业、该岗位职责的工作人员具有指导和规范作用。

第二，职业道德意识和规范代代相传，表现出稳定性和连续性。道德是人类社会所特有的，它由经济关系所决定，随着社会阶段的发展而发展。职业道德也是在各个社会阶段的发展中逐渐产生、发展和完善的。

第三，职业道德，能弥补法律调节的不足，表现出一定的强制性。道德和法律是现代社会中影响和约束个人行为规范的两种形式，法律与道德是底线。一切法律的设定和实施都以一定的道德为基础，都是为了适应和满足一定的道德要求。法律带有国家强制性，与法律相比，道德可以被理解为软约束。道德观的建设，既要靠自律也要靠他律，需要把道德的有关规范纳入法律法规之中，以职业规则、纪律等形式来约束和制止不文明、不道德行为，批评和惩罚落后、腐朽的思想行为。所以，职业道德在一定程度上可以弥补法律调节的不足，表现出一定的强制性，正是这种强制性才是行业或职业的道德建设所形成的舆论氛围，能更好地为行业或职业服务。

第四，职业道德作为一种特殊的精神力量，表现出文化的特性。职业道德与道德相同，属于上层建筑，属于社会意识，属于思想建设，是精神文明的主要内容。职业道德，以一种特殊的精神力量渗透到职业生活的各个角落，有形无形地影响着人们的思想和道德认识。孔子曾主张诲人不倦、言传身教，强调教师要以身作则，才能更好地完成教育的过程；蔡元培先生指出“教育者，养成人格之事业”；杜威指出“学校和教师应通过学校生活和各科教学来对学生进行间接的道德教育，教师要靠自己的经验和常识对学生的生活起影响作用”。他们都不约而同地直接或间接地对教师的德行提出要求，正是这些要求和观念的相互融合，逐渐形成了教育教师的职业道德文化，这是一种精神力量，支持与鼓励着一代代教育者奉献于教育事业中。

第五，职业道德受客观物质的影响，表现出利益相关性。职业道德和物质利益具有一定的关联性，利益是道德的基础，各种职业道德规范及表现状况关系到从业人员的利益①。

（二）教师职业道德

“伦理”与“道德”在西方的词源中含义完全相同，都是指人们应当如何的行为规范：它外化为风俗、习惯，而内化为品性、品德。但是，“伦理”与“道德”在中文词源中的含义却有所不同。通常人们总是将“伦理”与“道德”两个概念等同通用，然而，近年来越来越多的人更倾向于将二者区别使用。所谓伦理，就其在中文词源的含义来看，便是人际关系事实如何的规律及其应该如何的规范。“伦理”指的是一种客观的社会关系，“道德”指的是个体

① 左志宏．幼儿园教师职业道德[M]．北京：北京师范大学出版社，2014．

对这种客观社会伦理关系及其要求的认识与践行，以及在此基础之上所形成的个体情感、意志、操守。

“教师道德”和“教师职业道德”是两个在内涵和外延上均有差异的概念。总体上来看，教师职业道德应该是教师道德的一部分。师德从广义上来讲，就是指教师道德，不仅包括教师的职业道德，还包括教师的世界观、人生观、价值观，以及政治立场、法律意识和行为规范等。狭义上的师德也就是教师职业道德，所谓教师职业道德，是指作为教师这种职业对其从业人员的规定性要求，除了有思想观念、道德品质方面的规定性要求外，还包括职业理想、职业态度、职业作风、职业技能和职业荣誉等方面的规定性要求，其中职业技能是对教师职业素养方面的最为核心的规定性要求。

教师责任则是教师作为社会个体所承担的社会责任的一部分，而教师职业责任则是教师作为一个职业对从业人员在道德层面和行为层面的双重规定。教师的职业责任的规定性要求明显要高于普通社会公民的一般性责任，传统的教师职业责任主要集中在“传道、授业、解惑”，现代社会的教师职业责任，已不局限于此，还承担了对学生价值观、人生观的教育，以及公共精神培育和社会责任教育等多个方面。教师职业责任应该是教师职业道德形成的价值基础。

在西方，一般用“教师专业伦理”取代“教师职业道德”，是因为教师在教育专业实践中具有特殊性，与其他职业在伦理价值和一般伦理规范上有着明显的区分。“教师专业伦理”与日常的教师职业道德规范在落实上虽然有所差别，但是差别不大，因此，要把教师专业特点的实际落实和专业发展情况作为判定依据。

任何职业都有与该职业特点相适应的行为准则或规范要求。教师道德也是一种职业道德。教师的职业道德是教师和一切教育工作者在从事教育活动中，必须遵守的道德规范和行为准则的总要求。教师的职业道德是有一定的经济基础制约的社会意识形态，是一定社会经济条件的反映。教育是社会活动的特殊领域，教师对其教育行为的选择并不能随心所欲，必须依据社会的物质生产关系来指导自己的行为准则。教师职业道德的特点有以下三点：

第一，从要求上看，教师职业道德具有高层次性。教师与其他职业不同，其职业劳动目的凸显育人性，劳动任务更具艰巨性，劳动过程需要注重示范性劳动手段，具有创造性，最终劳动成果具有持久性。正是由于教师这一职业的特殊性，历代的教师职业道德都比较全面丰富，不但要求教师协调好自身与学生、同事、领导、学校、家庭、社会的关系，更要求处理好学生与学生、社会、学校以及其家庭的关系。教师在教育过程中以脑力活动为主，表现出相对的独立性和灵活性。也可以理解为，教师的劳动质量常常处于无人监督的情况之下。正因如此利益的驱动，可能在潜意识中影响教师的价值判断，可能决定教师思想觉悟的高低和教育行为付出的多寡。社会和他人对教师职业道德的要求，总是在整个社会道德体系中处于较高水平和较高层次。因而，教师职业道德的高层次性就是要求的全面丰富性和高度的自觉自律性。

第二，从行为上，教师职业道德具有很强的典范性。教师的劳动对象是世界观、人生观以及性格品质正处于形成阶段的学生，他们的可塑性和模仿性都很强。学生常常会不自觉地效仿教师的言行、为人处世的态度乃至性格、气质和习惯等。正是学生的这种特点，要求教师在道德上应起为人楷模的表率作用，从而使正确的道德观世代相传。为了实现教育改革的要求，完成历史赋予教师的崇高使命，人民教师必须向自己提出更高水平的道德要求，在学生乃至整个社会面前树立起更高的道德威望和道德形象，成为学生和全社会的道德楷模与典范。

第三，从影响上看，教师职业道德具有深度和广泛性。教师职业道德的深度是就程度而言，指教师道德在教育过程中影响的不仅仅是学生的感官还直接深入学生的心灵，不但会影响学生在校期间的成长，甚至会影响他的一生。这种强大的穿透力是其他类型的职业道德无法比拟的。教师职业道德的广泛性是就其范围而言，是指教师道德不仅作用于在校学生，而且会通过学生影响到学生的家庭乃至整个社会。随着教育的普及和教育、教师社会地位的提高，教师与社会的接触越来越多，联系也越来越广泛，他们的思想境界、行为举止也将越来越多地影响到社会的各个层级和各个行业，进而影响整个社会的道德风尚。

二、问责制的相关概念比较

对于问责制(Accountability)这一术语，国内外研究者在许多领域都有使用。从历史的角度考察，该术语最早始于政府公共事务领域，尤其是在政治学和公共管理学领域频繁使用。国内将 Accountability 主要翻译为"责任""责任制""问责"等。本书把 Accountability 译为"问责制"，并作为本书的核心概念。国内对问责制的研究也多集中于政治学和公共管理等专业领域。近年来，部分学者开始关注教育领域的问责制建构问题。

教育问责制的正式起源，可以追溯到 20 世纪 50 年代末。问责制最初被用在公共管理领域，体现了国家和政府对公共事务管理的责任。随着时代进步，学校的发展开始和经济、社会紧密联系到一起，教育涉及的公共利益部分越来越成为人们关注的焦点。

Accountability 一词在中文文献中有很多种译法，有"问责""绩效责任""责任制""考责""教学效能核定"等。对于 Accountability 的含义有丰富的解释，《牛津英语词典》："具有负责的特性，有说明和回答的责任，忠于职守，履行责任。"《现代汉语词典》(商务印书馆，第五版)对"问责"一词的解释为："动词，追究责任。"由上可知，问责制是一个动态的过程，个人或组织必须承担其任务之权责，且必须辅以档案资料、评鉴实施、权责划分，以及回馈改进作为判断的参考依据。

概念的界定是理论研究的前提。在对师德问责制展开讨论之前，很有必要对与问责制相关的基本概念进行界定，诸如责任、绩效、评价、认证等这些概念要么是理解教育问责制的基础，要么就是教育问责制直接的理论渊源。

(一)问责(Accountability)与责任(Responsibility)

从《牛津英语词典》和《韦氏词典》的解释来看，词根 account 至少包含以下含义：报告(尤指对上级的关于自己行为的)、陈述；交代(对某一事件的起因、理由等所作的)、解释、说明；为某件事负责等。问责(Accountability)实际上就包含了描述、解释和证明三个层次的内容，并且应当包含相应的奖惩措施，以便使问责的成效得以落实。而对责任(Responsibility)的理解通常可以分为两个层面：一是指分内应做的事，如职责、社会责任、岗位责任等；二是指没有做好自己的工作，而应承担的不利后果或强制性义务。可以看出，二者既存在共通的含义，也存在着明显的差别。前者强调的是一个动态的过程，而后者则更是一种静态的明示和结果。

（二）问责（Accountability）与绩效（Performance）

Performance 的中文译为“表现”或“绩效”，从语言学的角度来看，“绩效”包含有成绩和效益的意思，主要是指某人或某事成功或做得好的程度；从经济学的角度来说，“绩效”是一个组织或个人在一定时期内的投入产出情况。良好的“绩效”是“问责”的目的和追求的结果，“绩效”更倾向于静态的结果表征，而“问责”则是一个全方位的过程，不仅指向结果，更强调过程及改进措施。同时，“问责”必然伴随着奖惩，而“绩效”则没有此层含义。由此可以看出，Performance 只能是 Accountability 的一部分。

（三）问责（Accountability）与评价（Evaluation ）

Evaluation 的中文译为“评价”，在汉语中，评价是评定价值高低的意思。美国评价标准委员会给出了简单的定义，它指出评价是对某些对象的价值和优缺点的系统调查和评估。综合上述观点，广义来讲，评价是主体对客体价值的判断。主体是人或者社会组织，是实践者和认识者。客体是主体以外或在一定条件下包括主体在内的一切客观事物，它既可以是人也可以是物。价值是一个哲学概念，按照马克思主义的观点，它反映了主体与客体之间的关系，是客体对主体需要的满足。主体、客体和价值构成了评价的三个要素，它们之间相互联系。评价是指对优点、价值以及质量的评估（Assessment of Merit or Assessment of Quality or Value，C. L. Taylor），是一个判定我们开始准备得怎么样以及最终结果是否达到具体目标的过程。评价由一系列判断组成，并且是问责的先决条件，不对其表现进行评价，一个人自然也就不需要。因此，评价是问责过程的一个组成部分和必要手段。

（四）问责（Accountability）与认证（Accreditation ）

Accreditation 中文可译为“认证”，和问责一样都属于教育质量保证制度。但是，两者还是有很多区别：认证是学校主动要求加入的，而问责则往往来自于外部和内部的压力而不得不面对的，对于学校来讲就是强制实施的；认证机构可以是政府机构也可以是政府认可的非营利组织，而问责机构可以是政府机构也可以是非营利机构或者是相关利益主体结成的组织，因为问责的主体更为宽泛，有来自政府的、市场的，还有来自于学校内部及学生家长的多方面的问责；认证结果对于学校的影响往往是声誉上的，而问责的后果往往比这更严重、更直接，直接与学校的生存息息相关①。

---

① 司林波，郑宏宇. 教育问责制国际比较研究[M]. 沈阳：辽宁大学出版社，2010.

第二节　中小学师德问责制的概念及特征

一、中小学师德问责制的概念界定

制度是通过责任、权利、利益来规范主体行为和调整主体间关系的规范体系。从制度的产生来看，制度是依一定的程序由社会性正式组织制定、颁布、实施的，受到一定权力机构强力保障的，具有管束、支配、调节作用的规范体系；从制度的内涵来看，制度作为一种责任、权利与利益的分配规则体系，它规定了社会成员在现实生活中的实际活动范围，以及基本的行为方式或模式，是对社会成员基于利益基础上的权利、责任、义务的占有关系或分配关系的一种客观性安排；从制度的外延来看，制度作为社会的规范形态，可分为三个层次，分别是宏观层面的社会基本制度，中观层面的公共管理制度，微观层面的某个群体、单位的具体管理制度，其中的每一层次又可能包含若干层次和多种类型的制度。

本书综合对“教师职业道德”和“问责制度”的相关解释，从教师职业道德的特点出发，指出教师师德问责制度规定了政府、社会、学校组织和教师在教育教学活动中的实际活动范围及教育教学的师德方面的行为方式或模式，是对以上四方基于利益基础上的权利、责任、义务的占有关系或分配关系的一种客观性安排。因此，提出中小学师德问责制是指相关权益主体依据一定的规则、标准和程序，对中小学教师在处理师生关系、同事关系及与学校和社会的关系中对职业道德规范的遵守情况，以及教育行政部门、学校等相关责任主体对教师职业责任的绩效表现进行监督、质询和评价，并要求其承担否定性后果的一种责任追究制度①。

中小学师德问责制这一概念包含三个方面的内容：首先，是一个师德规范，通过规章制度、标准等约束，促使中小学教师遵守职业道德规范；其次，是一个监督、质询与评价机制，多元问责主体通过质询、评价等方式对教师的职业责任表现进行问责，使被问责主体产生危机感，自觉规范自身行为；最后，是一种保障机制，在规章制度、多方问责主体的协同配合下，保障教师拥有良好的师德素养。

中小学师德问责制的核心是“问责”，在《麦克米伦高阶美语词典》中，对问责（Accountability）的解释为：公众有权对处于某一特定职务的人进行批评，并且该人有义务对与本职务有关发生的事情向公众进行解释。而“问责制”的“问责”不仅具有责任追究的惩戒效应，还具有工作的改进效应。中小学师德问责制是问责制在公共教育领域的具体体现，表现了国家和政府在该领域应有的责任和担当，是中小学生身心健康发展的重要内容，是提升师德水平、创建一流人才的必然要求，同时也是有效治理师德失范、提高教师责任的重要利器。

二、中小学师德问责制的特征

中小学师德问责是一个动态的双向互动的过程，强调问责主体和客体的责任心和责任意识，包括预防、监督、惩戒与教育四个方面，是多方问责主体在师德方面对中小学教师

---

① 乔花云，聂晓云．韩国中小学师德问责制内容、特点及启示[J]．教学与管理，2017(34)：80-83．

的监督、质询和评价。问责之初,问责主体对中小学教师师德进行规范和引导,监督问责客体在履职过程中的表现,对违背师德的行为进行惩处和教育,使问责客体认识到问题所在并进行改正,从而达到预防师德问题出现的目的。需要注意的是,在师德规范和相关评价指标制定的过程中,问责客体不是被动接受,而是主动参与的过程,并自觉遵守相关的规范。

鉴于对上述概念的理解,进一步分析中小学师德问责制的特征:第一,中小学师德问责制的公共性。它是以社会公共教育利益的实现和改进为目标,以增强全社会的基础教育改革为福祉。第二,师德问责制的两重性。一方面要对中小学教师的师德失范行为进行责任追究,但这并不是师德问责制建立的最终目的;另一方面通过问责制的惩戒效应来达到教师职业责任的绩效改进,这才是问责的最终期望。第三,师德问责制过程的全程性。不仅表现为事后的责任追究,还包括事前的预警机制、事中的参与机制和监控机制等。第四,师德问责主体的多元化和问责内容的常态化。在问责主体上除了教育部门、学校等相关利益主体问责,还有外部的社会团体、媒体、家长等问责主体;中小学师德问责不仅包括对突发事件或具体某教师道德行为问责、追究,还包括对教师体系的整体、教师相关法律法规的实施情况等抽象师德行为问责,使其常态化成为主流。

第三节　中小学师德问责制的结构及功能

一、中小学师德问责制的结构

明确师德问责系统的构成要素,建构起问责主体和客体明确、问责内容和标准清晰、问责的事由和程序规范、问责方式和结果齐备的师德问责结构体系,不仅是师德问责实施的前提,也是师德问责效力的保障。一般来看,师德问责制度体系应当具备以下五个要素。

(一)问责主体

问责主体是指谁有权力开展问责活动。问责主体在整个问责体系中处于首要地位,这是确保问责活动能及时有效开展的前提和基础。既包括负有教育领导或监管责任的同级政府及其教育行政机关,同时也包括国家机关、民主党派、社会团体、公众等各方社会主体,依据问责方式的不同,又分为同体问责和异体问责。同体问责主体就是教师所属的学校单位内部的审核,学校是同体问责的最主要主体。而异体问责是来自于学校系统之外的上级主管部门或利益相关群体的问责。上级主管部门主要是指"地方各级教育行政部门负责对师德建设工作的指导和监督"。家长、媒体等属于利益相关群体,它们都是异体问责的主体。

(二)问责客体

问责客体是指谁应当接受问责,即问责对象,包括政府、教育行政单位(教育局、学校等)及其工作人员,其中主要是指直接责任人、领导者、监督者。通过对问责对象责任的追究,来维护正常的教育制度。明确的问责对象是确保问责活动公平公正、有效开展的基础。教师作为师德问责的客体是毫无疑问的。在学校里,教师和学生处于权利完全不对等的两极,必须对教师手握的教育权力进行约束和限制,这才能防止师德失范行为的发生。除教师以外还存在一类特殊的问责客体——连带责任客体,学校是最主要的连带责任客体。这是因为教师供职于学校,学校将相关教育权力赋予该教师,一旦发生师德失范事件,相当于学校没有为学生提供安全学习的环境,学校就应当承担连带法律责任。学校并不是替教师行为负责,而是为自身的不合格管理负责,学校主要负责人则要承担连带责任。学校因师德失范而承担的连带责任在我国当前司法实践中还鲜见,这是在未来实践中需要特别注意的地方。

(三)问责内容

问责内容是指应当针对什么行为开展问责。师德问责制主要是针对师德失范行为而言的。问责的范围非常广,既包括教师违法行为,也包括在履行教育职责和义务时的不当行为情况。涉及教育活动的决策、法律政策落实和监督、检察、救济的各个环节,即包括一个教育法律关系的产生、变更和消灭的全过程。问责应当贯穿教师行为的全过程,师德问责内容也绝不仅仅是对师德失范行为的考查。在师德问责制度体系中,师德失范行为是问责的最为重要的内容之一,根据《中小学教师违反职业道德行为处理办法》的相关规定,将中小学教师违背党和国家政策言行、不公正对待学生、弄虚作假、体罚侮辱学生、骚扰学生、有偿补课等10大项行为,划定为“违反师德”的行为。但除了对师德失范行为实施惩罚以外,还应当在开展师德教育、加强师德宣传、健全师德考核、强化师德监督、落实师德激励等几个方面制定相关的具体措施。

(四)问责程序

规范化的问责程序是依法问责的关键。责任追究不是随意追究,必须要依法而行。在问责的过程中,要严格依照法律规定进行,而非依人而治,问责程序的正当合法是保护教师和学生正常关系良好运转的前提。没有程序保障的问责是难以实施的,只有遵循科学合理的问责程序,才能保证问责活动落到实处。一般来说,问责程序应当包括:①调查取证。主要针对教师的职责和行为进行合理质疑,并开展调查研究。②开展评估。主要是按照师德问责制的相关指标、表现等内容进行评估、审议。③形成决定。针对核查和评估结果,根据既定事实和制度依据出具教师师德考察结果,以报告的形式进行公开。④结果处理。对于问责报告,按照相关规定进行奖励或惩罚。⑤问责救济。若问责对象对于问责报告持有异议的,应当开展复议和申诉用以保障问责对象的程序权利和问责结果的公开、公平、公正。另外对于被问责教师的改进情况需要进行及时跟进和考核。

(五)问责结果

问责结果是指对问责客体的处理结果,以及后续的改进情况。它是确保师德问责制能够有效落实的关键。根据问责结果处理的轻重,一般可以分为三种类型:第一,教师职业素养的提高和改进。针对教师职业道德的考核,对于评价结果不佳的教师应当接受教育、改进方法、改变理念,在对待专业教学和对待教育学生方面不断改进工作方法,增强业务素质。第二,师德失范行为的问责和惩罚。教育部制定的《中小学教师违反职业道德行为处理办法》《关于建立健全中小学师德建设长效机制的意见》《关于建立健全高校师德建设长效机制的意见》等是主要的问责参考依据。第三，违反法律法规的师德失范行为的问责。严重违法违纪的教师必须为自己的师德失范行为担负法律责任①。

二、中小学师德问责制的功能

从“功能”的字面意义上来看，“功”即功用，“能”则是实现该作用的能力。所谓功能，就是由事物的本质属性所决定的功用及能力。师德问责制的功能可以概括为两个层面的含义：一是在理论上有何功用，即制度设计的应然功能；二是在现实中实际起到什么功用，达成什么样的客观结果，即是制度运行的实然功能。制度设计的应然功能不仅是制度存在的依据和制度价值取向的具体体现，更是制度运用的目标，即应然功能的改进方向。

台湾学者吴清山、黄美芳等人在其著作《教育绩效责任研究》中将教育绩效责任（教育问责制）的功能概括为四个方面：①沟通功能，教育绩效责任的实施，必须经由书面的资料，向政府机关、社会大众或学生家长告知学校经营和学生学习情况；②控制功能，教育绩效责任具有市场机制的机能，明确规范各方人员的职责及应达到的目标，并且辅之以奖惩；③激励功能，教育绩效责任含有竞争和向上的压力，使得教育工作者对于自己的工作较不敢有所懈怠，力求较佳的工作表现；④改进的功能，教育绩效责任不仅在于帮助学校改进，而且更是以提升学生学习效果为核心②。制裁只是一种手段，其最终的目的仍在于增进教师教学和学生学习。师德问责制作为教育问责制的重要内容，也应该具备以上几个方面功能。具体来说，笔者认为师德问责制至少还可以带来以下几方面功能效应。

（一）确保政府及相关教育主体责任的履行

长久以来，人们认为教育活动是没有风险的，教育工作者的责任感主要来自于内心的道德约束，教育工作者不需要为自己的工作结果负责，尤其是不需要为自己较差的行为结果负责，教师不需要为此辞职，学校不需要因此关闭。对于那些表现较好的个体和组织也没有对应的奖励制度，因为人们一贯认为教育成就不属于英雄事迹，不需要建立专门奖励制度。但是，出于对自身或者对社会的考虑，人们还是希望教育工作者能够提供良好的教育质量。教育活动的高风险性是根据各自明确的权利和责任来确定的。权利和责任规定不明，便会降低组织效率，并且无从落实奖惩措施，从而失去该项措施的意义。针对这种情况，师德问责制首先要求系统中参与者的权责关系明确，保证执行过程中责任追究对象清楚，提高系统的效率。因此，师德问责制的建构和完善必然能够确保政府及相关教育主体责任的履行。

（二）提升教育质量，促进教育公平

激励功能是问责制的另一项重要功能。前面提到问责制是高风险的（High-stake），因为参与者的行为与结果直接挂钩，且会因此受到奖励或者惩罚。问责制中包含奖励和惩罚措施，目的不仅是表示对结果的肯定或者否定，而且是为了激励参与者能够积极行动

---

① 郑宏宇．师德问责制的理论探讨[J]．教学与管理，2017(30)：11-13.

② 吴清山，黄美芳，徐纬平．教育绩效责任研究[M]．北京：九州出版社，2006.

起来，为提升教育质量而努力。从形式上看，奖惩措施是外部强加给参与者的，是一种外部动力，但制定这些措施的政府决策部门和咨询机构的官员和专家的目的是希望借此引发参与者的内驱力，从而获得组织持续进步的长效动力。奖励无疑会对参与者产生正面的激励作用，惩罚措施也具有一定的正面激励作用。尽管现在学术界对于惩罚措施带来的正面效应是否大于负面效应尚有许多争论，但是决策者更倾向于选择奖惩并举，对于惩罚措施非常重视并且注重其落实。当然，激励只是促使参与者产生前进的动力，假如其不知怎样努力，向哪里努力，也是不可行的，所以还要帮助参与者提升自身素质。在提升参与者尤其是教师的素质方面，现在公认的比较有效的措施便是专业发展。当通过一定措施使得参与者提升了自身的素质后，便可以得到更多的正面激励，从而形成一个良性循环，最终将参与者的内驱力指向到提升教育质量的目标上。师德问责制让教师深深感受到教育不再是一个无风险的职业，教师必须负起自己应尽的责任来，必须一视同仁地去关心每个学生，使得每个学生得到公平的教育待遇。

（三）控制权力滥用，预防教育腐败和失范行为

师德问责制对教育工作者的教学管理行为具有全过程监督的特点，它不仅仅是对事后责任的追究。问责制确实涉及责任追究，但问责制的目的不是为了追究责任而追究责任，而是在于通过问责规范责任客体的行为，实现权利主体及其利益相关者的利益。师德问责制的运行体系是一个有机循环系统，不仅指向责任的末端即责任追究，还包括责任的起点及责任落实的整个过程。因此，在教育教学过程中的每个环节和每个方面都有问责效应的存在，就好像一柄达摩克利斯之剑悬在教育部门和教育工作者的头上，时刻提醒其严守责任规范，否则一旦发生权力和行为失范等教育腐败和失德行为，就必将受到多方面的问责。

第四节　中小学师德问责制的理论基础

中小学师德问责制是问责制体系中的一部分，支撑问责制的理论基础同样是支撑中小学师德问责制的理论基础，除此之外，还有中小学师德问责制特有的理论基础。

一、问责制理念源起：契约论和人民主权论

在西方，对政府权力控制与限制的思想源远流长，甚至可以追溯到古希腊时期，但就近代西方政治思想的发展而言，对民主政治的要求明确体现于契约论和人民主权论，同时也成为问责制的主要理论来源。

以社会契约思想为代表，社会契约论构筑了近代西方民主政治合法性和合理性的理论基础，是问责理念的逻辑前提。社会契约理论思想最初来自霍布斯和洛克的相关论述，成形于卢梭的著名论著《社会契约论》。在该论著中，卢梭详细阐释了政府权力正当性来源。他认为，人类进入私有制社会以后，由于人们之间存在着个体利益的对立和冲突，必然会引起社会秩序的混乱，这会使每个人的财产、自由乃至生命经常处于无保障的状态。因此，人们签立契约，以公意约束的方式来保障个人的社会自由及其所享有一切财产物品的权利，同时，人们又与国家和政府订立契约，使政府获得对社会的治理权力以保证这个

公意契约的实施。在社会契约论看来,国家和政府的一切权力来源于公民与公民之间的契约,其权力行使的目的是保障社会全体成员的公共利益,或者说,它必须将其所获得的普遍强制力用于公意契约的维护。由此推论,国家和政府的正当性或合法性是建立在公民与公民及公民与政府之间签订的公意契约基础上的。因此,契约的成立则意味着政府在获得合法公共权力的同时,也负担着以契约的内容来约束国家与政府行为,保证权力正当行使的责任和义务。如果公共权力的行使超出社会契约所规定的内容或违背了契约订立的初衷,威胁到社会公众的正常秩序和应有利益,公民可以依契约追究其责任或是收回他们交出的权利。

在社会契约论的基础上,卢梭提出人民主权学说,形成了现代西方民主国家的理论基石,是问责理念的核心价值。人民主权论是关于近代民主国家和政府起源和发展的主要理论,形成于近代西方社会反封建专制的过程中,是在批判"君权神授"和论述"社会契约"理论的基础上系统提出的。该学说认为:人在应然状态下是自由、平等地享有天赋权利的,但实现这些权利可能会造成人们之间的无序冲突,所以在实然状态下,人们订立公意契约,部分让渡自身应有权利,组成政治共同体来保护其余权利。因此,契约所形成的政治共同体的主权所有者应为让渡权利的所有成员。换句话说,也就是政府的权力是人民让渡的,人民是该项权力的所有者,而政府只是接受人民的委托来行使权力,是该项权力的使用者。另外,从政治学的角度来说,人民作为一个抽象性政治概念是不可能具体行使公共权力的,只能将这种权力授予特定的实体来行使,这个特定实体就是政府。由此可见,人民不仅是权力的主体和社会发展的根本推动力,而且是国家主权拥有者,人民的公意是政府存在的合法性基础。既然政府行使的公共权力源自人民的授予,那么政府就必须对人民负责并接受人民的监督,以保证政府作为被赋予权力的存在实体按照契约忠实地执行权力,保证政府的行为和活动必须符合人民的意志。

简而言之,契约论和人民主权论从西方学者的视角阐释了国家和政府权力的来源,认为政府权力天然且必然地受人民主权的制约。因此,人民的监督和行政责任的承担是现代民主政治的应有之义。

二、问责制体系构建:有限政府论

除了追寻问责的理念来源外,作为一项制度,问责制还必须成为行政体系的构成要素才能实现实际运转和功能的发挥。在这一过程中,政府体制的构建与设计最终促成了问责制在行政体系内的生成与发展,成为问责从理念到制度实践的关键环节。

在近代西方学界对于政府体制构建的探讨中,洛克最早提出了有限政府论。他认为,既然政府的权力来源于人民部分权利的让渡和委托,政府可以视为代理人民行使权力以实现人民权利的一种工具,那么,政府除了保护社会成员的生命、财产,以及基本权利之外,就不能再有别的目的或动机。由此,政府权力必然是一种相对的、有限的权力,是处在人民监督之下的权力。相应地,在政府体制设计中,对政府所获得的各项权力包括自由裁量权等,都应该且必须加以公开而具体的限制,以使人们能够监督权力的正当行使。实质上,更深入分析下去,政府权力的有限性可以从两个层次来理解:第一,指政府权力的干预限于一定领域,或是涉及领域某一方面,或是涉及领域某一层次,这种范围界定是有限的;第二,指政府权力本身有一定限制和制约,或被分割开来互相制约,或被其他权力监督,权

力运行是有限的。

根据上述理解，这一理论深刻地影响了各国民主政治理念和政府体制的建构。一方面，在政府体制设计实践中，遵循"政府之所以必须是有限政府，就在于既不能使政府过分强大足以剥夺人民的权利和自由，又必须足够强大能保障人民的权利和自由，政府的权力必须分散有限，以权力来制约权力"，这样政府权力就被限制在各个相对独立的领域并在宪法的统治下协同运作，避免政府对公民权利和自由的侵犯。另一方面，有限政府论成为许多探讨政府职能相关理论的基本出发点。如亚当·斯密的"守夜人"理论、布坎南提出的"公共选择理论"等，都以政府权力有限性为前提条件，对政府干预的方式及其适当性进行了讨论。其中，"公共选择理论"审视了政府有限权力行使和公民权利保护这个关键环节，具体提出了政府有限权力的界限选择。该理论认为，政府的自由裁量权和公民的权利两者都既要受限制和约束也要受到保护，而面对不断发展变化的需要，政府既不能扼守自由裁量不作为，又不能处处有所作为。因而，公共权力合理管理的选择就成为政府面对的重要任务。据此，政府的主要职能可以限定于经济监管、市场引导、社会管理和公共服务，并将此外地域作为公民的自治空间，以调和国家、社会和公民个体的矛盾，使政府、市场和相对人找到合理的平衡点①。

三、师德的本质论和增长论

根据卡罗·德威克有关智力理念的著作，我们看到师德教育过程中的平行结构。关于儿童智力的观点，德威克将其归纳为两类：一类是"本质论"，认为智力是不可改变的，还有一类是"增长论"，认为智力水平是可以改变和提高的。德威克认为本质论十分有害，因为孩子可能会说我不会做，是因为我不够聪明，但是增长论让孩子对学习仍有期待，这个孩子可能会说我现在不会做，不过我可以找老师帮忙，然后试着做一做。与此类似，本质论会认为教师的习性是固有的，比如性格古怪或缺乏天赋。教师培训在初始阶段使用的筛选工具就反映了这个观点，本质论也出现在最近对非认知行为和性格之间联系的研究结论中。增长论认为习性能够改变和培养。比如莎农·奥佳和艾伦·雷曼把师德的概念和专业评价的发展联系在一起，认为教师在做决策时的必要成长，是将师德和理论知识技能相结合，以满足学生需求的一个复杂过程。尽管师德的本质论和增长论是两个对立观点，但有些教师培训项目仍然在开始培训时筛选出具体的师德品质，作为教师日后职业发展的根基。因此，即便有些培训老师坚持的是本质论，也可以运用教师身上固有的师德特征，让预备教师更加清楚自己在履行教师职责时身上所应具备的重要师德，比如核心价值观、同理心、乐于助人、责任感②。

四、教育问责制理论

教育问责制的相关理论是师德问责制的重要的和最直接的理论基础。教育问责制的

---

① 董向芸，沈亚平．问责制的理论基础和现实功能[J]．河北大学学报（哲学社会科学版），2011，36(4)：118-123．

② 穆雷尔，等．中小学教师职业道德培训手册：师德的定义、养成与评估[M]．麦丽斯，译．北京：中国青年出版社，2016．

发展历史并不长，最初发端于20世纪60年代的美国，英国于20世纪七八十年代开始学习和借鉴美国的经验和模式，创建了符合英国国情的教育问责制度。随着问责制在这两个国家教育领域所展现出的巨大成就和影响，教育问责的思想开始逐步向世界其他国家和地区扩散，逐渐形成了各具特色的教育问责模式。所谓教育问责制，是指政府通过立法确立参与教育活动主客体各方的责任与权利，制定考量责任和权力落实程度的评判标准并定期组织评判活动，权利客体通过解释、描述或证明等形式来表达其行为成效，权利主体则在综合评估的基础上，对客体的成效做出评判并辅之以奖惩措施的一套行为规范、政策承诺和制度体系。

正确理解教育问责制，除了认清其基本概念之外，还必须很好地把握其固有的基本特质，教育问责制具有如下特征①：

第一，教育问责制的效应具有两重性，不能仅仅理解为是一种惩戒机制。问责制的确涉及责任追究与惩戒，而且惩戒还是一种主要形式。但问责制不仅仅是一种惩戒机制，还是一种激励机制。因为无法辨别成功或失败，就无法奖励成功或惩罚失败，不能奖励成功，实际上就可能是在奖励失败。按照这个逻辑，就教育责任而言，必然是履行责任者不仅得不到奖励，反而相对利益要受损；而失责者却因为失责没有得到应有的惩罚而从中获利。长此以往，必然再也没有履行责任的机构或个人了。所以说对失责行为的惩戒实际上就是对守责行为的一种激励，这就是问责效应的两重性。

第二，教育问责制的向度具有全程性，不等于事后的责任追究制度。问责制的最终目的不是追究责任，而在于通过问责规范责任客体的行为，实现权利主体及其利益相关者的利益。教育问责制的运行体系是一个有机循环系统，不仅指向责任的末端即责任追究，还指向责任的起点以及责任落实的整个过程。当然，问责制的主要方式还是责任追究，但这不是问责制的本质，其本质在于通过事后责任追究的威慑来事前警示和教育权力行使者，使他们正确行使手中的权力，尽量避免由于行为失范而造成的无法挽回的损失，切实实现好权力主体的根本利益。现代教育问责制与历史上的问责追究制度最根本的区别就在于教育责任的客体要对公众有所"交代"，而不仅仅是下级对上级的负责以及对相关权利客体的惩罚。

第三，教育问责制的形式具有多元性，不局限于上问下责。上问下责是等级问责的形式，"等级问责体现的是组织内部高层官员对下属的质询权力，而下属对此则几乎没有商量的余地"。等级问责具有一元性的特点，而我们所说的教育问责制是具有多元性特点的，首先表现为问责主体的多元性，即问责主体除了上级教育行政机关外，还包括受教育者及其家长、用人单位等市场主体。其次，问责制除了自上而下的问责方式以外，还包括自下而上和水平主体之间的问责。如果假设问责制仅仅是上级追究下级的责任的话，那么，如果上级失职，谁来追究上级的责任呢？很显然，这样就又陷入了无人承担责任的悖论之中。

第四，教育问责制的内容具有普遍性，不能简单看成是对具体过失的惩罚。教育问责制的内容涉及范围很广，不仅仅包括对出现教育突发事件或者某个具体责任失范教育个体或机构的责任追究，还包括对抽象教育行为的问责，而且这种类型的问责将成为常态和

① 司林波，郑宏宇. 教育问责制的理论探讨[J]. 教育理论与实践，2010(7)：28-30.

主流。也就是将那些非针对特定人、事和物所做出的具有普遍约束力的行为都作为问责的对象，比如教育法的具体实施情况、教育政策的合法性问题，以及教育主体和客体之间的权利义务关系问题等。

第五，教育问责制的结果具有多样性，不仅仅表现为引咎辞职。在行政问责风暴时期，引咎辞职使用频率超高，一大批官员落马。在教育问责领域，同样存在着引咎辞职问题，特别是因突发性事件而造成学生较大伤害的教育部门领导和有学术不端行为的学校领导，通常在法律上和行政上难以对其进行责任追究，引咎辞职是有效的，但教育问责制的内涵要远比引咎辞职丰富得多，它不仅仅是对道义上责任的追究，更多的是依赖于相关法律和规章而走向规范的轨道。可见，引咎辞职仅仅是教育问责制的一个方面。

第二部分

国别篇

第三章　美洲主要国家中小学师德问责制

美国以其强大的经济实力造就了基础教育的普及性及免费性，中小学教育发展相对成熟；加拿大从国家层面到地方政府向来重视教育改革，其教育水平一直处于世界前列。因此，通过研究以美国和加拿大为代表的美洲国家中小学师德问责制的产生背景、相关法律法规、问责主体、问责制度、问责特点以及对其的评价，对深入分析中小学师德问责制具有重要意义。

第一节　美国中小学师德问责制述评

一、美国中小学师德问责制的产生背景

教师的职业道德对于学生身心健康发展起着重要的影响作用，提高师德水平是世界上每个国家培育对社会有价值人才的必然要求。美国以其强大的经济实力造就了基础教育的普及性及免费性，这是美国区别于其他国家的显著特征。20 世纪 50 年代，美国开始实行教育改革，将提高教育质量作为改革的目标；20 世纪 70 年代，教育改革侧重于关注教育公平；20 世纪 80 年代是美国教育的分水岭，教育改革综合考虑教育质量和教育公平问题，将教育引入市场机制，逐渐开展教育评估活动、绩效责任运动等。为了更好地实现基础教育，美国的社会公民、家长希望通过教育改革提升对学校、教师等各方面的监测、监督、评估，中小学师德问责制应运而生。美国中小学师德问责围绕教师与学生的关系、教师与专业的关系展开，目的在于规范教师的职业行为。

二、美国中小学师德问责制的相关法律规范

美国是联邦制国家，实行教育分权管理体制。根据宪法的相关规定，美国的教育责任在于各州，各州根据本州的实际情况制定相应的教师管理法规，没有建立适用于全国的统

一的教师法规，通过签订协议促进州际之间的教师交流①。美国十分重视通过法律途径规范教师的职业道德，笔者在此介绍几部相对重要的有关师德问责的法律法规和行业规范。

（一）《初等和中等教育法案》

这部法案颁布于1965年，将“全面教育机会”作为国家的首要目标，法案规定联邦应拨款给教育机构以改善初等和中等教育质量。该法案通过标准化考试来实现联邦政府对于学校教育的间接干预，将学生的学习成绩与教师的薪酬挂钩。法案明确规定标准化考试的各项报告要进行公开，以便各联邦州、学区之间进行比较，一定程度上也促使州、学区、学校对教师师德进行监督。

（二）《教育职业伦理规范》

美国全国教育协会在1929年7月通过了《教育职业伦理规范》，经过多次修改，1975年颁布了修改后的《教育职业伦理规范》并沿用至今。该部法律重点规定了中小学教师对于学生承担的义务和对教育专业的义务，具体描述了教师在教育教学过程中的应作为和不应作为。对于学生的义务主要包括：教师不能限制学生独立行动；不能阻止学生获取各种不同观点；不得故意压制或扭曲学科知识阻碍学生进步；保护学生免受有害于他们学习、健康、安全的威胁；不得轻视学生；不得基于学生种族、肤色、宗教等不同，差别化地对待学生；不能谋取私利；除了法律需求外，不得披露学生信息。对于教育专业的义务包括：不得在申请教师职业时作出虚假陈述、掩盖相关能力和职业资格；不得帮助在性格、教育等方面不符合教师要求的人进入教师队伍；不得对教师候选人的专业地位作出错误陈述；不得帮助非教育者从事未经授权的教学活动；除了法律需求外，不得透漏同事信息；不得对同事作出虚伪、恶意的陈述；不得接受小费、礼物等好处，而做出有损教师职业道德的决策或行动②。

（三）《不让一个孩子掉队》

该法案是在《初等和中等教育法案》这一法案基础上重新修订的，颁布于2002年，是针对基础教育设立的重要教育改革法案③。该法案指出高质量的教师必须符合三个方面的标准：一是教师必须拥有相应学科的本科学位；二是必须通过州级教师资格认证或考试；三是教师必须提供所教学科的能力资格证明④。该法案将中小学教师是否达到规定的标准与获得联邦教育经费相联系，同时也保障家长的各项权利，家长有权利了解教师的

---

① 黄崴，孟卫青．英、美、法、德、日中小学校教师法律地位的比较[J]．比较教育研究，2002(6)：11-15.

② Code of Ethics[EB/OL]. http://www.nea.org/home/30442.htm.

③ U.S. Department of Education. Text of No Child Left Behind Act[EB/OL]. http//www.ed.gov/policy/elsec/leg/esea02/index.html.

④ 赵风波，邵兴江．立法引领教师专业发展——美国《不让一个孩子掉队》的教师专业发展内涵、措施及影响分析[J]．比较教育研究，2009(5)：82-86.

教学水平、学校的年度评估报告等信息。

（四）《每个特殊儿童教育者必须知道什么——有关特殊教育教师准备和资格的国际标准》

该部标准由美国特殊儿童委员会于1995年颁布，对中小学特殊教育教师应当具备的道德标准、职业行为规范、专业训练标准、知识与技能等做出了明确规定。就教师应当具备的道德标准而言，其中有一条指出，特教专职者不应原谅参与一些不道德和不合法行为，不应违背特殊教育委员会所采纳的职业标准①。特殊教育教师应当坚持非歧视性、尊重性、保密性的原则，确保特殊儿童能够受到平等的教育对待。

三、美国中小学师德问责主体构成

美国中小学师德问责的主体主要包括州政府、地方学区、教师教育认证组织、学校、家长。

（一）州政府

州政府对本州的教育行使教育管理权，是中小学师德问责的重要主体之一。州政府通过建立严格的问责和绩效考核体系，规定学区每年就经费使用情况、教育服务现状向其进行报告，对学区的教育政策执行情况进行监督和检查②。主要问责机构包括：州教育委员会和州教育厅。

1. 州教育委员会

美国绝大部分州都设立了中小学州教育委员会，州教育委员会是州教育立法机关的执行机关，其主要职责是对本州的中小学教育进行管理。州教育委员会对中小学教师的职业道德素养进行监督、审查，并对中小学教师进行指导，确保中小学教师的各项条件符合州立法的要求。

2. 州教育厅

美国各州政府都设有州教育厅，其职责较多，主要包括执行有关教育法律、制定公立中小学课时及毕业标准等，还负责规定私立中小学登记注册制度和颁发私立中小学办学执照。州教育厅对中小学教师是否遵守教学规范进行全方位考核，包括教师的讲课方式、是否尊重每一个学生等，并根据考核结果组织中小学教师培训和进修。

（二）地方学区

学区是美国基础教育管理的基本单位，学区在州教育委员会和州教育厅的指导下行使教育管理权，是最为基层的教育行政管理单位，拥有独立的教育行政权、财政权、课程权。学区的设立保证了美国义务教育阶段适龄儿童能够入学，促进教育公平。地方学区对中小学师德问责体现在两个方面：一是甄选任用地方教育人员；二是视导、考核地方教

---

① 姚晓菊，马宇．每个特殊教育者必须知道什么——有关特殊教育教师准备和资格的国际标准[J]．南京特教学院学报，2006(1)：73-75.

② 刘昊．美国学前教育发展中联邦和州政府的责任分化[J]．外国教育研究，2013(7)：45-50.

育人员并为地方教育人员提供在职进修的机会。

学区问责机构包括学区教育委员会、学区教育局。其中，学区教育委员会既是教育管理机构，又是教育督导机构，主要职责是制定当地学校的各项教育管理政策、甄选与任用称职教师等。该委员会对教师的课堂教学、氛围进行监督，保证教学得以有效开展。学区教育委员会定期举行向公众开放的各种审议会，任何民众（包括学生和教育人员）都可参与审议会并进行讨论，只要有合理和正当的理由可以随时查看董事会和审议会的会议记录①。学区教育局则是重要的执行机构，负责执行具体任务。

（三）教师教育认证组织

目前，美国教师教育认证机构为教师培养认证委员会（Council for the Accreditation of Educator Preparation 简称 CAEP）。CAEP 是由两大教师教育认证组织 NCATE（全美教师教育认证委员会）和 TEAC（教师教育认证委员会）发展而来②。

1954 年，NCATE 成立，是一个非营利性的非政府认证机构。主要使命是对美国的各个学校、教育部门进行专业认证，确保高质量的教育计划和教师，相信每一个学生都应该拥有一位有爱心的、有能力的、高质量的老师。该委员会对教育单位进行全方面的专业认证，针对教师的教学资格、绩效和发展进行评估，有效规避教师的不当行为，提高中小学教师的师德水平。

1997 年，TEAC 成立，该委员会的工作目标主要包含两个方面：一是培养有能力、有责任心、合格的教育工作者；二是要确保所有教师的教育方案都进行认证。该委员会不制定统一的认证标准，而是由教育机构出具材料证明自己的教师培养方案能够培养出有能力、有责任心合格的教师，并对这些材料进行审核。该委员会通过询问的方式对教师进行问责，促使教师改进培养方案、教学目标等，提高职业道德素养。

2010 年，由 NCATE 和 TEAC 董事会组建 CAEP，逐步由两大教师教育认证组织合并 CAEP。2016 年，CAEP 认证标准得到全面实施；NCATE 和 TEAC 遗留标准不再用于认证。CAEP 标准规定了候选人五方面的标准：候选人的内容和教学知识、候选人的合作伙伴关系与行为、候选人的素质、招聘和选择、候选人的计划和产生的影响、候选人的质量保证和持续改进。CAEP 的认证标准是认证过程的支柱，作为认真评审和判断的基础，以保证持续监督改进认证政策、流程和程序，通过问责制确保认证的透明度，作为公平和多样性的典范③。

（四）中小学学校

中小学学校是美国师德问责的被问责对象，也是重要的问责主体，具有双重身份。作为被问责对象，要接受州、学区教育行政机构的监督，若没有达到相关要求，则会依轻重受到相应的惩罚，包括解散学校行政人员、学校改制、解除教师聘约等。作为问责主体，中小

① 鲍传友，何岩．美法教育行政体制中的学区：比较与启示[J]．国家教育行政学院学报，2011(6)：89-95.

② CAEP. History of CAEP[EB/OL]. http://www.ncate.org/about/history.

③ CAEP. The CAEP Standards[EB/OL]. http://www.ncate.org/standards/introduction.

学学校的兼任督学人员和专职督导人员对中小学教师进行问责[①]。

中小学校长是重要的兼任督学人员，主要职责是监督教师在教学活动中的伦理、规范教师的教学行为，通过听课、交谈、教学示范等方式展开督导工作。同时，中小学校长也要受到州级、地方的教育行政机构的监督、评价，以提高工作绩效、规范教学方面的领导力。专职督导人员则通过视察教师教学、培训的方式对教师的课程设计、教学规范等进行监督和指导，并对教师提出建议和劝告。

（五）家长

家长是美国中小学师德问责的重要主体之一，问责机构主要包括学校家长委员会和家长教师联合会。

1. 学校家长委员会

美国学校家长委员会是由在校生的家长代表组成的民间自治机构，家长委员会的成员任期一般为一年。家长委员会以为孩子提供高质量的教育服务作为目标，通过监督、支持学校的工作，建立起家长与学校的伙伴合作关系。学校家长委员会在与学校沟通的基础上成立不同的职能部门，包括教学部、餐饮部、安全部等。其中，教学部主要负责对教师教学质量的监督，包括教材选用、教学过程监督、听课、教师教学质量评议等[②]。该委员会对中小学教师的教学方式、是否符合聘用标准等进行监督，指出中小学教师应当平等对待每一名学生，改进教学策略以提高学生的学习成绩。此外，家长委员会也会通过游说或者诉讼的方式，改进学区或者州政府的教育政策。

2. 家长教师联合会

美国分别在全国、州、地方设有家长教师联合会（PTA），是非营利的志愿组织，其宗旨是争取和保护青少年儿童的权益，已有100多年的历史。地方家长教师联合会是最基层的组织，能够直接参与中小学教师的监督，指出中小学教师应当尊重学生的宗教信仰和行为习惯、确保教师授课内容符合学生的心理特点等。地方家长教师联合会针对教学计划、教学方式、教师道德等作出评价，以此来对教师进行问责，保障青少年儿童健康成长。

四、美国中小学师德问责制度设计

美国中小学师德问责制的运行程序包含三个环节：一是中小学教师认证制度，二是中小学教师评价制度，三是中小学教师解聘制度，三个环节相辅相成。

（一）中小学教师认证制度

教师资格认证制度是对申请获得教师资格的人进行审核的一套指标和程序，是确保教师质量的基本措施之一[③]。美国是世界上最早实行教师资格认证的国家，始于1825

① 何玉玲，袁桂林．美国教育督导的特征及其变革趋势[J]．外国教育研究，2008(10)：42-46．

② 郑福明．发挥家长委员会在儿童教育中的作用：美国的经验与启示[J]．中小学德育，2012(5)：12-17．

③ 吴姗，洪明．美国教师认证制度的新近变革——“美国优质教师证书委员会(ABCTE)”的理念与实践[J]．外国中小学教育，2007(1)：52-55．

年，目前已经相对成熟。教师认证制度是美国中小学师德问责制的首要环节，能够事前防范教师的教学活动是否达标。

1. 中小学教师资格认证标准

教师资格认证标准是进行教师资格认证的参考依据，对从事教师职业申请人的受教育水平、学历等情况做出明确要求。通常情况下，美国中小学教师资格认证都要按照州层面和国家层面的教师资格认证标准实行。州层面的教师资格认证按照各州的标准执行，而国家层面的教师资格认证则按照全国专业教学标准委员会（NBPTS）的标准进行。该委员会在各州认证标准不一的基础上制定全美统一的教师资格认证标准，各教师申请者自愿进行认证，是州层面教师资格认证的重要补充和提高。NBPTS 成立于 1987 年，是一个独立的非营利组织①。其使命是建立严格的教师师德标准，促使教师自愿进行认证并推动教师达到相应的标准，进而提高学生的学习成绩②。NBPTS 指出教师进行有效教学所必需的基本要求：教师应当具有广博的文学艺术修养和科学文化知识；具有基本的教学知识及对学生学习方法进行指导等专业知识；具有针对学生不同的种族、民族、社会经济背景，开展有效教学的能力；具有合理利用知识调动学生的学习热情等能力③。

2. 中小学教师认证过程

美国中小学教师资格认定机构是各州教育行政部门，各州中小学教师认证不尽相同，但至少要包含两次认证。

第一次认证是初任教师资格认证，该认证是针对想要取得教师资格证的人员展开的，各州教育行政部门对初任教师资格进行审查，为中小学学生获取良好的教育进行把关。美国规定初任教师必须符合 8 个方面的要求，如表 3.1 所示④：

表 3.1　美国初任教师的基本条件

序号	基本条件
1	年龄在 18 岁以上
2	具有良好的品德
3	非酒精中毒或毒品使用者
4	经州政府认可的大学院校或机构毕业者
5	经州教育委员会认可完成师资培育课程者
6	必须为美国公民或正在申请公民资格者
7	必须签署忠诚宣誓书
8	必须通过某种形式的考试，及格后才能向州政府申请教师证书

① National Board for Professional Teaching Standards[EB/OL]. http://www.nbpts.org/who-we-are.

② Serafini F. Taking on the National Board for Professional Teaching Standards: Alignment, Recognition and Representation[J]. Current Issues in Education, 2005, 8(21): 24.

③ 秦立霞. 美国教师资格认证制度及其效应研究[D]. 西安：陕西师范大学，2008.

④ 杨彬. 美国中小学师资认证与聘任制度研究[J]. 天津市教科院学报，2006(4): 57-60.

美国对初任教师资格进行严格的审查，尤其注重审查教师的个人品德，例如：有过犯罪行为的人员不得从事教师职业，明确规定教师必须具有良好的职业道德水平。另外，对于教师的专业素养和知识技能同样具有相当高的要求，教师要掌握教育基础知识、班级管理知识等。若相关人员符合以上8个标准就可以取得由州政府颁发的教师资格证书，若取得教师资格证书者在任教过程违反聘约，不能够胜任教师工作，州政府可根据实际情况将相关人员的教师资格证书撤回，若当事人不服，可以向法院提起诉讼，由法院做出最终的决定。

第二次认证是对取得教师资格证的人员在从事教学活动一定时间内展开的，实行教师资格证换证认证。通常情况下，拥有两年或者三年的教学经验才能够参加第二次认证。这一阶段重点审查申请者的年资、聘任证明等，通过资格审查的教师则可以取得相关证书。

两次教师资格认证，不仅监督教师入职前的资格，而且也监管教师入职后的实际表现，这在一定程度上能够提升教师的职业道德素养，有利于培养大批优秀的人才。

（二）中小学教师评价制度

教师评价是对教师工作现实的或潜在的价值做出判断的活动，它的目的是促进教师专业发展与提高教学效能。20世纪90年代以前，美国强调对教师教学结果的评价，着重对中小学教师的教学资格、教学任务的完成情况进行评价。在20世纪90年代中期，美国提出了发展性评价理念，即教育、教学质量保证与教师专业发展、综合素质提高相结合的理念。

1. 美国中小学教师评价的主体、内容

美国中小学教师评价主体多元，既包括学校内部评价，例如学校评价、同行评价，还包括校外的教育机构、社会组织等。评价内容也十分全面，1987年州际新教师评价与支持协会(INTASC)指出中小学教师评价的内容应该包括10个方面：熟悉教授课程、学生发展、学生差异、多种教学策略、学习环境、师生沟通、教学计划、评估学生、职业发展、道德准则①。

2. 美国中小学教师评价指标

美国1987年成立的全国专业教学标准委员会是对教师进行评价的主要参照机构之一，并颁布了《教师应该知道并且能够做什么》的标准，其中提出教师应当满足5个核心维度，下表3.2是基于该标准概括出的美国中小学教师评价指标体系②。

① Understanding INTASC Standards [EB/OL]. http://intascstandards.net/.

② What Teachers Should Know and Be Able to Do [EB/OL]. http://www.nbpts.org/sites/default/files/what_teachers_should_know.pdf.

表 3.2 美国中小学教师评价指标体系

一级指标	二级指标
教师应当致力于学生和他们的学习	(1)教师要专注于让所有的学生获取知识 (2)公平对待每一个学生,认识到他们的个体差异 (3)针对每个学生的兴趣、知识、能力、家庭环境、同伴关系的不同有针对性地开展教学
教师应当精通所教授学科并能掌握教学方法	(1)对于所教授学科有深入了解 (2)激发学生的分析和批判能力 (3)运用多种教学方法进行教学并教会学生如何提出问题、解决问题
教师负责管理和监控学生的学习	(1)要创造、丰富、改变教学环境以激发学生的学习兴趣并充分利用时间 (2)能够有效评估学生个人和班级的进步 (3)采用多种方法测量学生的成长和进步
教师应当从实践中加强学习并认真思考	(1)能够运用典型实例激发学生的好奇心、宽容、诚实、尊重文化多样性等能力 (2)能够利用已有的知识和对学生的了解引导学生在实践中做出明确的判断 (3)要努力加强教学、扩展技能知识、提高判断能力以适应教学中出现的新思想、新理论
教师应当是学习团体中的成员	(1)能够在教育政策、课程发展上与专业人士合作促进学校的整体发展 (2)了解学校和社区资源以更好地服务于学生并善于利用这些资源 (3)能够采用适当的方式与家长合作,以富有成效地参与学校的工作

从美国中小学教师评价指标体系中可以看出,美国十分重视教师职业道德中的教学道德,以此来规范教师的思想、职业行为。另外,美国中小学教师评价指标体系内容全面,具有明显的客观性、全面性、灵活性。

3. 美国中小学教师评价的方式

美国中小学教师评价的方式呈现出多元化的趋势,目前美国对教师的评价方式形成了以发展性评价为主,增值性评价、档案袋评价、同行评价为辅的格局①。

发展性评价强调教师的个人发展,尊重教师的个体差异,运用灵活的评价标准进行评价。此外,评价主体多元,不仅包括学校、教师、家长、学生参与评价,教师自身同样也可以作为评价主体。增值性评价将学生的学业进步作为衡量教师的重要标准,以一段时间内学生的进步幅度作为重要的参考依据。档案袋评价是教师通过反思和合作而建构和丰富起来的有关师生工作的信息,以此作为评价标准,目的在于促进教师、学生的共同进步。同行评价是通过教师互评促进教师自身专业的发展和教学质量的提高,重点在于实现同行帮助和指导。

① 王慧.美国中小学教师评价及奖惩[J].天津市教科院学报,2015(3):57-59,86.

（三）中小学教师解聘制度

解聘制度也是中小学师德问责不可缺少的重要环节，美国的教师解聘制度已经走向了制度化的轨道，为规范中小学教师师德奠定了基础。

1. 解聘标准

各州对于解聘的各项规定不尽相同，但绝大部分都采用三个标准作为教师解聘理由：一是不胜任；二是不道德；三是玩忽职守①。对于不胜任教师的解聘，法院要求按照严格的法律程序进行审理，校方应有充分的证据证明不合格教师不胜任工作；对于不道德教师的解聘，美国绝大部分州都明确规定教育局有权解聘道德败坏或者品行不良的教师；对于玩忽职守的教师解聘则要谨慎行事，必须有记录表明该教师的不服从行为已经演变为习惯性行为，要有据可循。

2. 解聘程序

美国的中小学教师解聘通常要经过五个程序，分别为：告知评定结果、实施强化帮助、总结性评价、解聘、对错误解聘的补救②。

第一阶段是管理者以书面形式告知不合格教师“不满意”或“需要提高”等级的评价结果，通知他们将要进行强化帮助的学习；第二阶段是管理者组建适合每个不合格教师的强化小组，对他们实施强化帮助，使他们在规定的时间内获得“满意”等级的评价结果，对于不承认自身存在问题的教师则给予解聘处理；第三阶段是管理者对于接受强化帮助的不合格教师所取得的进步进行总结，并依据观察资料进行评定，若再次被评定“不满意”或“需要提高”这两个等级，则面临着被解聘的危险；第四阶段是针对实施强化帮助未成功的人员进行解聘，通常由学区教育管理部门主持听证会，由管理者对不合格教师做出说明，若不合格教师对于解聘决定不服，可以向当地法院提起诉讼；第五阶段是对错误解聘的补救，给予受害教师相应的补偿。

可见，美国的解聘制度十分严厉，可以督促教师自觉规避自身行为，从而提高教师的职业道德素养。

五、美国中小学师德问责制的特点

（一）教师自我问责和外部激励有机结合

美国在进行中小学教师评价的过程中，将被评价教师列为评价主体，由于他们对自身情况了解得更为透彻，能够促使他们实现自我问责。美国实行中小学教师评价制度，为那些在工作中获得优良业绩的教师提供职业晋升的机会或者薪酬增加等奖励，激励教师的工作积极性，减少人员调动和人才流失。在自我问责和外部激励的有效结合下，逐渐使中小学教师实现由他律向自律的转变。

---

① 代小菊.中美公立中小学教师解聘制度比较研究[J].世界教育信息，2006(7)：39-40.

② 徐祖胜.美国公立中小学不合格教师的解聘机制及启示[J].青年教师，2007(7)：43-45.

（二）问责主体参与的多样性

学生、家长是中小学师德问责主要的内部问责主体，相关权益主体则是重要的外部问责主体。美国对中小学师德问责包含多样化的问责主体，州政府、地方学区、教师教育认证组织、学校、家长，他们并没有独立存在，而是相互配合、相辅相成，共同监督和约束中小学教师。州教育部门制定规章制度，地方学区实行具体的监督管理工作，家长、学生等利益相关者直接参与师德问责。多元问责主体的存在，促使他们之间优势互补，达到合理监督中小学教师的效果。

（三）问责程序的公正全面性

美国在中小学师德问责制度的程序设计中，引入中小学教师认证制度、评价制度、解聘制度。在对中小学教师认证的过程中，要依据州和国家两个层面所规定的认证标准进行认证，并且要经过至少两次认证，确保认证过程的公正性、全面性。在对中小学教师进行评价的过程中，评价内容全面，对来自不同地域、年龄、性格、专业水平的中小学教师进行灵活性的评价。在解聘制度中，明确规定解聘标准和解聘程序，这是问责公正性的重要表现。

（四）问责结果的严厉性

美国中小学师德问责结果非常严厉，设立了严格的中小学教师解聘制度，中小学教师必须达到所规定的等级评价标准，一旦违反师德达不到相应的标准，则会面临着被解聘的危险，甚至会丧失终身教师任职资格。此外，中小学教师在任职期间，若不能胜任教师工作，已经取得的教师资格证同样也会面临着被撤销的风险。严厉的问责结果促使中小学教师有效规避自身的失范行为，在促进自身发展的同时提高学生的学习成绩，达到“双赢”的效果。

六、教师培训中的师德教育案例分析

丽贝卡是市区一所大型公立学校二年级的老师。她接受了一个颇具权威的教师培训项目的培训。她感觉自己已经做好了准备进行项目要求：社会公平的任务，满足班级里不同语言和文化背景的孩子们的学习需要。但是和很多老师一样，她感到学习的体系和条件也限制了自己满足学生需要的能力。市统一考试的分数显示班里的非裔美国孩子学习成绩下降，而且这些孩子跟白人孩子之间的学习差距拉大，因此丽贝卡和团队里的其他老师一起参加了数据分析研究班。州领导建议他们舍弃之前研发的读写能力培训培养项目，这是丽贝卡和同年级的老师一起研发的项目，为解决非裔美国孩子参加读写能力测验时出现的语法问题，项目里加了很多读写训练。州领导建议把这个项目换成每天练习指定内容的更加直接的读写指导，听到这个建议丽贝卡隐隐约约感到不安，使用新课表几周后丽贝卡的不安升级为不满。准备悄悄停止眼下的项目转而使用以前的项目，这个“不专业”的课程方法，虽然不被看好，但是似乎更适合她的学生。

杰西卡是相似学区的三年级教师，她的学校和丽贝卡所在的学校取得的成绩差不多。杰西卡也接受过知名教师培训项目的培训，不过培训的主要目的是让老师满足不同语言

文化学生的教学需求，她指导非裔美国学生的读写需要克服让学生从方言模式转变为标准英语模式的挑战。杰西卡还要找到本校的同事和校外专家共同完成指导所有学生的任务。在参加过一个名为“在课堂上教授标准英语”的研讨会以后，杰西卡采用了她所学的方法训练学生对语言方法的认知和对比分析能力。杰西卡在研讨会上看到了瑞秋·索奥茨的视频片段，之后给同年级同事们展示了这个系统，包括教师针对方言和标准用语的不同展开系统性评估，从而提高学生的句法意识并恰当地进行转换。这个游戏受到了家长的欢迎，因为家长们很乐意看到孩子对成为“语言侦探”的热情，州领导因为学校统一考试分数低强制要求小学阶段使用语音课程。杰西卡和同事们能够表明他们已经有一套直观的指导体系，这套体系发现了学生在读写评估中一直以来遇到的读写问题。杰西卡的同年级同事们和家长都保持着良好的关系，家长们看到了老师在提高考试成绩和缩小学生差距上取得的成功并让教育中心信服了老师们正在做的事情已经完成了学期目标。因此，杰西卡能够在适合学生们的事情中融入自己的动力，丽贝卡却做不到这些。杰西卡找到了一种在传统意义上算得上“专业的”课程的同时在支持师德实践的创新上也很专业。杰西卡在专业行为上展现了师德既能满足学区的要求也能满足良知。从丽贝卡和杰西卡的案例对比中可以看出，促进杰西卡这样的教师发展就是师德的用意所在。

上面的例子说明了师德的重要性，我们定义的就是职业行为或者道德使习惯使然的行为。实际上，道德行为指的是教学立场，是一种指导教师工作和责任的方式，教师的责任和道德行为息息相关，教师的职业道德要求自己代表学生动用自己的知识和技能，而学生是他人托付给教师来关爱的。由于师德影响所有教师的表现，因而我们所举的例子都发生在设定的市区学校，因为这样的背景，更加形象也强调了在师范教育中加入师德培训的重要性和紧迫性。教师们通常面临着教学资源不够丰富，以及教育方法选择受限的压力。因此考虑到教学的迫切需要，我们找到了五个因素：第一，有赖于知识和技能；第二，是品行和道德影响下的行为；第三，师德和教师的职业身份有关；第四，环境影响职业道德行为的实践；第五，师德是可以培养或者是养成的。

七、评价及启示

美国中小学师德问责制为世界上许多国家、地区的教育行政部门所效仿，然而，也不乏一些缺陷，有必要在整体分析的基础上吸取其经验教训，为我国建立一支高效的中小学师资队伍提供借鉴。

美国中小学师德问责制有许多突出特点，主要包括：师德问责法律法规完善且针对性强；教师自我问责和外部激励有机结合；师德问责主体多元；师德问责制度设计全面；问责结果严厉。另外，美国实行教育分权的管理体制，这一特点决定了其师德问责制的独特性，各州教育部实行指引，各学区具体实施，权责分明、针对性强、问责力度大，这是其他国家所不及的。然而，教育分权的管理体制也暴露出一个问题，即分权性、自主性强。联邦政府不进行统一性的管理，各地方自主管理，可能会造成某些地区教育管理散漫、敷衍行事现象的出现，不能够有效监督教师。美国中小学师德问责制对我国的启示主要表现在如下几个方面。

（一）建设健全的中小学师德法律法规

美国根据教师的职业特点和教师应当履行的义务制定出全国性的法律法规和各州详细的师德规范，得到了社会大众的普遍认可。当前我国有关中小学教师师德的法律法规不够健全，具体细则较为笼统、抽象。例如，2008 年颁布的《中小学教师职业道德规范》，这一规范对于中小学教师的要求从抽象层面表现为二十字，即"爱国守法、爱岗敬业、教书育人、为人师表、终身学习"，这一规定十分笼统、操作性差。因此，要明确教师的各项权利和义务，细化有关师德规范的具体内容，也要与时俱进，不断改进、完善师德规范，为有效进行师德问责奠定坚实的法律基础。

（二）实现中小学师德问责观念的转变

在美国，绝大部分中小学教师认为师德问责有利于提升教师自身的专业发展和综合素质的提高，能够促使教师自觉遵守教师职业道德规范。当前，我国大部分中小学教师问责观念相对落后，认为师德问责是对教师的监督和惩罚，不存在督促其自身发展和进步的作用。具体措施表现为内外两个方面：从内在方面来说，中小学教师要提高自身的内在修养，逐渐改变错误的师德问责观念，消除对问责的恐惧和抵制心理；从外在方面来说，要向身边的优秀教师学习，参加学校组织的各种学习、培训活动，提升自身的职业道德素养。

（三）完善中小学师德评价考核体系

美国制定了详细、客观、针对性强的评价标准，这些评价方法、指标体系值得借鉴。我国要坚持全面、客观、多层次的原则，针对各地区、各教师的特点，建设具体明确的指标体系。在考核过程中，不能仅将学生的考试成绩作为评价指标，要将教师的职业道德素养、具体的行为表现等都作为评价指标，实施全方位的教师评价。

（四）建立师德问责的责任追究机制

美国中小学师德问责的责任追究机制健全，对于有效监督中小学教师行为奠定了基础。当前我国虽然建立了责任追究制度，但经常会出现责任追究启动较慢、流于形式等现象。为此，可以从法律上明确教师的具体责任和义务，避免责任追究形式主义化、人本主义现象的出现。另外，也可以在每一层级的教育行政部门建立师德问责委员会，并配备专业化的人员，定期开展师德问责活动，模仿美国成立强化小组对不合格教师实行强化帮助，从而提高中小学教师的职业道德素养。

综上所述，美国中小学教育发展相对成熟，中小学师德问责制产生较早。目前建立起了多方问责主体相互配合的问责体系和以中小学教师认证制度、评价制度、解聘制度相辅相成的师德问责制度，并且形成了独具特色的中小学师德问责制，即形成了教师自我问责和外部激励有机结合、问责主体参与多样性、问责程序公正全面性、问责结果严厉的制度体系。

第二节　加拿大中小学师德问责制述评

一、加拿大中小学师德问责制的产生背景

加拿大是一个多元文化国家，下设10个省和3个自治区，加拿大从国家层面到地方政府向来重视教育改革，其教育水平一直处于世界前列。加拿大不设立国家层面的联邦教育部，各地区实施自治，由省一级教育部长理事会(Council of Ministers of Education Canada，CMEC)协调各地的教育政策。加拿大法律规定："各省立法机构有权独立制定本省教育方面的法律。"[①]加拿大安大略省占地逾一百万平方千米，是加拿大教育和经济的中心，作为加拿大问责体制最为完备的省份之一，其专注于教师的成长和专业化，在实践中建立了一套有效约束教师行为的管理制度，该省的中小学师德问责制具有一定的影响力和代表性[②]，因此本书以安大略省为例详细探讨。

1944年，安大略省颁布了《教师职业法》，以此突出教师的专业地位。20世纪90年代，安大略省开始大刀阔斧地进行教育改革，其中涉及教育问责、教师规划、教师能力构建、教育标准化和管理集权化五个方面，其中在1990年颁布的《教育法》是安大略省影响最大和最广泛的教育基本法，法律从12个方面论述了教师应承担的基本责任[③]；1996年，安大略省以立法形式成立了负责全省教师工作的独立行政机构——安大略省教师协会(Ontario College of Teachers，OCT)；2000年，安大略省公布的教师考试综合方案规定，教师必须要通过考试才能获得教师资格；2004年，安大略省公布了《卓越教师——通过专业发展开发学生潜能》计划，重点关注教师的职前培养、教师评价和教师培训工作；2006年，安大略省公布《教师职业实践标准》和《教师职业道德标准》，从实践和道德两个维度对教师职业的专业性进行了规定。安大略省的教育法规、教师资格证制度、合同约束制度和教师评估制度构成了安大略省中小学师德问责制度的基本框架。

二、加拿大中小学师德问责制的相关法律法规

(一)教育法(Education Act)

1990年，安大略省颁布了《教育法》，从教育基本制度和教育申诉等方面对教师应承担的基本责任进行了规定。当中提到教师应当发扬求真、平等、诚实、爱国、仁慈、勤勉、简朴和善良的美德，遵守学校纪律，为学生作出表率[④]。

(二)教师职业法(Teaching Profession Act)

1944年，安大略省颁布《教师职业法》，这部法律从道德层面规定了教师应遵守的职

---

① 黄正平. 加拿大安大略省的教师教育及其启示[J]. 教育评论，2015(1)：48-51.

② 陈国仕. 加拿大教师教育质量保证体系研究[D]. 福州：福建师范大学，2008.

③ 赵敏，李薇. 加拿大教师问责制的体系、特点及启示[J]. 教学与管理，2015(31)：80-82.

④ Government of ontario. Education Act[EB/OL]. https://www.ontario.ca/laws/statute/90e02?search=education+act.

业行为。《职业法》描述教师会员管理条例的内容在第 2 章的第 12 条，当中提到：教师会员应当遵守教师伦理道德标准，自觉遵守会员职责和履行应尽义务，违反相关规定会受到暂停教师职业资格证或者解雇的处分①。《职业法》中还提供了一份关于性侵的报告，对性侵一词进行了解释，报告指出教师会员与学生之间任何形式的以性为前提的身体触摸、与学生探讨与性相关的话题，以及性交都属于性侵范畴，这些行为是被严令禁止的。

（三）安大略省教师协会法案

这部法案颁布于 1996 年，法案以法律形式规定了教师协会的基本职能及其委员会组成；教师协会下设的调查委员会、纪律委员会和执行委员会的组成、职责和权利；教师会员应遵守的规章制度等。其中法案的第 9 章《关于教师职业失当行为的报告》对“职业失当”一词给出了明确的界定，比如故意泄露学生的信息；在教师资格认证方面，故意提供错误的信息和材料；在身体、心理或精神上虐待学生，对学生实施性侵犯等。教师严禁与学生发生任何形式的性接触，比如：同学生进行私信往来、与学生进行私人通话、在网络上与学生探讨有关性行为的话题、对学生进行性暗示或与学生约会等。法案还规定了对于教师的职业不端行为、不称职和不胜任、违反加拿大刑法，以及对于学生可能遭受到的危险或伤害事件的投诉处理程序等内容②。

（四）教师职业道德标准(Ethical Standards for the Teaching Profession)

《教师职业道德标准》于 2000 年 2 月由安大略省教师协会发布，2010 年进行了重新修订，新的标准规定了教师应当尊重学生的认知和情感发展，尊重学生，对学生及其成绩高度负责，具体表现为关爱、尊重、信任和正直四个方面③。关爱强调学生表现出的学习潜力并给予赞赏和鼓励；尊重强调教师对待学生所体现的宽容和信任的态度；信任强调教师对于学生诚实的认可和包容；正直强调教师所具有的诚实和可靠的品质以及自身良好的道德行为。

三、加拿大中小学师德问责主体构成

安大略省中小学师德问责的主体包括安大略省教育部、安大略省教师协会、安大略省教师联合会、学区教育局和教育质量及问责办公室，他们构成了各层次安大略省中小学师德问责的监管机构。

（一）安大略省教育部

安大略省教育部是安大略省的教育行政主管部门，对学校进行评估，设置学习课程，

---

① Government of ontario. Teaching Profession Act[EB/OL]. https:// www.ontario.ca/laws/statute/90t02? search=Teaching+Profession+Act.

② Ontario College of Teachers. Ontario College of Teachers act[EB/OL]. https://www.ontario.ca/laws/statute/96o12? search=Ontario+College+of+Teachers+act.

③ Ontario College of Teachers. Ethical Standards[EB/OL]. http://www.oct.ca/public/professional-standards/ethical-standards.

规定或是批准教材的使用，对学校提供资金支持，确定校长职责是教育部的主要职能，安大略省教育部负责对下设的72个教育局进行管理并监督教师的职业履行情况①。

（二）安大略省教师协会

安大略省教师协会成立于1997年，是专业组织层面师德问责的主管部门。作为安大略省教师的专业自治团体，其不受教育管理部门的约束，依法实施自治，安大略省教师协会是本省最大的教师管理机构。安大略省教师协会的职能包括：制定教师行为规范和教学实践标准；颁发、中止和取消教师资格证书；受理教师关于违反职业道德行为的投诉，组织听证会并对违规行为进行惩罚；提供会员公共注册；负责全职和兼职教师的培训课程等②。安大略省教师协会内部还设有决策机构，调查委员会主要负责对教师品行和教学方面的投诉进行调查；纪律委员会主要对教师的不称职或渎职行为进行听证；执行委员会主要处理教师的不符合职业规范的行为③。

（三）安大略省教师联合会

乔治·德鲁(George Drew)政府1944年出台《教师职业法》，允许成立安大略省教师联合会(The Ontario Teachers' Federation，OTF)。发展到今天，联合会已拥有16万名成员，其代表安大略省所有公立学校教师的整体利益与省政府进行谈判，制定的管理条例明确规定了安大略省公立学校教师对待学生、教育当局、公众、教师联合会以及同行应履行的职责④。违反相关条款的教师会受到联合会下设的纪律委员会调查，若情况属实则会受到相应惩处。

（四）学区教育局

安大略省中小学教育系统共包含72个学区教育局和33个学校当局(地处偏远的教育局和医院学校的教育局)。用于规范教师职业行为的教育制度由学区董事会负责订立，学区教育局同时也负责对教师的渎职行为进行惩戒。

（五）教育质量及问责办公室

教育质量及问责办公室(Education Quality and Accountability Office，EQAO)主要负责学校、教师和学生三方的评估工作。相对于教师的评估被分为对新任教师和有经验的教师评估两类，其专业能力和责任履行程度是评估的重点，评估内容则包括教师职业标准、16项能力素质、评估会议和总结报告四个部分。除以上四个部分，对熟手教师的评估

---

① 谌启标．加拿大教师教育大学化的传统与变革[J]．比较教育研究，2005(11)：61-64.

② Ontario College of Teachers. What the College Does[EB/OL]. http://www.oct.ca/about/default.aspx? lang=en-CA.

③ Ontario College of Teachers. Standards of Practice[EB/OL]. http://www.oct.ca/public/professional-standards/standards-of-practice.

④ Ontario Teachers' Federation. We the Teachers of Ontario[EB/OL]. http://www.otffeo.on.ca/en/wp-content/uploads/sites/2/2014/09/WTT-ABOUT-OTF-AND-ITS-AFFILIATES-ENG-September-2014.pdf.

还需要学生和家长的反馈作为参考，最后确定评估结果。无论新手教师还是熟手教师，无法通过评估者将会被解雇①。

四、加拿大中小学师德问责制度设计

（一）认证制度

加拿大对志愿从事教师职业的人的选拔标准相当严苛。在安大略省，想要成为一名中小学教师，首先必须具有大学本科学历并取得学士学位，如果想要申请教授中学课程还必须具有大学阶段学习相关专业课程的学科知识背景和经历，而后进入大学教育学院继续学习一至两年教师教育课程并取得教育学学士学位。在安大略省，教师全部具有双学士学位，当中还具有一定比例的硕士和博士。在获得双学士学位后需要到安大略省教师协会申请教师资格并注册成为安大略省教师协会的会员，注册会员需要提供一份无犯罪记录证明。在经过安大略省教育部的认可，学校和区教育局的选拔，申请通过成为安大略省教师协会的会员后，才能到中小学求职和任教②。

安大略省在教师选拔关口层层把关，尤其是在安大略省教师协会会员注册环节对个人品行方面的高标准严要求，保证了安大略省教师队伍的整体素质和高质量。

（二）评价制度

19世纪90年代开始，安大略省教师协会就开始收集国外其他自治行业和教师专业组织的文件资料和政策文本，研究其实践的经验，在参考了国内外关于职业道德问题的相关文献资料和各类法律法规后，于1998年形成了《教师职业道德标准》的初稿。1999年1月，教师协会就《教师职业道德标准》的初稿向协会成员及协会委员会征集意见。同年5月，由主要利益相关者代表和伦理学专家组成确证会，就对初稿的整体印象、单条标准的评价和建议等进行讨论，《教师职业道德标准》的二稿和三稿是通过收集并且分析了确证会的信息，在对初稿进行修改的基础上得出的。安大略省教师协会的法律顾问、教师职前培训专门委员会和实践标准及教育委员会于2000年上半年对《教师职业道德标准》的三稿进行了讨论并给出了意见，修改后的《教师职业道德标准》报教师协会管理委员会审核通过，教师协会随即经多途径公布了《教师职业道德标准》，在广泛听取公众的意见后对三稿进行了修订形成四稿，报送参与调查及确证会人员、服务前下属委员会、实践标准及教育委员会和教师协会的法律顾问审核并给出意见。2000年7月，管理委员会审核并通过了终稿。2000年10月，《教师职业道德标准》最终成为教师协会的管理条例。安大略省制定的《教师职业道德标准》是加拿大唯一一个将行为准则和道德规范分开，分别制定政策文本的省份。安大略省的《教师职业道德标准》因为制定的有效性和科学性，获得了联合国教科文的认可，并将安大略省的《教师职业道德标准》进行了推介③。

① 郑宏宇，郭清秀．加拿大教育问责制度研究[J]．当代教育科学，2011(15)：49-52.

② 颜桂花．加拿大中小学教师教育与资格制度[J]．教师教育研究，2008，20(4)：76-77.

③ 李丹丹．基于师德建设视角的加拿大安大略省教师守则研究[D]．武汉：华中师范大学，2012.

1. 评价主体、内容

安大略省中小学教师师德问责的主管部门是安大略省教师协会，其主要依据《教师职业道德标准》对教师进行管理，道德标准体现了以学生为根本的核心，教师应当负担起对学生、家长、同行，以及公众的责任。

2. 评价指标

依据《教师职业道德标准》，安大略省教师协会对教师进行问责的具体指标如表3.3所示：

表3.3　安大略省教师职业道德标准

一级指标	二级指标
关心	包含关爱学生，关注学生并了解学生发展过程当中的潜力。通过教师正面的影响、专业判断，以及在教学活动中与学生产生的共鸣来表达对学生的健康以及学习成绩的承诺
尊重	本质是平等和信任。尊重学生的尊严、情感，以及认知的发展。在教学活动中，成为尊重人的情感和文化价值、社会公平、尊重隐私、自由、民主和环境的榜样
信任	体现了平等、真诚和开放。教师和学生、同行、家长、社会公众之间的关系都是以信任为基础
正直	体现的是教师诚实、可靠和具有良好道德的特质。对开展教学活动和从事职业本身进行反思有助于增强教师的责任感

安大略省《教师职业道德标准》分别从四个方面规范和约束教师的职业行为，鼓励教师守护职业尊严和荣誉、明确教师应当承担的义务和责任，引导教师的决定和行动，树立大众对于教师的信心。安大略省对于教师的职业道德高度重视，其评价指标具有客观性和全面性的特点。

3. 评价方式

在安大略省，对教师的管理采用签订合同制度，教师必须严格遵守合同上的相关条款。如果违反或者存在严重失职、玩忽职守、不遵守学校相关管理规定等事实，教师将会受到安大略省教师协会下设的调查委员会的调查。教师所在学校的校董事会也有权对教师违反合同的行为提出指控，在具有充分证据的情况下，涉事教师会被暂停或终止劳动合同①。

（三）解聘制度

教师解聘制度是师德问责制必不可少的环节，加拿大安大略省的教师解聘制度已经走上了法制化的轨道，为规范教师职业行为奠定了制度基础。

---

① 李硕，刘永福. 加拿大教师责任结构体系与管理制度分析——以安大略省为例[J]. 教育科学研究，2013(5)：25-30.

1．解聘标准

《安大略省教师协会法案》中规定教师辱骂学生、忽视学生、将学生信息随意泄露给他人、违反教师职业资格的要求、在精神上和身体上虐待学生，与学生发生性行为，故意提供错误的信息或文件、严重失职、玩忽职守、拒绝遵守或有意忽视法律法规、未能通过教师绩效评估、不遵守劳动合同中规定的相关条款等行为将会面临被解雇的境地。

2．解聘程序

安大略省教育部、安大略省教师协会、校董事会、安大略省教师联合会和学区教育局均有解聘教师的权利，但以安大略省教师协会和安大略省教育部为主。安大略省教师协会侧重于对教师失德行为的投诉处理，安大略省教育部则主要侧重于教师教学绩效考核方面的管理。这里仅以探讨对教师失德行为的处理程序为主。

安大略省教师协会一般经过三个阶段和一个特殊程序对教师失德行为的投诉进行处理。

(1)进入阶段(The Intake Stage)。

这个阶段，公众、其他教师或教育部长可以对教师的失德行为进行投诉，一般可以通过电话或邮件的形式联系教师协会，系统会自动进入投诉的处理程序。在涉及教师失德行为的投诉时，投诉者需要填写一份正式的投诉表格。存在以下三种行为的投诉可能涉及教师被判有罪，分别是被认定的教师职业不当行为，对未成年人实施性侵和使学生处于被伤害的危险之中。

(2)调查阶段(The Investigation Stage)。

对教师的投诉采取实名方式，经初步调查后投诉情况将被移交到调查委员会，调查委员会指派专门人员深入调查并要求投诉人提供详细信息，同时调查委员会的工作人员也会从多种途径获取必要的信息，例如证据的细节问题、当事人口供、警察问询笔录和与此相关的政策、程序和其他文件资料。被投诉教师对投诉内容具有知情权，并且至少有一个月的时间为自己进行书面辩解。

结束调查后，调查委员会将组成一个不少于三人的执行小组，小组成员会根据已掌握的资料做如下处理：首先是起诉驳回，其次有问题需要解决但不涉及进入听证阶段的投诉，给予劝告或者书面警告，第三是被认定为失德行为教师的材料移送至纪律委员会，第四是被认定为个人能力不足的教师的材料移送到执行委员会，最后是通过执行小组成员之间协商而确定的解决方案也会被采纳①。

(3)听证阶段(The Hearing Stage)。

听证会由纪律委员会或执行委员会成立的三人执行小组成员举行，听证会是独立于教师协会，可以独立处理相关法律事宜的机构。协会理事会提供教师失德行为的证据材料，涉事教师可以为自己陈词辩护。

由纪律委员会组成的执行小组通过听证程序，认为教师违反了职业道德，根据职业失德条例可以对教师做出如下处理：撤销教师执业资格，暂停其执照不超过 2 年，为执照证书添加限制或附加条款，对教师进行辅导或规劝并处以 5000 加元以下罚款，将听证结果

① Ontario College of Teachers. Resolving Complaints[R]. Toronto：Ontario College of Teachers，2006：6-10.

公布在协会公开出版的刊物上并要求教师支付相关费用。如果没有实质的证据证明教师失德，应教师本人要求，纪律委员会应当在公开出版的刊物上公布听证结果。

(4)辩论解决程序。

辩论解决程序是与进入、调查和听证阶段并存的一种简便的解决问题的程序，在对教师进行投诉的进入阶段，教师协会会评估该投诉是否符合辩论解决程序，若在对公共利益的考量中辩论解决程序可以解决问题，则不需要进入调查和听证阶段。但对涉及公共利益的性侵等极端行为除外。

辩论解决程序要求投诉者和被投诉者同时参与，但其中的任何一方不愿参与时都将进入常规的调查和听证程序。辩论解决程序实施完毕后，双方需签署协议备忘录，经协会的调查委员会、纪律委员会或执行委员会程序后，该个案了结。

五、加拿大中小学师德问责制的特点

(一)问责主体的多元化

在安大略省，对教师进行师德问责的主要机构是安大略省教师协会，其主要对教师的教学能力和职责履行情况进行直接监督和评估。除了安大略省教师协会，教师还需接受校董事会、学区教育局、安大略省教师联合会和安大略省教育部的监督。

(二)问责程序的全程性

师德问责制的建立既需要内外统一的协调机制，又需要建立一套完善的制度载体，安大略省的教师资格认证制度、合同制度和问责制度构成了师德问责的完整制度载体，对师德问责制的贯彻落实起到了关键作用。教师资格认证阶段，如果申请人的履历和行为证明不能证明其可以有效履行教师职责，安大略省教师协会将拒绝颁发教师资格证书。教师协会下设调查委员会、纪律委员会和执行委员会，专门负责对教师的玩忽职守、不称职和渎职行为进行调查和制裁，一旦确认教师有以上行为，纪律委员会就会对教师做出吊销教师资格证书、暂停职业资格或者征收罚款等惩戒手段。教师聘用阶段，安大略省实施严格的合同约束制度，教师若违反合同中约定的条款，或者犯有失职等严重错误，安大略省教师联合会将有权停薪或是终止与教师的合同。后续考核阶段，无论新手型教师还是熟手型教师都要接受教育质量及问责办公室的评估，评估内容不仅包括对学生的承诺及对学生学习的贡献，还包括对专业知识、教学实践、领导力和交流能力、持续的专业学习等16 项能力的综合评估，未通过评估者将面临被解雇的境地①。

(三)问责结果的严肃性

加拿大师德问责的严肃性体现在教师管理制度的各个环节。在入职审查阶段，若行为证明不能证明教师可以有效履行教师职责，其将会被拒绝获得教师资格证书。在聘用阶段，若教师违背了合同中相关责任条款或犯有严重错误，教师联合会和校董事会将终止与教师的合同，对于不称职和玩忽职守等行为，安大略省教师协会将对其采取吊销教师资

---

① 廖忠，司瑞琴．加拿大安大略省教师绩效评估制度述评[J]．比较教育研究，2013(12)：16-22.

格证书等严厉惩罚。在后续考核阶段,教育质量及问责办公室将对所有教师进行定期评估,未能通过评估的教师,将会被建议不聘用或者终止与该教师的劳动合同。需要特别提到的是教师资格证书一旦被吊销,教师将会直接面临被解雇的境地,想要再次取得教师资格证书是相当困难的事情。严厉的问责结果有效避免了教师各类失德行为的发生。

(四)管理标准的动态发展性

管理标准作为衡量教师职业道德的一把戒尺,应当伴随着时代的发展和进步以及现实情况的不断变化而调整转变。安大略省教师协会会在每年的年度报告中具体分析年度教师的道德和能力情况,并以此为据,提出下一年的教师管理改进及发展思路。比如2013年的年度发展报告建议中提到,在过去的几年中,教师性侵学生的投诉比例日渐增多,从而制定出了关于规范教师行为并保持自律的管理办法。还依据出现的学生在校危险情况逐年增多的现象,提出了关于加强学生校园学习环境安全的对策和专业建议①。

六、评价及启示

加拿大作为西方教育成就卓越的国家之一,在法律框架层面、专业组织层面和学区视域层面中的教师责任共同约束教师的职业行为,构成了加拿大层次分明的教师问责制度,其具有问责主体多元、问责程序全面、问责结果严厉和管理标准的动态发展等特点。安大略省教师协会制定的教师专业标准将行为准则和道德规范分开,制定的《教师职业道德标准》描述了教师应具有的专业信念和价值,明确了从事教师职业所承担的道德责任,是加拿大区别于其他国家师德问责制度的最根本特点。另一方面,加拿大是以政府为主导的教育管理体制国家,除了教育当局和各类教师协会外,还应允许学生、家长和社会各界人士加入到问责机制中来,使教育当局能够听到最广泛公众的诉求,社会各界共同加入到对教师职业道德的监督管理中去。

加拿大中小学师德问责制对我国师德问责制建设具有积极启示意义。

(一)积极培育教师专业组织

教师专业组织是师德问责体系中的重要组成部分,我国政府也应积极扶植和培育并赋予其相对独立的权利,例如制定教师行为规范和教学实践标准、颁发中止和取消教师资格证书等重大事项的决定权,向教育主管部门和学校提出教师管理的意见、建议的建议权,对教师违反职业道德行为的监督惩戒权等,切实发挥教师专业组织在教师管理中的作用。

(二)建立多层次的师德问责评估标准

加拿大安大略省将繁复的师德落实到法律法规、专业组织和学区三个层次上,为教育主管部门进行师德考核和管理提供了参考依据,其教师资格证制度、合同制度和问责制度从入职审查、聘用监管和后续考核三个阶段对师德做出了详细规定,保证了师德的履行。

---

① The Council of the Ontario College of Teachers. Safety in Learning Environments:A Shared Responsibility[R]. Toronto:Ontario College of Teachers,2013:4.

我国也应当在教师聘用管理的各个阶段对师德做出详细的要求，保证师德在教师职业生涯各阶段的贯彻落实。学校也应当制定适合本校教师和符合自身情况的教师行为规范，将教师的考核标准量化，使教师考核成为学校的一项标准化、常态化的工作。

（三）明确违反师德的责任归属和惩罚措施

我国已经对中小学教师应当履行的职责做了相应规定，2013 年分别颁布了《小学教师专业标准》和《中学教师专业标准》，这是我国师德问责体系中相对成熟的部分。在此基础之上，还应当制定对教师具有广泛约束力、更为具体的责任条款，并将每项条款的评价标准以及惩戒措施予以细化，明确权责归属和违反所应承担的后果。

（四）实行师德管理标准的动态化

教师职业道德建设应随着时代的发展而不断变化，教师职业道德管理标准也应当相应做出调整。教育主管部门和教师专业组织应做好师德信息的收集和反馈工作，对于遇到的普遍问题和典型案例加以论证分析，提出改进和发展思路，并将出现的问题和改进思路体现在教师管理标准细则当中。

综上所述，加拿大向来重视教师职业道德规范建设，在实践中摸索出了一套有效约束教师职业道德行为的管理制度。以安大略省为例，对师德问责的相关法律法规进行了简要介绍，提出安大略省中小学师德问责的主体主要由安大略省教育部、安大略省教师协会、安大略省教师联合会、学区教育局和教育质量及问责办公室构成。在制度设计方面主要对中小学教师的认证制度、评价制度，以及解聘制度进行了介绍，研究得出加拿大中小学师德问责制具有问责主体的多元化、问责程序的全程性、问责结果的严肃性和管理标准的动态发展性等特点。安大略省中小学师德问责制对我国建立健全师德问责体系具有重要的借鉴意义，其制度设计也为我国提供了可操作的路径选择。

第四章　欧洲主要国家中小学师德问责制

第一节　英国中小学师德问责制述评

英国一向重视中小学师德建设，无论是对师德规范系统的建设、问责程序的不断改进，还是在绩效评价中对问责结果的兑现，都体现了英国中小学师德问责立法动态发展、问责程序规范完整、师德培训一脉贯穿、师德规范具体可操作、师德与绩效挂钩的特点，表明其已形成了比较健全的中小学师德问责制度体系。

一、英国中小学师德问责制的产生及发展历程

教师师德被视为教师素质的重要组成部分，源于教师师德不仅是教育目的也是教育内容，具有特殊的教育价值①，甚至在教师职业中，对教师的师德要求比对专业知识要求更加重要②。在英国，用教师职业伦理规范来对教师师德进行引导和评判，通过教师评价制度对教师职业伦理进行评价，以此作为奖惩标准，促进教师专业改进以及师德价值的实现。英国的中小学校有公立和私立之分，据统计，现今英国的中小学生绝大多数进入公立中小学校就读。英国的公立中小学有两个教育阶段，即5～11岁的小学教育和11～16岁的中学教育。5～16岁也是英国法律强制要求的义务教育阶段，适龄儿童必须进入学校学习，并由国家负责必需的学杂费。

（一）碎片化发展阶段

在关于师德规范和师德培养上，英国政府早期非常注重用相关法律和文本进行铺路。早在1965年，《教学理事会法案》(Teaching Council(Scotland) Act 1965)就对教师准入标

---

① 徐廷福. 教育的道德性提升与教师使命[J]. 现代教育科学，2004(9):11-13.

② Schwarz G, Alberts J. Teacher Lore and Professional Development for School Reform[M]. Westport, CT: Bergin & Garvey. 1998:1-4.

准提出一些原则，其中强调具有一定行为的师德标准是教师准入的必要标准。1972年颁布的《詹姆斯报告》奠定了现代英国教师教育体系的基础。1984年，英国成立了教师教育鉴定委员会（CATE），要求加强对教师教育的检查，对调查和处理教师专业失德问题进行了初步规范。该委员会于1994年更名为师资培训署（Teacher Training Agency，TTA），该组织致力于建立一个全国范围内的教师教育质量标准体系，为教师专业化提供保障。可以发现，英国中小学教师师德规范是随着教师专业化规范成长起来的，随着1998年《教师：迎接变化之挑战》的颁布，英国教师专业化改革成为焦点，公平、诚实、承诺、尊重和责任等师德内涵不断被明确提出①，中小学师德问责也逐渐向系统化建设发展。

（二）系统化发展阶段

随着英国教师专业标准的不断完善，中小学教师师德规范进入了系统化发展阶段。从2002年开始，英国政府相继颁布并实施了四个不同版本的教师专业标准，即2002年的《合格教师：教师资格专业标准和入职教师培训要求》、2005年的《教师职业标准》、2007年的《教师职业标准》、2012年的《教师标准：学校领导、教师以及管理部分指导》。无论哪一版本的教师专业标准都对教师师德进行了描述，主要体现在“专业理念与实践”“专业特质”“教师个人行为准则”等方面。英国政府对教师培训有着专业而系统的法律规范，从职前教育培训、入职教育培训和职后在职教育循序渐进地规范了师德，在职前教育中更多的是对师德理想和基本品质进行要求，入职教育培训注重的是规范师德的“不准许”行为，在职教育培训则将师德行为深化到教学技能中，注重培养学生合作、沟通、思考等品质的形成，同时注重提高教师的团队精神和教学自信②，以便形成教师自主遵守师德规范的行为。

二、英国中小学师德问责制相关法律规范

成熟的教师行业必须有完备的、成熟的师德规范，英国的中小学教师师德规范的内容一般由道德规则、道德原则和道德理想组成。师德规范建设作为师德建设的外在支撑和法律依据。与其他国家相比，英国制定的师德规范比较富有特色，以道德规则为主，形成以约束功能为主、激励引导功能为辅的行为指导规范。从教师职业发展的历史进程中可以发现，英国的师德规范多是以“行规”的方式呈现。

（一）主要师德问责法律规范

1.《让孩子安全教育》（Keeping Children Safe in Education）

《让孩子安全教育》规定了校长、教师、工作人员、管理机构、业主和管理委员会必须遵守的法律责任，维护和促进中小学学生的福利。《让孩子安全教育》文件分为“学校和学院”“学校和学院工作人员”“管理活动与儿童：范围”三个部分。“学校和学院”部分，规定

---

① Strike K A. The Ethics of Teaching[J]. New Directions for Teaching & Learning, 1988, 70(2):156-158.

② Beynon A, Wright J. Policy Enactments in the UK Secondary School: Examining Policy, Practice and School Positioning[J]. Journal of Education Policy, 2010, 25(4):547-560.

了学校必须遵守的法律义务，以保证儿童的安全。“学校和学院工作人员”部分规定了所有工作人员应该履行保障和促进儿童福利时的职责。“管理活动与儿童：范围”规定了儿童教育中受限制的活动和受限制的场所①。

2.《教师标准》(Teachers' Standards)

英国的《教师标准》经历了多个版本的修订，为教师的专业实践和行为设定了一个明确的期望基准，并确定了英国教师的最低预期实践水平，但是对师德规范的制定始终是其主要内容。在2002年标准的“专业理念与实践”中提出教师应具有尊重、关怀、理解、示范、沟通合作、法律意识等师德内容，在2007年标准的“专业特质”中分别在师生关系、法律法规意识、交流合作、个人化专业发展方面界定了师德规范内容。在最新的2012版本的《教师标准》中，新增了“教师个人行为准则”板块，定义了在整个教师职业生涯中教师的行为和态度标准。

《教师标准》中有关师德的内容主要体现在三个方面：第一方面，在基本准则上，不破坏英国的基本价值观念，包括民主、法治、个人自由和相互尊重，以及宽容不同信仰和信仰的人；教师必须了解并始终在履行其职责和责任的法定框架内行事；表现出宽容和尊重他人的权利。第二方面，在学生准则上，有尊严地对待学生，建立相互尊重的关系，始终遵守适合教师专业地位的适当边界；根据法定条款考虑保障学生的安康；确保个人信仰不以利用学生的弱点或可能导致他们违法的方式表达。第三方面，在学校准则上，教师必须对其所教授的学校的风气、政策和做法有适当和专业的关注，并保持高标准的出勤和守时②。

3.《教师不当行为》(Teacher Misconduct)

《教师不当行为》由国家教学与领导学院(NCTL)代表教育国务大臣负责调查对英格兰学校教师和校长严重不当行为的指控。文件具体内容由规范教学行业、纪律程序、申请命令被搁置、专业操守小组成员四部分组成。《教师不当行为》中罗列了教师不合适行为，尽管所提及的行为并不是一个详尽的清单，但是对于普通的失德行为都能找到其对照标准。《教师不当行为》从道德规则的反面表达中，规定了道德底线和道德规则，制定了较强可操作性的具有约束力的指令，按照失德的不当程度可以分为“有关罪行”和“严重行为”两部分。

第一部分，“有关罪行”包括：暴力；恐怖主义；基于种族、宗教或性取向的不容忍；欺诈或严重的不诚实行为；偷盗；纵火等重大刑事伤害；严重违规行为，特别是涉及酒精或毒品的违法行为；涉及赌博的严重罪行；拥有禁止的枪支、刀具，或其他武器；性活动；拥有甲类药物；提供任何分类的非法物质；任何涉及观看、摄取、制作、拥有、分发及发布任何不雅的照片或图像或伪照片或小孩的图像，以及允许进行任何此类活动，包括一次性事件。第二部分，“严重行为”包括：除了严重程度的“有关罪行”外，还有严重影响学生的教育或幸福；破坏英国对民主、法治、个人自由以及不同信仰和信仰的人的基本价值观念；推动政治或宗教极端主义；深层次的态度导致有害的行为；滥用职位或信任(特别是涉及弱势学生)或

① Department for Education. Keeping Children Safe in Education[EB/OL]. https://www.gov.uk/government/publications/keeping-children-safe-in-education-2.

② Department for Education. Teachers' Standards[EB/OL]. https://www.gov.uk/government/collections/teachers-standards.

侵犯学生的权利；实施严重的刑事犯罪等。

4.《幼儿教师标准》(Early Years Teachers' Standards)

《幼儿教师标准》指出幼儿教师首先要关心婴儿和儿童的教育和照顾，负责在专业实践上和行为上达到最高标准。幼儿教师要以诚信和诚实行事，要有较强的幼儿发展知识，掌握最新的知识和技能。在师德方面的表达主要体现在两个方面：第一个方面，在基本准则上，教师要诚实正直；具有较强的学科知识，保持他们的知识和技能；建立积极的职业关系；对行为抱有很高的期望，建立一个有一系列策略的纪律框架，持续而公平地使用赞扬、制裁和奖励。第二方面，在学生准则上为了学生的最大利益与父母一起工作；设置激发、激励和挑战学生的高期望；始终表现出学生所期望的积极态度、价值观和行为；鼓励学生对自己的工作和学习采取负责任和认真的态度；对有特殊教育需求的学生的需求有清晰的认识①。

（二）共性及差异比较

1. 在内容上相互联系、相互支持，其中《教师标准》处于核心地位

从图 4.1 中可以看出，《让孩子安全教育》《教师标准》《教师不当行为》《幼儿教师标准》这四项法律规范的内容相互联系、互相支持，共同为中小学师德问责提供法律依据，确定了问责制度和问责程序。其中，《教师标准》是其他三项规范的基础，其他三项规范在《教师标准》的基础上进行问责主体范围扩大和问责程序完善。《教师标准》中“个人行为准则”属于道德理想层面，在表述中常用“应当”“应该”词语，对情感和态度提出指向，主要起着激励作用，难以具体评价。《教师标准》的其他部分、《幼儿教师标准》及《让孩子安全教育》属于道德原则层面，具体表述常用“具有”“建立”等词语，是对行为基准提出指向，具有指导作用。《教师不当行为》属于道德规则层面，对行为底线提出指向，主要功能是约束作用，常用于对规则的反面表达，具有易于界定和易于评价的特点。

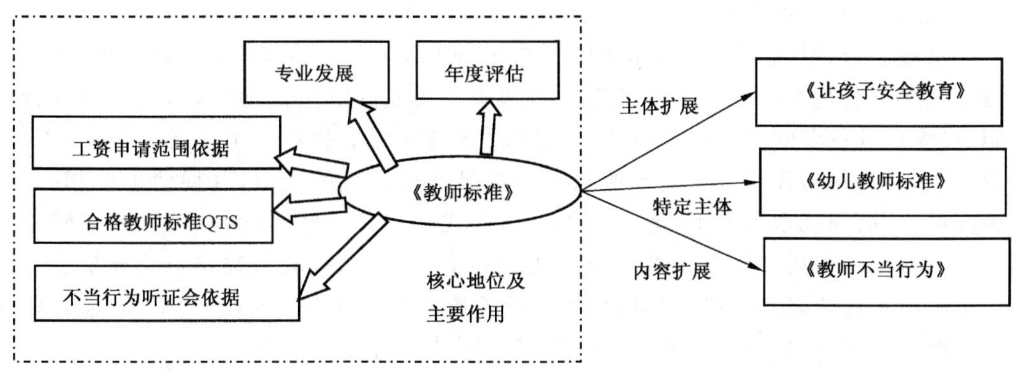

图 4.1　《教师标准》的核心地位

① Department for Education and National College for Teaching and Leadership. Early years teachers' standards [EB/OL]. https://www.gov.uk/government/publications/early-years-teachers-standards.

2. 在修订上都呈现出动态完善状态，但是《教师不当行为》修订得最频繁、最完善

从英国教育部网站上，分别查询到这四项法律法规的修订过程，可以发现四项法律从最初立法到目前最新章程公布，都在不断地进行修订，以便呈现更加健全、更加完善的法律体系。《让孩子安全教育》是四项法律规范中最新颁布的，首次公布是在2015年3月26日，但截至2017年年底，已经修订了五次。从修订频率和修订完善度上看，《教师不当行为》的修订程度更完善，《教师不当行为》于2012年4月1日公布，目前，已经形成了包括专业指导小组、调节教学工作、教师禁止行为、不当行为纪律程序、不当行为举报形式、不当行为中证人信息等方面的不当行为问责体系，甚至在涉及《教师不当行为》中的一些表格填报上，都进行了统一修订。

3. 在实施层面上虽然立法机构不同，但都是由国家集中推行实施

这四项法规的立法机构由英国教育部和国家教学与领导学会(NCTL)组成，虽然立法机构不同，但是国家教学与领导学会(NCTL)是教育部分设的主管教师培训、教师合格考核、教师不当行为监管的机构，在管理权力上等同于教育部。可见，四项法律规范均是由国家集中推行实施的，这为中小学师德问责提供了一个全国性的规范标准。

三、英国中小学师德问责主体

1. 英国教育部(Department for Education)

教育部致力于提供儿童服务和教育，无论他们的背景或家庭环境如何，以确保所有人都有机会平等。教育部由17个机构和公共机构支持的部级部门组成，负责儿童服务和教育，包括在英格兰的高等和继续教育政策。在中小学师德问责整个制度设计中，都少不了教育部的问责主体地位。目前，师德问责的主要法律法规都是由教育部或者其下属机构制定和颁发。在问责过程中，无论是举报阶段还是调查阶段，都需要教育部相关部门的主导。

2. 国家教学与领导学会(National College for Teaching&Leadership,NCTL)

国家教学与领导学会是教育部的一个执行部门，在中小学师德问责制度设计中，国家教学与领导学会很大程度上直接代表教育部来执行其问责主体地位，因此在此进行单独介绍，以突出其重要问责主体的地位。国家教学与领导学会致力于发展一个0～18岁的教育体系，通过招募和发展一支专业队伍来满足学校系统的需求，并促使学校相互帮助、不断改进，从而提高学术水平，运用新的工作方式来支持最好的学校，校长和老师来提高所有学校员工的素质和培训水平。当发现教师不当行为后，国家教学与领导学会代表教育国务大臣负责调查对英格兰学校教师和校长严重不当行为的指控。NCTL监管职能的目的是保护学生，维护公众对教师的信心，坚持高标准的教师行为。

3. 当地议会

英国是由英格兰、苏格兰、威尔士和北爱尔兰组成，由于权力下放，当地议会在教育与培训领域具有独立的立法权。因此在师德问责过程中，对于发现教师不端行为的非正式投诉和正式投诉中不太严重的不当行为，都是由当地议会进行最终判决。

4. 学校

学校作为师德问责制度的核心载体，是师德问责制度中重要的问责主体。英国中小学有公立和私立之分，所有5～16岁的孩子都有权在州立学校免费入学。根据学校类型

不同，可以分为社区学校、免费学校、技术学校、州立寄宿学校和私立学校。虽然学校类型不同，但是在中小学学校中，校长具有超然地位，在教师培训和教师考核中，校长是参与制订培训目标和考核目标的，并且最终考核结果必须通过校长认可，故在师德问责过程中，校长是学校里面最主要的问责主体。

5. 家长

《让孩子安全教育》中明确规定了家长在监督教师师德中的作用。作为教师不当行为投诉的主体，家长通过了解孩子与老师之间的教与学过程，判断并鉴别教师不当行为，并根据问责程序提出不当行为投诉。

四、英国中小学师德问责制度设计

1. 问责程序

英国对教师不端行为的问责主要经过四个阶段的程序，即举报阶段、调查阶段、临时禁令申请阶段、正式调查阶段和答复阶段，详细的问责程序如图 4.2 所示。其中临时禁令(Interim Prohibition Order，IPO)的目的是保护学生和公众免受伤害，阻止可能存在不端行为的教师在完成案件之前进行教学。而禁止令则是禁止某人终身教学，不得在任何学校、学院、相关的青年之家和儿童之家教书，包括免费学校和独立学校。

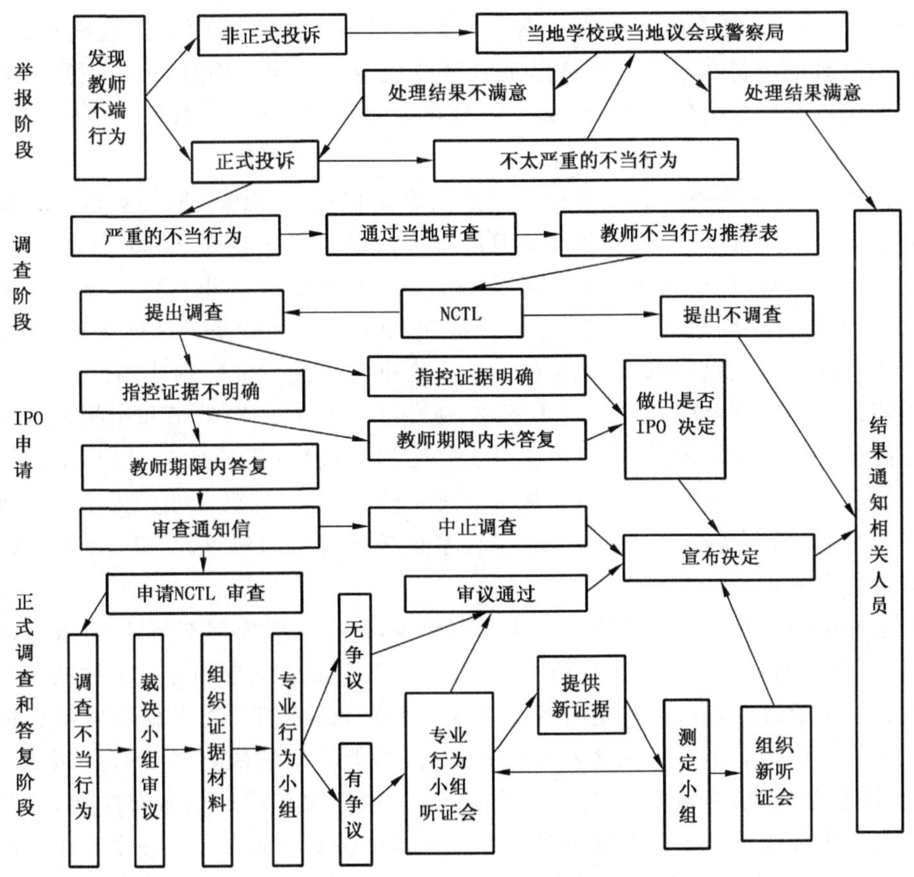

图 4.2 英国教师不端行为问责程序流程图

第一阶段：举报阶段。针对教师的不端行为，学校（或雇主）、警方，犯罪记录服务系统（The Disclosure and Barring Service）、其他监管机构和公众可以向 NCTL 提交存在严重的不当行为的指控。在正式投诉前，可以做一个非正式投诉，即向学校、当地议会投诉，如果认为学生正处于紧急危险中，则需要直接联系警察局。如果举报人对非正式投诉的回复不满意，可以提起正式投诉。一般教师不当行为由当地学校或议会进行审查处理，严重的不当行为由当地审查后交由 NCTL 处理。

第二阶段：调查阶段。接到举报后，NCTL 将决定是否进行调查或中止案件。如果 NCTL 决定进行调查，NCTL 将以书面形式通知被举报者的所有指控，包含迄今为止收到的所有信息，解释所涉及的流程，同时会建议教师联系法律专业人员或工会代表征求意见，并要求被举报教师在四周内回应这些指控。在这个阶段，老师可以选择是否回应这些指控。NCTL 专家组将考虑所有的证据，来决定被调查教师是否存在不可接受的职业行为、可能使行业声誉受损的行为、在任何时候被定罪的相关违法行为等三种情况之一。

第三阶段：IPO 申请阶段。一般情况下，通过三类不当行为的基本判定，由 NCTL 来确定是否申请 IPO。但是随着案件调查程度，在问责程序的任何阶段都可以进行 IPO 申请程序。临时禁令会阻止被举报人在完成案件之前进行教学，并且保护学生和公众免受伤害。如果 NCTL 正在考虑 IPO，NCTL 将书面形式通知被举报教师，并要求被举报者在 7 个工作日提供相关信息进行申辩。一旦收到被举报教师的申辩或截止日期过后，NCTL 的高级成员将在 5 个工作日内做出 IPO 决定。证据明确时，可以不需要教师的申辩直接做出临时禁令决定，此种情况一般是在紧急危害学生、有警察介入调查的情况下发生。

第四阶段：正式调查和答复阶段。一般情况是根据指控内容通知被调查教师在一定期限内对指控做出答复，NCTL 根据答复内容进一步判定直接给予判定还是进一步审查。当需要进一步审查时，进入正式调查阶段，由 NCTL 组成裁决小组。专家组将考虑迄今为止收到的所有文件，包括来自举报人、教师和 NCTL 已经联系的任何其他方面的信息，以整理指控的全貌，然后将针对教师的指控和证据提交给专业行为小组。如果 NCTL 认为该不当行为不够严重或者没有理由回答，则中止案件并通知教师和举报人。一般专业行为小组由三名独立的人组成，这些人不是 NCTL 或教育部门的雇员，小组成员必须至少包括一名教师和一名非专业人员（从未当过教师的人）。如果专业行为小组发现存在严重的不当行为，那么就会提出一个关于是否禁止教师行为的建议。然后由 NCTL 的一位高级官员做出禁止的最终决定。

如果被举报教师对专业行为小组决议有异议，所有的指控都不被接纳，或者老师承认这些指控，但是不承认严重的不当行为，那么就需要听证来调查和确定案件的事实。这种情况下就要求通过专业行为小组听证会程序进行审议，NCTL 将考虑该案是否适合召开会议。虽然专业行为小组听证会是非公开举行的，但小组的决定是公开宣布的。会议结束时，允许公众（包括新闻界）人员进入会议室，听取专家组主席的宣布决定，专家组主席将大声朗读事件调查结果和严重失当行为。NCTL 决策者通常会在一个工作日内做出最终决定，通常在做出决定后 2 个工作日内书面通知教师和举报人。如果发现严重的不当行为，将在 2 周内在线发布一份总结结果的文件。

2. 绩效评价

英国教师评价制度经历了奖励惩罚性评价、薪金与绩效挂钩的评价、绩效管理评价的发展阶段。当前,英国对教师师德的评价也囊括在绩效评价过程中,依据的法律文件主要有《教师标准》《教师评价与能力》《教师薪酬与条件》。因为关注的视野和对师德理解的不同,校长和一般教师在师德评价中既存在一致的观点,也存在着对立的观点①。《教师评价与能力》文件按照评价对象不同,分别设定了校长评价和普通教师评价两种类型。校长将由管理机构进行评估,管理机构必须咨询外部顾问意见,评估目标将由管理机构与外部顾问磋商后确定。一般教师由校长决定由谁来当评估师,评估目标将是具体的、可衡量的、可实现的、现实的和有时限的,并且评估目标要求贴切教师目前的角色和经验水平②。

在每个评估期开始之前或之后,每个教师都会被告知评估期间将被评估的标准。除了持有和保持合格教师学习与技能(QTLS)资格的教师外,所有教师都必须根据《教师标准》文件中的标准进行评估。校长或管理机构(视情况而定)需要考虑某些教师是否应该根据国务大臣出版的与其相关的其他标准进行评估。

评估类型分为一般评估和能力评估两个部分,如图 4.3 所示。

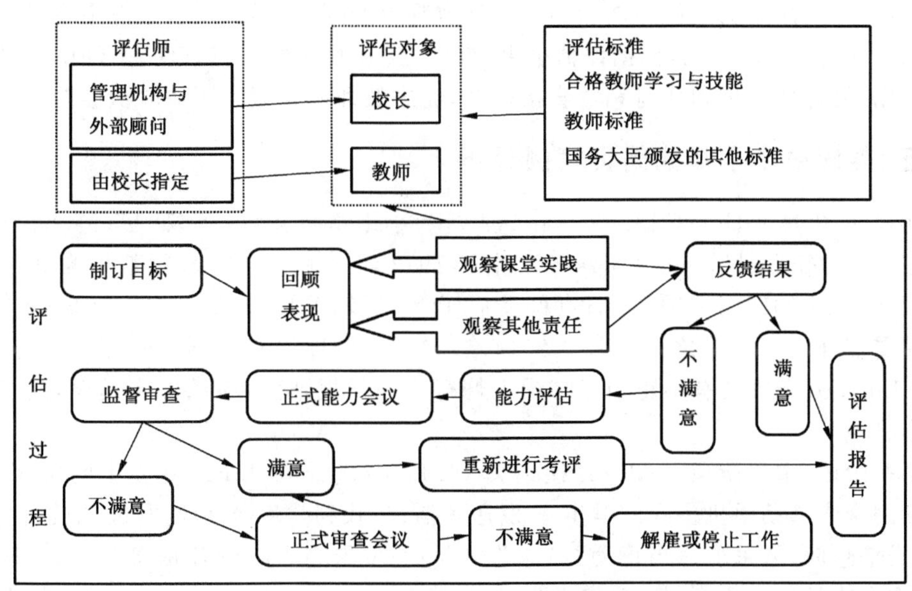

图 4.3　英国教师绩效评价体系

一般评估过程即通过观察评估者的课堂实践和其他责任,对比评估者的评估目标,做出评估结果并反馈给被评估者,如果评估者对评估结果满意,则一般评估过程结束。如果对评价对象的评价结果不满意,即在评估过程中认为教师的表现存在严重问题时,则进入

① Hammersleyfletcher L. Value(s)-Driven Decision-Making: The Ethics Work of English Headteachers within Discourses of Constraint. [J]. Educational Management Administration & Leadership, 2015, 43(2):198-213.

② Department for Education. Teacher Appraisal and Capability: Model Policy[EB/OL]. https://www.gov.uk/government/publications/teacher-appraisal-and-capability-model-policy.

能力评估阶段。

能力评估内容包括查找职业缺陷，根据改进的绩效标准给予明确的指导，提出任何可以帮助教师改善表现的意见，列出改进的时间表，并解释如何监测和审查绩效。通过召开正式能力评估会议，根据监督检查结果，对评估对象做出评价结果。

对于评估结果，存在通过评估和不通过评估两种。如果通过评估结果，会收到书面的评估报告，评估报告中不仅包括有关此次评估期间教师的评估细节和下一个评估期的规划，还会根据教师的目标、角色和责任，评估教师的专业发展需求，并确定应采取哪些行动来解决这些问题。评估不通过是出现在能力评估过程中，在能力评估的监督审查阶段，会正式警告被评估的老师，如果在规定的时间内没有改善可能导致解雇。通过正式审查会议，如果仍旧对评估结果不满意，将会解雇或停止其工作，即给出不通过评估的结果。

在英国，对教师的绩效评估是将师德评估涵盖在内的，最终的绩效评估结果是和评估对象的薪金密切联系的。在2017版本的《教师薪酬与条件》文件中，不仅对合格教师的薪金项目上限工资范围有所规定，还对不合格教师的工资范围进行了细分。对于评估不合格的教师，或出现一般失德行为的教师，《教师薪酬与条件》文件规定了所对应暂停和部分减少的保障金、津贴的发放办法。当不合格教师上升到合格教师后，文件中也设定了这类教师的工资范围①。可见，根据评估结果，都可以在《教师薪酬与条件》文件中找到薪资设定的依据，将评估结果和切身利益直接联系，促进教师提高绩效评估的积极性。

五、英国中小学师德问责案例分析

2015年3月9日，NCTL的一个专业行为小组举行会议，审议“Michael James Lingard”案件。Michael James Lingard出生于1973年6月16日，教师编号为9541815，在2006年9月至2012年8月31日期间受雇于X学校，2012年9月1日至2013年6月3日期间受雇于Y学校，之后离职。2014年11月11日，NCTL收到学生A对Michael James Lingard老师具有不正当性暗示失德行为的举报，随后启动问责程序，问责程序分为四个阶段。

第一阶段：举报阶段。NCTL接到关于Michael James Lingard先生的失德举报，内容包括用个人移动手机多次向学生A发送短信；当收到学生A给他发送“她想吻他、她爱他”这类信息时，未采取适当行动；当他收到学生A未穿衣的图片信息时，未采取适当行动；多次允许学生A到他家，拥抱学生A。Michael James Lingard先生并未完全承认这些指控的事实，也不承认这些行为属于不可接受的失德行为。

第二阶段：调查启动阶段。NCTL通过各方面的调查，获得调查文件包，包括对其他学生的匿名调查，警方调查的证据，Michael James Lingard的辩解信、举报材料、问责程序通知和回应通知、NCTL见证声明、教师标准等文件。

第三阶段：调查阶段。鉴于Michael James Lingard在举报之前已经离职，故此案例中直接跳过临时禁令申请阶段，进入正式调查。由NCTL派出一个三人组成的专业行为小组，与小组法律顾问和国立学院的出席官员三方共同进行审理，Michael James Lingard

① Department for Education. School Teachers' Pay and Conditions[EB/OL]. https://www.gov.uk/government/publications/school-teachers-pay-and-conditions.

缺席，也没有委托代理人现场申辩。NCTL 遵照《教师不当行为》相关程序要求，在教师缺席的情况下举行听证会，专业行为小组可以酌情自由裁量。专业行为小组根据 X 学校校长提供的证据，表明 Lingard 先生接受了教师培训，应该懂得保持适当的专业界限。专家组审议了相关文件，认为学生 A 向警方提供的证据是可信的，认为 Michael James Lingard 的行为已经违反了教师标准，存在失德行为。

第四阶段：答复阶段。根据调查结果，NCTL 代表教育部门公布了对 Michael James Lingard 的决议：给予 Michael James Lingard 无限期禁止令，不能在英国的任何学校、相关青少年住宿或儿童之家任教；同时给予 Michael James Lingard 三年的审查期（2015 年 3 月 18 日至 2018 年 3 月 18 日），在审查期间，可以申请停止禁止令；Michael James Lingard 有权在收到本命令通知之日起 28 天内向高等法院提起上诉①。

据不完全统计，在 2015 年 NCTL 一共出具了 110 份禁止令，像"Michael James Lingard"这样涉及性行为不端的案件约占一半，其次是不诚实行为、滥用信任破坏学生和同事关系行为的案件较多。从审理时间上看，性行为不端和刑事犯罪案件审理时间较短，且会进行大面积调查。从专业行为小组给的决议看，性行为不端案件均给予无限期禁止令处罚。涉案教师大多直接接受审判结果，很少继续向高等法院起诉。当地教育机构会根据案件性质对举报者和受害者进行保护和心理疏导。

六、英国中小学师德问责制的特点

1. 问责立法动态发展

英国中小学师德问责的相关法律已经形成了一个健全的问责体系，其健全的特点不仅表现在师德问责制度均能找到相对应的法规法律，还表现在问责立法的动态发展。以《教师标准》为例，从 2002 年公布起，已经修改了四版，而且无论哪一版本都不是一成不变的，都是随着社会发展和教师制度的发展在不断地进行细节修订。最突出的表现就是《教师不当行为》的修订，不仅对具体失德行为进行罗列，甚至在不当行为问责过程中涉及的表格，都在附录中不断地修订完善，可见，英国中小学师德问责立法具有动态发展的特点。

2. 问责程序规范完整

为保证中小学教师的失德行为得到应有处罚，英国中小学教师师德问责程序规范完整。从举报阶段、调查阶段、临时禁令申请阶段、正式调查阶段到答复阶段，《教师不当行为》等文件中都详细规定了每个阶段的问责程序、问责主体和问责方式。师德问责闭环回路保障了举报者对举报案件的处理获悉权，也规定了当发生举报证据不足或者调查结果显示无不当行为时，对教师权益的维护。当新证据出现时，同样可以在问责程序中进行再次调查，构筑了多样性的问责程序，形成"闭环"的问责回路，保证了问责程序的规范完整。

3. 师德培训一脉贯穿

在英国教师的整个培训阶段，都注重教师职业道德的培养确立。从职前培训、入职培

① National College for Teaching and Leadership. Teacher Misconduct Panel Outcome：Mr Michael James Lingard[EB/OL]. https://www.gov.uk/government/publications/teacher-misconduct-panel-outcome-mr-michael-james-lingard.

训和在职培训都注重将职业道德融入到培训过程中，将知识技能和教学实践技能相结合[①]，正确处理教师与学生关系，尊重学生、创造学生发展条件。健全的教师培训网络，多元化的培训方式，具有特色的校本培训制度，都将教师职责纳入培训方案中，除了要求培训者提高适当的知识和学习能力外，还要求注重个人素质、教学态度、道德和价值观的提升。

4. 师德规范具体可操作

完善的英国中小学师德规范是师德问责制的保障，《教师标准》《幼儿教师标准》《教师不当行为》等文件涵盖了英国中小学师德规范的道德理想、道德原则和道德规则，形成了有据可依的、具体的师德规范文本。尤其在《教师不当行为》的规定中，以逐条罗列的反向规范表明不当行为主要表现方面，既明确又易懂，对约束教师师德行为提供了行为准则。在《教师评价与能力》和《教师薪酬与条件》文件中，给予评估不合格和一般失德行为的教师进行补救的空间，可以采取有效措施来改善评估结果和一般失德行为，鼓励教师达到师德规范水平。

5. 师德与绩效挂钩

英国中小学教师评价注重过程，在"回顾表现"阶段，不仅对其课堂进行观察，还对其责任进行观察。尤其当对"反馈意见"不满意时，要对教师能力进行评估，这方面的评估更侧重于对教师职业缺陷等师德方面进行评估。在绩效文件中，对不合格教师的薪金范围有明确规定，为短期内不合格教师留有改进余地，并设置了不合格教师转化为合格教师的薪金构成体系，将教师师德与绩效评价挂钩，设置明确的绩效改进目标，为规范教师师德提供了有力的保障。

七、评价及启示

英国作为一个教育发达的先进国家，一直致力于中小学教育质量的提高，进行了一系列的中小学教师管理改革，尤其通过对中小学师德问责制度不断完善，形成了一套规范完整、操作性高的制度体系，这对我国建设中小学师德问责制度具有积极的启发意义。但英国中小学教师问责制度中，也存在一定的不足之处。比如在问责过程中，过于细化的程序增加了问责成本和时间成本，需要大量的人力、物力投入在每一个问责案件中。另外，在绩效评估中，较长的评估期会增加教师负担，使得师德行为浮于表面，以便能够通过绩效评估。因此，根据英国的中小学师德问责制，取其精华，对我国建设中小学师德问责制提出以下建议：

1. 健全问责立法

目前，我国中小学师德问责主要依据的法律规范主要是《中华人民共和国教育法》（2015 年 12 月 27 日修订）、《中小学教师职业道德规范》（2008 年修订）、《幼儿园、小学、中学教师专业标准》（试行，2012 年颁布）、《中小学教师违反职业道德行为处理办法》（教师〔2014〕1 号）、《关于建立健全中小学师德建设长效机制的意见》（教师〔2013〕10 号）。相对于英国，我国中小学师德问责法律规范虽然数量不少，但还十分不系统、不完善、缺乏可操

① Oancea A. Teachers' Professional Knowledge and State-funded Teacher Education: A (hi)story of Critiques and Silences[J]. Oxford Review of Education, 2014, 40(4):497-519.

作性，并且法律修订相对较少，没有呈现动态发展状态。

目前我国在教师违反职业道德行为处理办法中并没有完整系统的问责程序，师德问责过程处于半公开、非程序化阶段，因此要健全我国问责立法，首先要修订有关针对问责程序的法律法规。其次，要与时俱进，不断对现有问责法律进行修订。我国《教育法》从1995年3月18日通过后，到目前仅进行了两次修订，而《中小学教师职业道德规范》仍旧在用2008年的版本，可见要根据教师现实发展情况，对法规细节进行微调，使得更加贴切当前教师师德问责的新形势。最后，相关问责立法要相互联系、相辅相成，形成一个完整的系统。英国以《教师标准》为师德问责立法的核心，在此基础上进行问责主体和问责内容扩展，形成了完整体系。我国应该在职业道德规范的基础上，对职业道德内容进行深化，对失德行为进行具体化，对问责程序进行明确化，形成一套完整的问责立法体系。

2. 细化问责规范

在《幼儿园教师专业标准（试行）》《小学教师专业标准（试行）》《中学教师专业标准（试行）》中提出的"师德为先、学生（幼儿）为本、能力为重、终身学习"的专业标准理念，以及在道德规范文本中提出的"爱国守法、爱岗敬业、关爱学生、教书育人、为人师表、终身学习"都是从道德理想层面上对中小学教师师德进行规范。在建立健全师德长效机制的意见中，提出要严格师德考核、突出师德激励、强化师德监督、注重师德保障，这仅仅是提出师德问责的重点内容，对如何建设师德问责则没有具体展开。在《中小学教师违反职业道德行为处理办法》中提出了十条失德行为，并且提出三种处分方式，但是对应何种程度的失德行为的处分方式并未提出，均是笼统地将失德行为的处分权限表述为"让所在学校提出建议报备人事部门和教育部门"。

英国中小学师德问责无论是在问责程序，还是在失德行为划分、失德行为处分等级等方面都有严格而明确的划分。我国中小学师德问责首先要规范问责程序，根据不同的失德行为，提出问责主体和问责具体流程。其次，要对失德行为进行罗列，并且划分等级，在相应等级中根据划分的失德行为的影响程度，作为失德行为处分的标准。最后，要根据属地不同或者学校性质不同，对频发的失德行为进行专门法规补充，以此因地制宜地提高中小学师德水平。

3. 师德培养纳入教师培训全过程

在《关于建立健全中小学师德建设长效机制的意见》中提出要创新师德教育，无论是岗前教育还是在职教育，都要求开设师德教育专题并计入培训学分，但是这种课堂式师德知识和师德经验的培训效果要远远小于英国实践式的校本培训效果。因此，在我国中小学师德教师培训过程中，更要注重教学实践过程中的师德培训，将师德贯穿到学生课堂上，而非仅在道德规范上进行培训。

首先在岗前教育阶段，实习教师在教学实践中，由督导团对其日常课程和课后交流进行观察，对教师的岗前师德教育从细微处入手。其次，在教师的在职培训中，采取实践反思，将失德行为的典型案例进行情景教学反思，将教学日常行为和长期行为习惯结合分析，增强师德培训教育效果。最后，注重教师师德的自我意识提高，在注重教师自主性发展的同时，加强教师责任感的培养，将师德培训转化为自我提高，形成师德的自主培训。

4. 师德与绩效评价结果全面挂钩

目前，与我国中小学教师绩效挂钩的因素主要体现在教师职称、工作年限、岗位类别等，虽然师德也在逐渐与绩效相挂钩，但是仅在师德表彰和失德惩戒时才会体现，这是师德的两个极端。师德表彰多是精神鼓励和少量的绩效奖励，且由于师德表彰仅仅对部分优秀教师有所体现，使得师德在绩效评价中表现出片面化的特点。在失德行为惩戒中，处分、降低职务等级和开除等行为更加注重的是行政处分，绩效在失德惩戒中的作用也比较微小。因此，要想提高师德问责的效果，必须实现师德表现与绩效评价的全面挂钩。首先，对于师德表彰要细化表彰等级，设定相应的绩效奖励办法作为表彰的主要形式，将师德与教师切身利益相挂钩，增强师德教育的规范作用。其次，在绩效评价中，除了列出一般或者轻微失德行为的惩戒办法，还要列出对于失德行为补救或者改善后的绩效对应标准，给予轻微失德行为改善和弥补的空间。再次，要规范师德考核和师德激励措施，针对目前形式大于内容的局面，要深入地提出考核要求、考核流程，并根据考核结果兑现师德激励措施。最后，加强师德保障，将领导者监督检查结果与绩效评价相结合，充分发挥领导者的师德监管职能。

综上所述，中小学教师师德问责成为影响英国中小学教育质量的重要因素。英国中小学教师师德问责制由师德规范内容、问责程序和绩效评价三部分构成，英国中小学师德问责制具有问责程序闭环、与校本培训相结合、规范细化、与绩效挂钩等特点。借鉴英国中小学师德问责制的经验，我国中小学师德问责制建设应该做到细化问责规范、将师德纳入培训常态化项目，以及将师德与绩效评价结果全面挂钩。

第二节　法国中小学师德问责制述评

一、法国中小学师德问责制的产生背景

师德作为教师教育特性的专业组成部分，在教育活动中起着至关重要的作用，是教学活动中教师和学生之间最基本、最普通的关联纽带。规范教师的职业道德，是每个国家人才培养的必然要求。法国作为欧洲中央集权体制国家的代表，教师教育改革特色鲜明，在师德方面也体现了其独有风格。“二战”后，法国先后颁布了两部关于中小学教育的重要法律。1975 年，法国颁布了《哈比法》，这是一部关于中小学教育的教育改革法令[①]，建立了法国当代通识教育的基本框架，促进了法国通识教育结构的民主化。20 世纪 80 年代末，法国颁布了一部涉及法国教育基本原则和政策的法律，即《教育指导法》，该法注重教育机会均等，法国 20 世纪末的教育目标因此确立。20 世纪 60 年代，美国教育领域引入了问责制度，之后各个国家或在基础教育领域进行问责模式的探讨，或开展教育绩效问责，或者兼而有之。法国师德问责制正是在这样的背景中应运而生。

二、法国中小学师德问责制的相关法律法规

法国作为中央集权制国家的代表，各项法律均由议会制定，立法权归属中央。法国宪法明确规定，凡涉及行政、教育等基本原则的事务均由议会行使立法权。法国一贯重视通过法律途径规范教师行为，现介绍几部涉及中小学教师教育的法律法规和教师规范。

---

① 红菊．法国教育的哈比改革[J]．人民教育，1978(11)：63.

(一)《基佐法》

本法颁布于1833年法国七月王朝时期,这部法律主要对法国的基础教育和教师教育进行改革,被称为"法国第一个小学教育宪章"。法律的其中一条就规定教师除了学位文凭外,还须持有地方发给的品行优良证明书①,对教师的职业道德做了法律上的约束。

(二)《公务员总章程》

法国教师公务员的身份决定了其同样需要遵守公务员的规章管理制度。20世纪50年代末,法国颁布了《公务员总章程》,其中规定了公务员应该享有的各项权利,需要遵守的各项义务,以及在违反相关规章制度后应受到的处罚。在应履行的义务当中着重提到公务员应自尊、遵守职业道德并具有高度的责任心,任何违法行为都将受到刑事和纪律的双重处分。

(三)《哈比改革》

这部法律颁布于1975年7月11日,目标是确立法国普通教育的基本框架。法律对"二战"后法国的学前、初等和中等教育的教育宗旨、体制、教学内容和课程设置进行了重大改革。改革还明确规定了成为中小学教师的条件,即必须经过严格的选拔考试并取得教师资格证者方可担任②。

(四)《教育指导法》

这部法律颁布于1989年7月10日,是一部涉及从学前教育到高等教育所有领域的全面性指导法律,确立了法国20世纪末的教育奋斗目标,即传输知识和综合素质;发展青少年个性,培养其公民责任;通过学历教育为职业生涯做准备;主张教育机会平等,努力使教育内容与方法适应世界欧洲、本国的经济、科技、技术和文化的发展③。同年8月31日,法国政府又公布了附加报告,强调了所有中小学教师将从至少持有学士学位者中间招聘,招聘后将接受职业培训④。中小学教师资格和学历水平的提高,为保证法国基础教育质量打下牢固的基础。

(五)《教师培训大学学院的教师培训管理手册》

为了应对21世纪教师专业化挑战,符合世界经济、政治、文化成为一个整体的需要,法国在2007年颁布了《教师培训大学学院教师培训管理手册》(Cahier des charges de la formation des ma tres en Institut Universitaire de Formation des Ma tres,简称《管理手册》),中小学教师专业能力标准被重新修订,《管理手册》从三个维度即知识、技能和态度

---

① 顾明远,梁忠义. 世界教育大系——法国教育[M]. 吉林:吉林教育出版社,1998:82.

② 昆明师范学院教育学科资料室. 法国的中小学、师范教育及《哈比改革》情况简介[J]. 云南教育,1980(2):31-35.

③ 高如峰. 简论法国的教育法制[J]. 教育研究,1996(12):53-57.

④ 薛凌云. 法国近现代教师教育发展研究[D]. 武昌:华中师范大学,2006:26.

明确了中小学教师必须具有的10项专业能力。就中小学教师应当具备的道德标准而言，其中一条指出，教师应熟悉职业教育的相关法律法规文件；对有特殊困难的学生进行帮助；能够联合与学生相关的各方人士解决学生在校的各种问题；在符合法律程序的情况下，理性采取纪律惩戒措施；在日常实践中遵守教师职业作为国家公务员的道德原则；尊重学生和他们的家长①。

三、法国中小学师德问责主体

法国实行中央、学区、省三级教育管理体制，中小学师德问责制的主体包括中央级别的国民教育总督学、学区级别的学区督学、省级别的国民教育督学、学校校长和家长。

（一）中央

在法国，中央一级的教育行政管理机构是青年事务、国民教育与科研部，它是法国教师管理的最高机构。其内部设立的总督导部门是中小学师德在中央一级的问责机构②。

总督导部门是中央一级教育行政管理机构内设的由教育部长直接管辖的行政职能部门，其主要职能就是对教育教学活动进行检查监督。总督导部门内设国民教育总督学一职，中小学教师的考核和评价工作由国民教育总督学宏观负责，但以监督中学教师为主。

（二）学区

学区是法国国民教育系统的行政管理单位，每个学区设学区长一名。负责监督教师的人员称为学区督学，学区督学的主要工作是确保国家发布的各项教育法律和政策在本地区的实施。在学区，中学教师接受学区督学的监督，学区督学的权限包括给教师的评分、晋升、调动、正式任职和纪律处分③。中学教师除了接受学区督学的监督外，还要接受中学校长的双向评估。评估内容既包括教师的教学能力，又包括对教师教育行为的直接监督。

（三）省

国民教育督学是省一级督学对小学教师进行监督的人员，受学区长领导，国民教育督学同学区督学一起对教师的教学行为进行直接监管，国民教育督学对小学教师的管理包括：对小学教师职位的设置做出决定；小学教师的任命、调动、晋升、休假；纪律处罚；将犯有严重错误的私立学校教师交国民教育审议会处理。

（四）校长

中小学校长是法国师德问责的问责客体，也是问责主体，具有双重身份。法国学校校长既是拥有专门权利的国家代表，又是学校行政管理和执行人员。中学教师在行政方面

---

① 胡森.21世纪法国中小学教师专业能力标准探析[J].比较教育研究，2011(8)：40-44.

② 雅基·西蒙，热拉尔·勒萨热.法国国民教育的组织与管理[M].安延，译.北京：教育科学出版社，2007.

③ 顾明远，梁忠义.世界教育大系——教师教育[M].吉林：吉林教育出版社，1998：241-303.

的考核由校长负责，校长有权向督学提出对教师奖励或惩罚的建议。每一年，校长根据教师的实际表现，写一篇简短的书面意见，评价教师的工作态度，学科地位，以及与同事和学生之间的关系等①。

（五）家长

家长被认为是教育的重要组成部分，享有参与儿童教育的各项权利。《教育法典》规定，家长有参与学校生活的权利且受教育法令保护。法国法令对家长参与学校事务的具体时间、咨询和信息的获取方式等有着详细的规定，其中强调教师每年应当至少与学生家长进行两次正式会面，教师有义务向家长通报学生的学业等相关信息，学校必须回应并尽量满足家长对于学生学业的相关咨询和面谈的要求，从而保证学校与家长沟通渠道畅通②。

四、法国中小学师德问责制度设计

法国中小学师德问责制的运行程序包括三个环节：一是中小学教师职业培养一体化；二是中小学教师师德评价制度；三是中小学教师纪律惩戒。这三个环节相辅相成。

（一）中小学教师职业培养

1. 中小学教师入职标准

法国当局在1989年颁布了《教育方针法》，建立了"大学级教师培训学院"（Instituts Universitaires de Formation des Maitres，IUFM）。IUFM是一个统一的大学层次的教师培训机构，从前的中小学教师职前和职后培训机构至此被取代③。IUFM作为法国教师的高等培训机构，其任务是培养和培训从幼儿园到高中所有层次的各类教师，提高新教师的职业化水平，使所有新进教师在同一标准下进行统一的训练和培养。IUFM的建立是法国教育的一个巨大进步，中小学教师的社会地位被逐渐同化④。IUFM的招生对象为三年本科毕业并且已经获得学士学位的毕业生，三年学制，包括通识教育、专业教育和教育实习⑤。各学区组织的招生考试只有符合报考条件的考生才能参加。招生考试主要分为两个部分，采用逐轮淘汰的方式，只有通过第一轮考试才能进入第二轮考试，而第一轮考试的通过率仅为1/3，经过二轮选拔，最终只有10%～20%的学生能够进入IUFM学习⑥。在法国，想要成为一名教师，除了需要具有规定的学历资格外，还要提供个人的"无犯罪行为"证明，以确保每一位志愿从事教师职业的人具有良好的品行。录取条件的不断

---

① 邢克超．法国中小学教师的聘任与考核[J]．中小学管理，1989(2)：62-64.

② 刘敏，张自然．法国家长积极参与学校教育[N]．中国妇女报，2015-03-05(B02).

③ 王凤秋，徐永美．法国职前教师教育发展及对我国的启示[J]．黑龙江高教研究，2015(4)：41-44.

④ Raymond Bourdoncle，Andre Robert．Primary and Secondary School Teachers in France：Changes in Identities and Professionalization[J]．Journal of Education Policy，2000，15(1)：71-81.

⑤ 盛正发．法国中小学教师入职的高标准与优待遇[J]．教师教育研究，2007，19(4)：76-77.

⑥ 李玉芳．法国中小学教师教育制度评价[J]．辽宁教育研究，2006(7)：90-92.

提高,直接导致了教师教育质量和专业水平的提高①。招考条件如表 4.1 所示:

表 4.1 大学级教师培训学院招生条件

序号	基本条件
1	身体健康
2	没有犯罪前科
3	来自欧共体国家
4	拥有大学三年级学业文凭或者同等学力

2. 中小学教师职前培养

通过大学级教师培训学院入学考试的师范生想要获得教师资格，需要经过两个阶段，一个是通过国家组织的教师资格考试,并能顺利获得硕士学位;二是通过教师培训学院组织的评估。在大学级教师培训学院进行两年的硕士学习,在硕士学习阶段的第 2 年准备教育部组织的教师资格考试并通过,同时能够顺利拿到硕士学位。在获得教育所需的能力,经历了实习阶段并通过教师资格考试,最后拿到硕士学位者,再经过 1 年的带薪实习,接受 IUFM 的评估,评估通过后由 IUFM 推荐给教师资格证书颁发机构,区域理事会颁发小学教师资格证书,教育部颁发中学教师资格证书,才可获得教师聘任资格并上岗任教②。

3. 中小学教师的职后培训

法国教育部和全国初等教育教师工会于 1972 年发布了《关于初等教育教师终身教育基本方针的宣言》,其中提到:初等教育教师享有从工作的第 5 年到退休的前 5 年为止带薪接受继续教育的权利,培训时间为 1 个学年 36 周③。综合性一直是法国教育机构关注的重点,尤其是对教师的继续教育方面,继续教育的内容大体包括:知识与能力;教学理论与方法;教师人格与精神。在法国接受职后培训的初等教师,一是要不断适应教学的需要,不断提高教育质量和适应社会环境变化对教师的新要求;二是要继续不断完善教师的人格,健全的人格不仅会对教师的教学活动产生重要影响,而且会渗透到教育的各个方面,成为教育的无形力量,健全的人格是教师继续补充新知识,做好教育本职工作的心理因素④。

(二)中小学教师师德评价制度

1. 法国中小学教师师德评价的主体、内容

法国与我国一样,实行的是中央集权制教育管理制度。因此,法国教师的评价主体是代表国家利益的教育主管部门,法国教育部设立专门机构对基础教育的教师进行管理。小学教师由国民教育督学(负责学前教育和小学教育教师的监督)负责检查和评价。普通中学教师和初中阶段的职业技术教师都属于中学教师的范畴,接受学区督学和中学校长

---

① 郑婉. 法国教师教育的改革现状及其借鉴[J]. 北京教育学院学报,2011,25(5):35-39.

② 刘畅. 法国教师教育的改革经验及其启示[J]. 内蒙古师范大学学报(教育科学版),2014,27(6):43-45.

③ 博伊德,金合. 西方教育史[M]. 任宝祥,吴元训,译. 北京:人民教育出版社,1985.

④ 顾明远,梁忠义. 世界教育大系——教师教育[M]. 吉林:吉林教育出版社,1998.

的同时监督。教师的日常工作表现由校长负责，而教学能力方面的考核则由学区督学负责。

2. 法国中小学教师师德评价指标

进入 21 世纪以前，欧洲各国中小学教师招聘和培训的程序和标准各不相同，欧洲教师资源一直无法共享的根本原因是各个国家相互不认可其他国家的教师能力。欧盟委员会于 2005 年发布了“欧洲教师能力和资格的共同标准”(Common European Principles for Teacher Competences and Qualifications，见表 4.2)，目的是为欧洲联盟国家和地区制定教师资格标准提供参照，促进欧洲各个国家教师教育标准统一的局面。灵活而具有流动性，高标准，终身学习，建立一种职业伙伴关系是“欧洲教师能力和资格的共同标准”所要传达的信息。

表 4.2　欧洲中小学教师应具备的能力

序号	具备的能力
1	与他人协作的能力
2	处理知识、技术和信息协作的能力
3	与社会协作的能力

为了使中小学教师资质符合欧盟标准，提高教师在欧盟的认可度，法国对中小学教师专业能力标准进行了重新修订。2010 年，法国提出了中小学教师应具备的 10 大能力(见表 4.3)，对中小学教师的职业行为进行了严格的规范。其第 1 条就强调教师应当“恪守职业伦理，认真负责”，可见法国的教师教育责任和职业道德被提到了相当的高度，尤其强调职业道德对小学教师的重要性。

表 4.3　法国中小学教师应具备的能力

序号	具备的能力
1	以国家公务员身份工作，恪守职业伦理，认真负责
2	掌握法语以便教学与交流
3	掌握学科知识并具备良好的普通文化
4	设计与实施教学
5	组织班级教学
6	照顾学生的多样性
7	评估学生
8	掌握信息与通信技术
9	能够团队工作，并与家长和社会人士合作
10	自我学习与创新

3. 法国中小学教师师德评价的方式

在法国，对教师的考核是从工作第 1 年开始持续到退休的前 1 年。法国对于教师的考核主要采用评分制度。小学教师一般受国民教育督学监督，考核分数满分 20 分。而中学教师一般由学区督学和中学校长共同监督，满分 100 分。对中学教师行政方面的打分一般是由所在学校的校长主要负责，满分 40 分。教学方面的打分一般由学区督学负责，督学主要关注教师教学设计能力和语言表达能力，具有依据学生的学习情况评价学生学习的能力、提供差异化教学和培养学生自主学习能力①，满分 60 分。联合委员会将两项得分相加，由各级行政官员评判，得出最后评分。如果教师对所评分数或评定意见不满意可以上诉到地方委员会，地方委员会有权修改评定。教师督导的结果与教师的晋升和调动紧密挂钩，不同级别、不同岗位的教师的工资待遇具有明显差别②。法国教师督导的结果对教师的个人利益具有很大影响，这种紧密的联系推动着教师的进步与成长。

（三）中小学教师纪律惩戒

纪律惩戒是中小学师德问责不可或缺的环节，法国对于公务员的纪律惩戒制度已经走上了法制化轨道，为规范教师行为奠定了基础。

1. 纪律惩戒标准

法国对于教师应尽的义务有行政职责和私人生活两方面规定，其根本目的是依照法律法规及上级领导部门的指示，恪守职业道德，确保公共服务的持续性和及时性③。法律要求教师必须遵守职业道德，做到廉洁无私，不得以权谋私、贪污和腐败，任何违背廉洁无私的行为都将受到刑事和纪律双重制裁；教师必须具有高度的责任感，在教学活动或任职期间，任何错误都将受到纪律处分，如有必要，将追究刑事责任。教师同样需要遵守国家的相关法律、法规、学校纪律和相关规章制度；教师在个人生活中应保持良好的行为，不得有羞耻或不当行为，如果教师在个人生活作风方面做出了与教师名声或身份不相称的行为会受到免去职务的处罚。除了对教师身份的处罚外，还有一种视情节轻重而进行的处罚，分别为：通报批评、警告处分、暂停晋升、降级、十五个月以内的停止聘用、降格、停职半年到一年、辞退、免职④。

2. 纪律处分程序

法国中小学教师纪律处分通常经过六个程序，分别为对事件进行调查、征求纪律委员会的看法、对教师作出纪律处分的决定、教师对纪律处分的申诉、教师的临时停职、纪律处分的解除。

第一阶段是教师的纪律问题由有关部门负责人负责调查，部门负责人会与涉事教师进行一次面对面的询问式谈话，并寻找相关证据，撰写报告，移送拥有纪律处分的机关。第二阶段是纪律委员会听取教师和证人的陈述，纪律委员会对纪律处分提出意见和建议并说明理由。第三阶段是行政主管机关作出纪律处分决定。第四阶段是教师如果对纪律处分决定不服，可通过行政和司法两个途径进行申诉。第五阶段是拥有纪律惩戒权的行政主管机关在纪律处分作出之前，暂时停止其职务。第六阶段是对于有特殊原因的五种

---

① 陈莹，孙河川，郑弘．法国中小学教师督导过程述评[J]．世界教育信息，2014(24)：47-50.

② 唐一鹏．法国教育督导制度的现状与特点研究[J]．比较教育研究，2013(10)：44-48.

③ 潘小娟．法国公务员纪律与惩戒制度研究[J]．第一资源（辑刊），2008(2)：210-226.

④ 胡锋吉．中小学教师解聘制度研究[J]．教育科学，2007，23(6)：21-24.

纪律处分可以解除。

法国《关于公务员权利和义务法》颁布于1983年，当中第二十九条规定："公务员在任职期间或行使职权中所犯的任何错误都应受到纪律制裁，必要时，按刑法论处。"可见法国对教师的要求极其严格，完善的法律制度既可以督促教师规范自身行为，也有利于提高教师的职业道德修养。

五、法国中小学师德问责制的特点

（一）法国师德问责制的效应具有两重性

问责制的两重性是指问责制度不仅是一种惩罚机制，也是一种激励机制，对于失责行为的惩罚实际上就是对守责行为的激励，问责是一把双刃剑①。问责制的两重性体现在法国系统内部的司法制度上。在法国，教师从事教学活动除了受到督学的监督外，还受到纪律委员会的监督。纪律委员会有权对教师的失德行为进行行政惩戒处分，对于违反相关法律的行为作出裁定。如果当事人对判决不满意，可以通过行政和司法两个途径进行申诉。在制度和法律层面对教师行为作出规范和约束，保障了教师队伍的整体健康有序发展。

（二）法国师德问责制的向度具有全程性

全程性指师德问责不仅指向责任的追究，还指向责任的起点以及责任落实的整个过程，师德问责是对专制权力的限制。首先，法国的公民具有良好的国民素质，整个社会已经形成了自觉遵守教育法、保护教育法和切实执行教育法的良好氛围，法律观念已深入人心。其次，法国的教育执法监督机构健全、教师选拔标准严苛，从职前培养到入职培训再到在职研修等各个环节严格把关。公众有权对教师培养的各个环节进行问责，教师、教育行政人员等问责客体则有解释说明的权利和义务。

（三）法国问责形式具有多元性

多元性指问责不仅限于向上或向下问责，也包括水平主体之间的问责，它是一种社会责任。在法国，各级教育行政部门既是教育法的执法机构，也是执法监督机构。上级监督下级管理机构，下级管理机构对上级管理机构负责。

（四）法国问责的内容具有普遍性

普遍性指师德问责范围涉及广泛，不仅仅指教师在课堂教学中对待学生的态度与方式要求，师生交往中出现的突发事件例如受虐待、受侵犯、严重的失职或犯罪等具体的责任失范行为，还包括对抽象的教育行为的问责，例如教师对学生的价值引导方向是否正确、对待学生是否做到民主平等、教师之间能否团结协作、在教学过程中是否进行了创新、是否进行了道德的自我修养等。未来，这种类型的问责将成为常态和主流。

---

① Martin Trow. Trust, Markets and Accountability in Higher Education: A Comparative Perspective[R]. Center for Studies in Higher Educationuniversity of California, Berkeley, 1996: 3-9.

(五)法国问责的结果具有多样性

多样性指问责制不仅仅是对责任的追究。在问责的后果问题上,虽然有一些行为并不构成违法犯罪行为,但是在本质上却是不道德的。责任是一种内化的价值观,对问责制的要求,本质上是对专业和个人责任的要求。在西方国家,个人责任是教师和学者最正式的外部责任。现实情况中,如果出现教师在教学过程中没有做到尊重学生、差别对待学生、对学生进行错误的或偏激的价值导向引导、教师之间不能做到团结协作、一直沿用陈旧的或不适宜的教学方法等,这些行为应该被问责。

六、评价及启示

(一)师德问责制的优点

1. 法国师德问责萌芽较早,向来注重道德培养

在法国,自拿破仑时期建立的师范学院就非常重视道德引导,当时的法国师范学院与一般意义上的大学有着不同的价值理念。注重道德,用引导的方式去获取知识;注重学生和教师之间的密切培育关系;具有很强的职业责任感①。法国师范学院培养学生的教学理念被继承和延续下来,为法国师德培养打下了坚实的基础。

2. 法国师德问责制度体系完备,约束力强

第一,法国教师属于国家公务员,必须遵守公务员的相关制度,对于违反相关法律和制度的行为,同样需要被行政问责。第二,建立了健全的督导制度来规范和约束教师的教学行为。第三,法国是一个拥有200多年法制历史的国家,公民法律观念更为普及,法律意识较强,国家的立法、执法、司法程序和制度较健全,运转较有效。第四,法国教育法体系结构完善,宪法、法律、法令、部令、通知和规章制度具有明确的上下关系,法国大到全国性的教育指导原则、方针政策,小到如学校伙食、学生上学涉及的交通等细致入微的问题,全部可以找到相对应的法律法规作为依据,这使得法国教育上的几乎所有的问题都有法可依。

3. 法国师德问责结果严厉

法国法律对于教师的约束不仅体现在行政职能上,甚至在工作时间以外的私生活方面也作出了诸多规定。在教学活动或任职期间,任何有违职业道德和不负责任的行为都将受到刑事和纪律双重制裁;私生活中,教师的行为若与其身份地位不相称将受到免职处分。

(二)存在的问题

1. 师德问责主体较单一

法国实行高度集权的教育管理制度,教师监督权属于教育主管部门,具体的监督工作由各级督学或校长负责。然而权利是个人或群体要求提供责任合法化的基本条件,一切与教育相关的利益主体都应该作为问责主体,师德问责的主体应当多元化,教育机构、校

---

① 许美德,李军.世界教师教育发展的历史比较[J].教育研究,2009(6):54-62.

长、教师、学生、家长、社会各界人士和舆论等都应有问责的权利。

2. 师德问责制下的教育不公平现象依然存在

法国虽然在中小学教师应具备的10大能力中提到"教师应照顾学生的多样性"和《关于公务员权利和义务法》中强调教师应遵守的职业道德准则，然而，现实情况却是"一个富裕家庭的孩子比一个工人家庭的孩子优秀的机会大五倍"。在法国，这种现象是由更深层次的社会问题造成的，法国的学校教育趋向于一种更适合家庭条件优越而非普通家庭的校园文化模式，这种教育不公平的社会现象具有不断扩大的趋势。

3. 党派之争下的师德问责制

法国是个多党制国家，在教育立法方面，各党派均欲竭力反映本党的意志，体现本党的意识形态。这种情况导致的结果有时直接影响到教育立法的严肃性和客观性，致使某些教育立法蒙上了一定程度的党派色彩，政党之争在教育立法上的负面作用不容忽视。

（三）对我国的启示

法国实行的是与我国相似的中央集权教育管理体制，在分析了法国的师德问责体制后，我国应借鉴其优势之处，加快步伐构建适合于我国国情的师德问责制度。

1. 加快建设适合我国国情的师德问责制度

第一，应继续重视和完善教育方面的立法，建立一套完整的教育体系，使其能够形成一个涵盖内容全面、布局结构合理、分配均衡、形式统一的横纵双向拓展的局面。第二，应加大师德问责执法监督力度，对师德失范行为进行重点监督和排查，发现一起处理一起，使教育法律切实发挥作用。第三，应广泛利用各种大众传播媒体，继续大力宣传教育法，不断加强公民教育法律方面的意识，使教育法律法规能深入人心。第四，教育机构应全力支持教师道德知识的学习和道德实践活动，定期发放教师道德调查问卷并对数据进行分析汇总，实施动态监控。第五，构建教师个人道德档案，加强教育机构系统内部道德资源共享。

为了使师德问责成为一种改善绩效，应该整合现有的教育法律法规，建立师德问责的相关制度，将师德问责的主体、客体、内容、程序、方法和需要承担的后果等内容以法律条文的形式明确下来。

2. 严把入口关，提高我国师范生录用标准

在法国，学生是在获得学士学位以后，在充分了解教师职业特点的基础上做出的职业选择。在通过大学级教师培训学院的入学考试后，面试阶段还要对考生的品行、身体素质等各方面进行综合考察后才能进入学校继续学习，从而成为一名合格的教师。获得学士学位以后所做的选择比高中毕业时就做出的选择显然更为理性。反观我国的教师选拔制度，往往在高考时就决定了未来的职业方向，高考成绩作为唯一的教师选拔标准，这样的选拔显然过于盲目和草率。"教学的本质是道德的工作"已经成为一种国际共识①，具有

① Matthew N Sangera，Richard D Osguthorpe. Modeling as Moral Education：Documenting，Analyzing，and Addressing A Central Belief of Preservice Teachers[J]. Teaching and Teacher Education，2013(29)：167-176.

职业道德在实现教育目标中起着至关重要的作用[①]。因此不应将高考成绩作为教师选拔的唯一标准，还应对考生的非智力因素例如身体条件、性格、处世态度和对教师职业的认识等方面做详细综合的考察，只有严把准入关，才能从根本上解决教师失德、行为失范等问题。

综上所述，在中小学师德方面，法国一贯重视通过法律途径规范教师行为。通过对法国相关教育法律法规和教师规范的解析，可以把法国中小学师德问责的主体归纳为中央总督学、学区督学、省教育督学、校长和家长五类，法国师德问责环节主要体现在教师职业培养、教师师德评价和教师纪律惩戒三个方面，法国中小学师德问责制优点是重视中小学教师师德培养、制度体系完备、问责结果严厉，以及具有很强的约束力，但同时也存在问责主体不够丰富、教育不公平，以及政党之争的负面影响等缺点。法国中小学师德问责制建设的经验，对我国中小学师德问责制的建设及完善具有重要启发价值。

第三节　德国中小学师德问责制述评

师德问责作为教育体系中重要的制度设计，本质上是一种保障机制。同时，又是提升教育水平的关键，在法律法规、多元化问责主体的协同配合下，有效地保障了教师能够拥有较高的师德素养。重视师德建设是德国教育理念之核心，完善的师德问责制为德国教育的发展保驾护航。

一、德国中小学师德问责主体

在德国宪法《基本法》(Grundgesetz)中，明确提出各联邦州享有广泛的文化主权。因此，德国中小学师德问责主体主要来自两大方面，即同体问责和异体问责。同体问责主要指联邦政府、州和地区政府、教育组织和学校等来自政府和相关教育部门。异体问责包括除政府和相关教育部门之外的利益相关者，比如学生和家长等。多元问责主体的融入，对教师职业道德的规范发展起到了不可或缺的作用。

（一）联邦政府

德国联邦政府进行管理的对象仅限于大众化的问题层面。因此，德国联邦政府针对中小学校师德问责的施行首先是通过宏观方面的立法、制定政策等，如通过立法机构颁布教育方面的法令和法规，联邦政府自身制订财政拨款计划，以及针对个别的教育政策进行提议和运作等方式来实现。德国联邦宪法明确指出了由联邦政府中享有教育领域权利的联邦教育和科学部要专门负责对联邦教育事务的监督与管理[②]。与此同时，在联邦教育和科学部下设立相关的研究机构和咨询机构，其主要职责是监督中小学教育工作和调查研究学校课程标准，并为教育决策提供一些有效的建议。一般联邦教育研究和咨询机构及专门委员会在制定中小学教育政策时，会在各自负责的相关领域研究的基础上提供研

---

① Déirdre Smith. Fostering Collective Ethical Capacity within the Teaching Profession[J]. J Acad Ethics，2014(12)：271-286.

② 赖秀龙. 德国教育政策的制定及启示[J]. 现代教育管理，2009(11)：113-115.

究报告。教育部长们根据专门委员会的研究报告进行研究讨论，在参考专家和社会各界的意见后，最终作出决议，以此对中小学师德问责做出宏观层面的设计。

（二）州和地方政府

受德国政治体制的影响，德国各州享有教育行政管理的主权。因此，尽管德国采取地方分权的教育管理体制，但是实行“州集权”的管理模式，州政府集中掌握地方的教育决策权。德国的学校教育体系是由不同的学校教育形式所组成的。在政策法规的制定方面，德国在2004年颁布了《教师教育标准：教育科学》，进一步从法规上严格保证和提高教师的质量水平。具体来说，这一政策文本详细规定了师范生毕业应该掌握的知识、能力及态度水平，其内容涉及了教育科学、学科专业和学科教学法三个领域，强调授课过程中更加注重实践性①。德国教育由联邦和各州共同承担，特别是各州文教部长联席会议承担着教育计划等主要责任，同时还要尽其所能去指导全国教育任务的完成。

（三）校长

与法国等发达国家相似，德国中小学校长同样在师德问责中扮演着重要角色，并且具有双重角色属性，即校长既是师德问责的对象，也是实施师德问责的主体，既代表了国家相关权利，又负责学校的行政管理。具体来说，一方面，校长负责教师的考核，有权向督学提议相关教师个体的奖惩建议，这为校长实行师德问责提供条件。另一方面，校长在微观的学校管理中发挥重要作用，承担重要职责。如负责学校日常工作运行、制订工作计划、协调教职工工作、拟定课程标准、筛选重要教材等，对内协助其他教师提高教学质量，同时校长必须亲自讲授1～2门课程，对外沟通教师、学生和家长，努力创造良好的学习氛围。以个别州的学校督导过程为例，学校督导中内部评估每两年一回，外部评估则每四年一回。其中，外部评估过程较为复杂，但影响力更大，学校校长在外部评估中发挥着重要作用，特别是在评估的准备阶段，校长需要向相关负责主体提供大量本校资料，如相关教学内容、学校项目、学校管理、对外联系等材料。此外，一旦学校被评为差，校长需要向教育局、家委会述职②。

（四）学生、家长问责

师德问责中不可忽视的一个主体就是学生和学生家长。学生作为学校构成的关键主体，更是学校教师授课的客体，其重要性不言而喻。因此，学生对教师所进行的综合评价结果，具有非常重要的参考意义。而家长在学生个体的成长和发展阶段的作用不可忽视，同样是德国中小学师德问责的重要主体之一。在德国，主要通过家长委员会（Elternbeirat）组织发挥作用。该委员会属于一个民间自治机构，由学生家长代表组成。其成员并非一成不变，每年都会进行一次选举，从而促进委员会成员的更新。家长委员会的主要职责就是在家长与学校之间建立起友好往来的合作关系，使二者共同致力于学生学习水平以及教师教学质量的提升。家长委员会的权利和义务都有明确的法律规定，在部分州，

① 孙进.德国教师教育标准：背景·内容·特征[J].比较教育研究，2012，34(8)：30-36.

② 李文婧.德国的教育督导制度探析[J].郑州师范教育，2013，2(3)：15-18.

如巴伐利亚州的州文化教育部网站上都有明确的介绍，家长委员会充当着桥梁作用，为学校和家长之间更好地协调创造条件，共同推进学生教育发展。其宗旨就是为家长提供沟通的机会；代表家长的利益；深化家长与教师之间的信任关系；协商家长意愿和建议。

二、德国中小学师德问责制度设计

德国中小学师德问责制是世界上较为成熟的问责流程体系。它主要涵盖了中小学教师资格证书制度、教师职业培养一体化、教师评价制度以及纪律惩戒制度等环节。以上流程环环相扣，相辅相成，从而达到师德问责制度的最佳效能。

（一）中小学教师资格证书制度

1810 年，德国开始实行任课教师资格制度，开创了世界教师资格制度的先河。陈永明在《现代教师论》里把该制度阐述成：教师资格证书是变成教师所必须拥有的一种资格认证①。例如教师所拥有的专业知识以及技能。教师资格证书制度是一项有关教师资格鉴定和教师证书发放的制度，它授权证书持有者在教育系统内从事专业活动的权利。德国中小学教师资格证书制度是中小学师德问责制度建设的首要环节。在德国，拥有教师资格证书是德国成为教师的前提条件，也是培养大量高质量高素质教师的基本保障。由于中小学教师属于公务员，老师的工作根据学历、工作年限和职称来确定。因此，教师资格证书对德国中小学老师来说意义非凡。德国教师作为一个国家的公职人员，其政治地位较高，且合法权利必然受到相关法律法规的保护，只要不做出违法行为，将永远不会被解聘。这也是大多数德国人向往教师这一职业的主要原因。

1. 中小学教师录用制度

成为一名德国的老师，要取得相关的职业资格认证。获得该资格认证需要满足相应的条件，如德国萨克森州获得教师资格认证，其流程如图 4.4 所示。

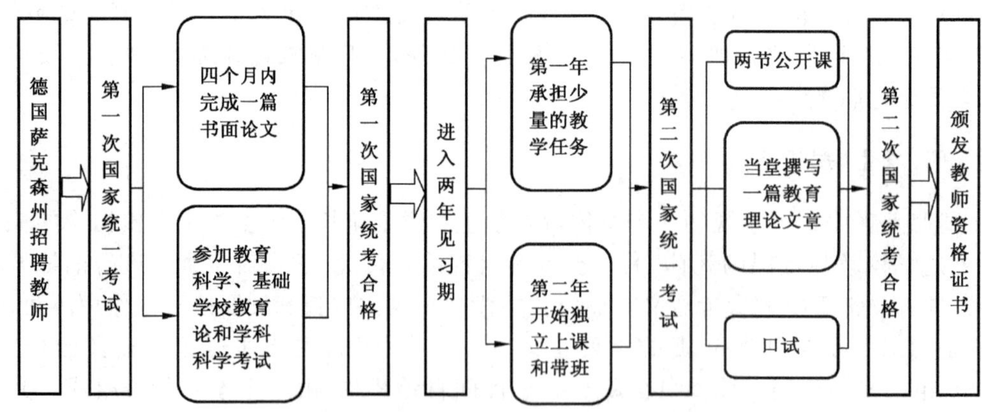

图 4.4　德国萨克森州教师资格证考试流程

在德国成为合格的中小学老师，仅仅靠取得教师资格证是不够的。但是，通过教师资格认证考试很重要，在参加考试前申请者需要满足如表 4.4 中所列的条件。德国教师不

---

① 陈永明．现代教师论[M]．上海：上海教育出版社，1997.

仅需要提高自身的能力和知识素养，拥有丰富的教育教学实践能力和相应的教育学、心理学常识，在教学过程中还要做到以身作则，用自身的言行教育、感化学生，促进学生的健康成长。

表 4.4　中小学教师任用考试基本条件

序号	基本条件
1	教师资格证书
2	德国国籍
3	不能带有任何党派倾向
4	忠实于国家宪法
5	健康证明书
6	道德高尚

德国文化教育部长常务会议在 1990 年制定了《关于相互承认教师职务考试与任职资格的决议规定》，规定指出"中小学教师必须在大学或高等师范学校接受过一定课时的教育科学和执教学科科学才能取得任职资格"。（如表 4.5 所示）

表 4.5　中小学教师任用资格基本条件

学校类别	基本条件
基础学校	至少读过 18～22 周时教育科学，70～76 周时执教学科科学
主体中学	至少读过 18～22 周时教育科学，70～76 周时执教学科科学
完全中学	至少读过 8～18 周时教育科学，120～130 周时 2 门执教学科科学

（二）中小学教师职业培养制度

因为德国联邦制的特征，教师培训在不同的地方不尽相同。虽然《高等学校框架法》和地区之间常尝试设定统一的教学方案，然而不同地方的方案还是有很大的差距。因此，自 21 世纪以来，德国加强了对中小学教师的职业培养制度改革，用以塑造一批高质量的教师队伍①。

1. 中小学教师职前培养

德国教育将学科之间、学科教学法，以及教育科学的理论与实践进行了高效合理的整合。德国的中小学教师职前培训一般由三个连续性阶段组成：本科教育、硕士教育、试教。三阶段所提供的课程，各有千秋。在职前培养的三个阶段的课程设计上，体现着整体性与等级性；在课程体系的功能定位上，体现着对不同中小学类型的指向性；在学科领域的组合层面，又突出强调对多学科教学能力训练的专业化。然而，不同等级的教师培养，所对应的课程设置、学分要求也有所差别。以硕士教育为例，其课程设置如表 4.6 所示。

---

① 姜勇，陈妍. 德国中小学教师教育管理制度改革述评[J]. 外国中小学教育，2010(2)：6-10.

表 4.6　不同类型教师培养的硕士课程设置

教师类型	学分	标准年限	课程设置及学分要求
小学初中阶段	60	2 学期	主修学科教学法课程 11 学分 辅修学科教学法课程 16 学分 教育科学课程 15 学分 德语 3 学分 硕士学位论文 15
高中阶段基本文理中学	120	4 学期	主修学科专业课程 15 学分 辅修学科专业课程 20 学分 主修学科教学法课程 22 学分 辅修学科教学法课程 22 学分 教育科学和语言教育课程 21 学分 专业补充课程 5 学分 硕士学位论文 15 学分

试教期一般为 1～2 年,具体取决于教师职位的类型和各州文教部的具体规定①。以柏林地区为例,中小学教师在职前培养阶段如图 4.5 所示。

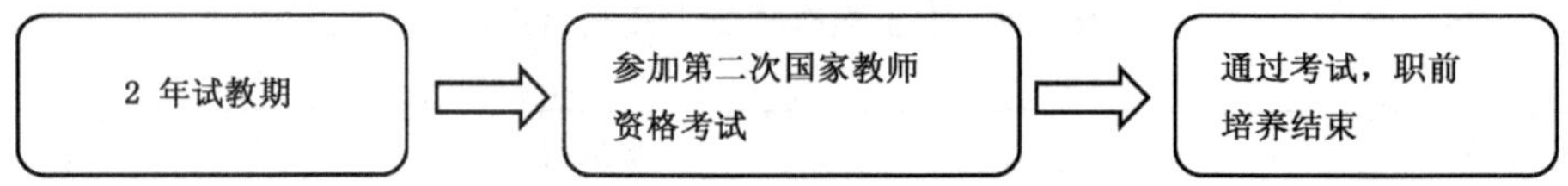

图 4.5　德国柏林地区试教期流程图

2. 中小学教师职后培养

德国中小学教师职后培养,是教师培养体系的最后一个环节。职后培养目标是使教师能够适应不同的情境,具有随机应变的能力。职后培养的水平关系到教师专业水平的可持续发展。当前,德国教师的继续教育分两种:一种是自主学习;另一种是派出培训。因此,德国中小学教师有在职进修的机会,通常是进入大学校园提升自身的素质和能力,然而在职进修的名额十分有限,获取该机会有严格且规范的选拔程序。在职教师应形成终身学习的观念,追随时代的步伐,逐步增强个人能力。

(三)中小学教师评价制度

教师评价制度是为了促进教师专业性发展和提高授课能力而设立的,其评价的结果一般与教师的工资、培训等挂钩。德国政府明确规定,对中小学教师要进行四年一次的综合评价②。

1. 德国中小学教师评价主体

德国中小学教师评价主体具有多元性。主要指来自政府和相关教育部门的联邦政

① 刘江岳,田芬.德国教师教育专业课程体系的特点及启示[J].黑龙江高教研究,2016(9):56-59.

② 王建平.德国教师教育的特点及启示[J].教学与管理,2007(7):76-78.

府、州和地区政府、教育组织和学校，以及来自学生和家长等一些利益相关者。官方与非官方的教师评估标准差异甚大，然而其内容均十分全面。

2. 德国中小学教师评价内容及指标

联邦政府和州在1999年完成了“继续教育质量保证”(Quality Assurance in Continuing Education)工程，2001年教育论坛(Education Forum)也强调了继续教育需要发展、质量保证和认证①。2004年德国文教部向百姓公布《教师教育标准》，如表4.7所示。

表4.7　德国教师教育标准

标准分类	标准重点	标准内容
教学能力领域	教师是教与学的专业人员	教师要会设计在专业理论与实践上合理的教学，并且正确地实施这些设计
教育能力领域	强调教师要从事教育工作	教师要了解学生的社会与文化生活条件，以便在学校内部去影响其个人发展
评价能力领域	强调教师合理而负责地从事评价与咨询活动	教师会诊断学生的学习条件与学习过程，从而有目的地鼓励学生并为他们及其家长提供咨询
创新能力领域	强调教师不断提升自己的能力	教师要认识到对教师职业的特殊要求，能将职业理解为是负有特别责任与义务的公职

督学对教师评价前所建立的报告表由教师所承担的工作量和教师教学效果两部分组成。一般而言，教师的评估结果分为7级，其中的最高级别是1级，其次为2级，依此类推，7级最低。教师的工作时间有长有短，通常情况下，工作时间居中者划分至4～5级，1级的教师则是最为优秀的，其工作态度良好，教育教学效果突出，科研能力强。

3. 德国中小学教师评价方式

完全中学、实验中学教师一般是由校长根据教师在工作期间的表现进行评价，并以4年为周期生成相应的考核报告计量教师的工作业绩。对国民小学和主体中学教师的评估则采用督学与校长二者相结合的形式。由于评估标准追求公平目标，评定结果需与被评定的教师本人进行当面敲定，被本人认可签字之后方可存入档案以备后续查验。而督学的主要工作则是走进教室认真听课，时刻记录并仔细评价每位教师的课堂表现，并为每一位教师建立一份专有的《教师工作报告表》。

问责制与教学质量的提升息息相关，对教师的工作表现、工作态度等指标进行定期评估，一方面可以查看本期是否达到预期的目标，另一方面确定下期的发展方向。针对评价结果对业绩优秀的教师进行表扬和鼓励，对表现欠佳的教师予以支持与辅导②。

（四）中小学教师惩戒制度

惩戒制度是中小学师德问责制度中的重中之重。惩戒制度具有“双重”作用。在师德问责

① The Education System in the Federal Republic of Germany 2006. Page245[EB/OL]. http://www.kmk.org/dossier/ evaluation_en.pdf .

② 赵琳琳，谌启标. 德国教师培养面临的困境与变革趋势探析[J]. 北京教育学院学报，2009，23(1)：81-84.

之前，会对教师行为起到警示告诫的作用；在师德问责之后，将对教师失范的行为予以严厉惩戒。因此，德国对于教师的惩戒管理有了法律法规的规范，为规范教师行为奠定了基础。

1. 纪律惩戒标准

德国《联邦政府官员法》规定公务人员包括亲属，在其职权范围外不得接受其他人的捐献，如有违背，一经发现就会受到严格的查处。此外，德国的《公务员行为准则》《利益法》《回扣法》也禁止公职人员接受礼品和经商活动，限制兼职及实行回避等。

德国中小学教师具有两种不同的身份，因而其要履行不同层面的义务。首先，教师遵守国家的相关法律、法规、学校纪律和相关规章制度；其次，德国教师法律还必须要遵守师德规范，做到无私奉献、廉洁至上，不得利用职务身份获取职务之外的利益。此外，教师还应具有高度的责任感。在教学过程中，一旦犯错，都将受到纪律处分，情节严重者，将追究其刑事责任。根据相关法律规定，对教师追究责任包含：申诫、罚款、减俸、降级、免职、缩减和取消退休金等形式。

2. 处置程序

德国对中小学教师的处置程序通常需要经过六个步骤：第一步，负责人对违反师德行为的事实认定，并与涉事教师进行协商确认，将失范教师所作所为上报给校务委员会；第二步，校务委员会进一步对不合格教师问题认定，认为已达到失范教师标准时向上级区教育厅汇报；第三步，区教育厅成立专门评定委员会，听取当事人和证人的陈述，对处置提出意见和建议；第四步，行政主管部门一般会对指导能力不足的教师进行培训，对培训后仍未合格者，将作出相应的处置。如违反规定，则直接予以处分；第五步，对处置结果不服者，向教育主管部门申诉或向司法机关提出诉讼；第六步，对错误处置要进行补救：撤销处分，恢复职务，给予教师一定的物质与精神补偿。

三、德国中小学师德问责制的特点

德国中小学师德问责制研究与实践比较早，已取得较为显著的成就。它的特点主要表现在以下三方面。

(一)问责主体的多元性与协调性

德国中小学师德问责主体具有多元性。其主体既含有来自政府以及相关教育部门的同体问责，还包含学生及学生家长等异体问责主体。同体问责与异体问责二者由内而外相互协调配合，从而形成一个有效的问责系统，共同来监督中小学教师的非道德行为，以确保中小学教师师德问责过程与结果的公平公正以及评估价值的权威性。

(二)师德问责配套制度完善且操作性强

处于不同的发展时期，德国政府都会根据当下内外环境的变化及时制定出相适应的制度来约束本国教师教育的行为。不难看出，德国有效的师德问责制度必然离不开辅助性的制度加以防范。目前为止，德国已出台的与教师教育相关的政策，如：教师教育标准的完善等主要是围绕提高师资水平来制定的①。目前，德国已经形成了包括中小学教师

① 章丽君.德国教师教育研究[D].重庆：西南大学，2014.

资格证书制度、培训制度、评价制度和惩戒制度等在内的一套高效的问责体制，该体系中四大制度相互协调、相互配合，共同促进师德问责制度体系的良好运行。

（三）师德问责惩戒严厉性

德国的师德问责制中惩戒结果也是相当严重的。在德国的法律条文中，不论是在工作期间还是工作以外的时间，均对教师所享有的权利以及所应履行的义务作出了详细的规定。例如：教师不能随便离岗、不能收礼超标，等等。一旦违反教师专业职责规定，则必将受到所应有的处罚。为了提升教师教育质量，在评价这一环节被评为分数较低的教师，无条件接受额外的培训以及高资质教师的指导，以期尽快提升自己的教学能力，为学生提供更高质量的授课形式与方法。因此，问责惩戒的严厉性，一方面能够有效地约束中小学教师的非道德行为，提升教师道德修养；另一方面，推动着教育体制的改革与发展。

四、评价及启示

德国重视教师教育这一举措，具有源远流长的特点。德国教育遵从以人为本的理念，把人的发展规律置于教师教育的首位。当前，德国的中小学师德问责制不论是在教师道德防范上还是在教师道德失范的治理上都已发展得相当成熟，可以说在以上方面都取得了较大的成就。虽然在德国问责方面有很多可借鉴之处，但其自身也存在很多不足，需要进一步完善。如在教育层面，德国各州享自治权和自主权。因此，常常会出现严重的教育分权现象，即各州教育分权性和自主性较强。由于联邦政府将教育权分配给各州，由各地方自主管理，难免会造成某些州教育管理失效等现象的出现。在这种环境下，不利于进一步加强对中小学教师的监督与管理。

当下，我国建立高质量的中小学师资队伍这一目标的实现，或许能在德国的师德问责制度体系上吸取经验，从而找到突破点。德国中小学师德问责制的经验给我们以启发。

（一）提高我国师范生录用标准

自 1970 年起，德国的综合性大学开始接管中小学教师教育，其报考条件相当严格。州文教部曾作出明确规定：报考师范专业的学生只能是完全中学的毕业生。因此，即使拥有中学毕业证也不一定能迈进报考师范专业的大门。对于已报考该专业的学生而言，要历经两次大型考试的测验，测试合格者才有资格获取证书。由此可见，德国教师教育专业招生起点较高，高素质生源的选拔直接影响了教师队伍的整体素质。因此，我国不应将教师录用标准片面地停留在高考成绩上，更要对考生进行全方位的考核。教师门槛抬高这一做法，将会录用一批高素质人才，从而提升教资水平。

（二）健全问责多元主体参评体系

多元化问责主体是德国师德问责制的一大特点。德国的问责主体包括政府教育部门以及社会等各个方面，我国师德问责的主体则主要停留于教育部门。由于缺少教育信息的及时传递，学生及家长缺乏参与问责的渠道，致使问责主体参与的有效性大大降低。

因此，我国教育部门应该将教育信息及时公开，为异体问责建立多种参与渠道，利用媒体等平台进一步强化对师德问责的报道，从而发挥其监管功能。

（三）健全教育督导制度

德国督导制度在很大程度上有效地监管了教师教育行为。教师教学水平的高低取决于多种因素，在督导制度下，督导人员有着明确具体的职责，各州、区与县、市教育局之间的教育机构协同发展，共同致力于国家教育的发展。相比之下，我们国家监督机构权力与责任模糊不清，缺乏机构与机构之间的协调与配合。因此，我国应进一步明确各级督导机构的职能，各司其职，强化对教师行为的监督和问责。

（四）健全师德奖惩机制

德国政府向来强调法制建设，在教育管理层面也不例外。德国拥有健全的教育法律法规制度，对教师职业道德方面的奖惩有明确的规定。反观我国，教育法制体系建设则相对薄弱，责任追究过程较慢、常流于形式、可操作性较差。为了提升我国教师师德层次，国家应该努力完善我国与教育法相关的法律体系，赏罚分明，将奖惩的办法逐条列举，增强我国的教育性条文的可操作性。

综上所述，德国基础教育起步早，与之关系密切的中小学师德问责制发展已较为成熟，不仅构建了包括政府、学校、学生和家长在内的多元化的问责主体系统，还形成了中小学教师资格证书制度、教师录用和培养制度、评价制度及惩戒制度等相辅相成的师德问责制度体系，共同组成独具特色的中小学师德问责制。问责主体的多元性与协调性、问责配套制度完善且具有较强操作性和问责惩戒严厉性是德国中小学师德问责制的显著特点。借鉴德国中小学师德问责制的成功经验，我国中小学师德问责制应该从提高我国师范生录用标准、健全多元化问责主体参与的评价体系、健全教育督导制度、健全师德奖惩机制等方面加以完善。

第五章　大洋洲主要国家中小学师德问责制

第一节　澳大利亚中小学师德问责制述评

一、澳大利亚中小学师德问责制的产生背景

20 世纪 80 年代末到 90 年代初以来，澳大利亚政府投入大量的人、财、物来研发和实施“专业标准”，包括为中小学教师、教育领导者及教师教育制定“专业标准”。“专业标准”被赋予很高的期望。1990 年，澳大利亚学校委员会(School Council)颁布了一份针对当时澳大利亚中小学教师的调查报告《澳大利亚教师——十年议程》(Australia's Teachers——An Agenda for the Next Decade)，其中包括：为中小学教师制定的“宪章”(A Charter for Teaching)，提出教师应具备的能力、价值和态度；掌握所教学科的内容、教学方法；清晰明确的教学实践等方面。联邦政府也明确指出要资助开展“专业标准”尤其是“职前教师教育标准”项目。此后，澳大利亚在“专业标准”项目上进行大量的探索，掀起了一场“教育标准运动”。2008 年，澳大利亚联邦政府邀请了 1000 名杰出人士召开“澳大利亚 2020”峰会，帮助政府制定国家未来长期规划，最终公布了《澳大利亚 2020 纲要》，其中指出要“建立一个所有中小学都追求卓越的教育体系，让每个儿童都能接受最优质的教育”。① 2011 年 2 月 9 日，联邦政府公布了《全国教师专业标准》。除了需要有优秀的教师，还需要有杰出的校长，才能为儿童接受最优质的教育提供最坚实的保障。② 随着教育改革和发展的内外部环境的变化，外界对校长寄予的期望越来越高。2008 年 12 月 5 日，澳大利亚发布了基础教育改革的新战略——《墨尔本宣言》(Melbourne Declaration on Educational Goals for Young Australians)，指出要将年轻人培养成“成功的学习者，自信且富有创造

① 刊物编辑. 澳大利亚：发展教育提高社会生产力[J]. 成才与就业，2010(21)：62.

② 王春华，沈超. 澳大利亚《全国教师专业标准》述评[J]. 现代教育科学，2011(3)：88-89.

力的个体,积极而有智慧的公民"①,而校长对儿童和青年的发展负有重要的责任。为此,澳大利亚政府从2010年初开始研发中小学校长专业标准。《全国教师专业标准》旨在规定中小学校长要成为行业的卓越人士和21世纪的优秀校长需要掌握、理解和完成的内容。《全国教师专业标准》的设计和开发基于两个主要方面的考虑:第一,认为中小学校长在以下几个方面必须起关键作用,要提高不同水平不同阶段学生的学业成就,同时要促进公平与卓越,并且要营造并维持优质教学赖以存在的环境,影响和传达社区的期望与政府的政策,为21世纪地方、国家及国际教育系统的发展做贡献;第二,考虑已有研究及知识结构变化对中小学校长产生的影响,必须对中小学校多样化、外在环境复杂化及"以学习为中心"的理念做出反应。

二、澳大利亚中小学师德问责制的相关法律法规

20世纪80年代以后,澳大利亚联邦政府开始把提高教育质量作为工作中的重要事件来抓,强化了国家层面的教育控制权。为此,联邦政府制定了一系列教师教育改革的国家政策,并以一定的财政支持推动政策的实施,保障了改革的顺利进行。

第一,《澳大利亚教师专业标准》(Australian Professional Standards for Teachers)。澳大利亚教师专业标准(以下简称《标准》)的工作于2009年在儿童早期发展和青年事务部长理事会(MCEECDYA,现为教育理事会)的主持下开始。2010年7月,澳大利亚教学和学校领导学院(AITSL)负责确认和最终确定标准,2011年发布此项法规。《标准》主要在7个方面对教师进行了规定,概括了教师应该知道和能够做的事情,包括了解学生以及他们如何学习、了解内容以及如何教授、计划并实施有效的教学和学习、创建和维护支持性和安全的学习环境、评估,提供有关学生学习的反馈和报告,从事专业学习,与同事、父母/照顾者和社区进行专业互动。《标准》分为专业知识、专业实践、专业参与三个教学领域。将教师分为研究生、精通、高度完成和领导四个职业生涯阶段。

第二,《澳大利亚初级教师教育计划的认证标准和程序》(Accreditation of initial teacher education programs in Australia — Standards and Procedures)。2015年12月,在教师监管机构,澳大利亚教育部长理事会以及州和地区教育机构的专家意见下制定的这项法规。这些标准和程序反映了对初始教师教育的高度期望以及所有澳大利亚政府在最大限度地发展职前和研究生教师方面的集体投资的兴趣。澳大利亚这项法规的认证内容主要包括认证原则、认证要素、认证体系、影响证据范围和体系、教学绩效评估、认证程序、认证期限和认证小组,以及认证报告和持续改进等。

第三,《澳大利亚校长和领导力概况专业标准》(Australian Professional Standard for Principals and the Leadership Profiles)。该标准于2012年8月3日得到了学校教育和儿童早期常设委员会(SCSEEC)教育部部长的认可。自2011年以来,澳大利亚校长专业标准提供了一份公开声明,阐明学校校长应该了解、理解并做些什么才能在工作中取得成功。这个标准是一个综合模型,提出了校长在专业实践的五个领域内所汲取的三项领导要求,包括校长专业标准、领导力概况、指导学校领导者的学习途径,最有效的领导者认为

① 段晓明.基于未来的变革图景——澳大利亚《墨尔本宣言》的解读[J].外国中小学教育,2011(3):1-3.

学习是他们职业生涯的核心。

第四,《澳大利亚教师绩效与发展框架》(Australian Teacher Performance and Development Framework)。澳大利亚教学与学校领导学院(AITSL)一直与主要教育利益相关者密切合作,以制定澳大利亚教师绩效与发展框架。该框架概述了在学校创建绩效和发展文化的关键因素,包括应该在所有澳大利亚学校中提供的基本要素,并于 2012 年进行发布。该框架旨在促进真正的专业对话,改善教学,并最大限度地降低行政和官僚要求将成为焦点的风险。

三、澳大利亚中小学师德问责主体及其实施方式

进入 21 世纪,澳大利亚政府深深意识到教育是满足未来社会政治、经济、技术不断发展的关键因素。开发高质量的中小学教育,首先应该有一个高素质的教师群体,能够以身作则,并且以民主、平等、公正、负责任等积极的价值观影响他人,从中小学学生抓起,服务于不同学生、不同方面的学习需要。因此,教师的职业道德直接影响着教师的行动。教师有职业道德和专业责任,可以以积极的工作热情和主动的方式促进专业能力的发展。而澳大利亚中小学师德问责主体做的就是为老师提供这种规范和制度,促进老师职业道德的遵守,自觉承担老师的责任。

(一)联邦政府

联邦政府问责框架主要是与宪法的制定、立法机关及联邦推行政策法规密切相关。具体如下:联邦政府立法机构直接颁布教育法令法规;联邦立法,间接影响教育政策与实施,如审计法案等;由联邦政府制定的财政拨款计划;联邦政府教育部针对教育政策的提议与运作等。

(二)州和地区政府

澳大利亚属于联邦制国家,全国共有 6 个州,分别是新南威尔士州、昆士兰州、维多利亚州、南澳大利亚州、西澳大利亚州、塔斯马尼亚州,以及两个领地:北部领地和首都领地。联邦政府全面统筹,各个州和领地的教育部负责本地中小学的教育。澳大利亚宪法规定各州与地区政府保留教育管理权,联邦政府通过财政控制和制定政策的方式参与教育事务。作为一个联邦制国家,澳大利亚的教育管理体制中分权程度较高,不仅有联邦政府制定政策时的宏观把控,也有州政府执行政策时的适应性调整,即联邦政府在占据全国教育事业领导地位的同时,又把许多具体的决策权留给了地方政府。21 世纪以来,澳大利亚热衷于建立全国标准,加强国家认证来推进教师教育改革,提高教师质量,进而提高全国教育质量。不过澳大利亚幅员辽阔,人口分布不均,各州间的经济文化发展水平差距很大,因而虽然联邦政府对教师应具备的知识与能力、不同层次教师要达到的相应水平作出了明确规定,但是又为各州教师教育的具体实施提供了极大的自由度,各州在国家思想的指导下,因地制宜地不断调整和修改,确立了适于自身教师教育发展的改革措施,而且各州之间信息通畅,资源共享,保障了改革的灵活性与协调性。

（三）教育组织

地方教育行会组织积极参与到地方标准的制定中来，丰富了澳教师专业标准体系的层次与类型，更多教师职业发展理论融入标准制定，规范了中小学教师师德问责中教师专业标准的范畴划分与标杆设定。

尤其，自2010年澳大利亚教学与学校领导学院（Australian institute for teaching and school Leadership，AITSL）成立以来，通过澳大利亚政府提供的资金，在为促进联邦、州和领地政府教学和学校领导专业的卓越方面，制定了一系列教师行业规范。迄今为止的主要举措包括建立了9个国家框架，包括澳大利亚初级教师教育计划的认证标准和程序（Accreditation of initial teacher education programs in Australia-Standards and Procedures）、澳大利亚教师和学校领导专业学习宪章（Australian Charter for the Professional Learning of Teachers and School Leaders）、澳大利亚校长和领导力概况专业标准（Australian Professional Standard for Principals and the Leadership Profiles）、澳大利亚教师专业标准（Australian Professional Standards for Teachers）、澳大利亚教师绩效与发展框架（Australian Teacher Performance and Development Framework）、澳大利亚高度成功和领导教师的认证（Certification of Highly Accomplished and Lead Teachers in Australia）、毕业生精通：澳大利亚教师入职指南（Graduate to Proficient：Australian guidelines for teacher induction into the profession）、引领影响：澳大利亚学校领导力发展指南（Leading for impact：Australian guidelines for school leadership development）、全国统一的所有教师注册（Nationally consistent registration for all teachers）。AITSL制定的国家商定政策都建立在强有力的证据基础上，并通过合作方式制定政策，确定工具和资源。AITSL适用于各个司法管辖区、咨询学校和幼儿园、系统、部门、高等教育机构，专业协会和其他机构。这种伙伴关系方法是该组织在支持教学质量和领导力方面取得重大进展的基础。

（四）学校内部的问责

教师师德问责问题始终需要教师评价制度为保障。反观澳大利亚的教师评价制度，在过去的一百年中，该国家一致实行的是教师督查的评价制度，但是自从教师督查被取消，澳大利亚的教师几乎没有任何工作再有被评价的经历。在很长的一段时期内，大多数澳大利亚的中小学教师很少受到来自外界的关于其教学活动和师德方面的详细审查和评价。

近年来澳大利亚在教师评价领域的最重要的变化就是采取相应措施加强了教师评价，其中最主要的评价方式之一是在政府的指导和推动下实施的主要由校长负责的“教师绩效评价”项目，其中师德也是绩效评价的主要方面。该项目现在已经在澳大利亚几乎所有州的公私立学校得到广泛的实施。以维多利亚州为例，当前维多利亚州所有公立学校在校长的指导和管理下运行。这套评价系统的目的在于保证教育系统和学校的质量以及改进教学质量。教师们必须在为期12个月的考核周期里完成与他们所处水平对应的职业标准要求。所有教师都必须参加由评价者（校长，校长代表）在过程开始、中间阶段、末尾阶段出席的三次会议。学校校长负责全部的评价工作。如果在评价中不过关的话，那

些正努力试图提升工资的老师就会失去机会。进一步的约束措施包括，如果教师的绩效令人不满意的话就会被劝说辞退。在这所学校中，所有教员的评价，包括校长，都是由教育等级体系中更高一级的人评价（见表 5.1）。学督（The Regional General Manager）负责评价校长的绩效，校长负责评价校长助理和骨干教师（Leading Teacher）的绩效，骨干教师负责评价普通教师的绩效。校长参与所有教师的评价并对最终评价结果负责。评价程序遵照州教育与培训部的规定。第一次会议由教师和评价者讨论评价程序、教学标准、预期绩效。在第二次会议上，教师和评价者讨论涉及标准的教师评价的关键指标。在评价中期会议上，教师要预先准备一个简短的“绩效陈述”，针对每条标准要求写大约 10 行字的陈述，陈述要包括专业发展的学习成果。在评价的最后阶段，评价者对照每条标准对教师做一个总结性的评价，所有标准的要求都必须达到才是合格。最终，由校长在教师“绩效陈述”上签字。评价结束时，学校校长约见每位教师，讨论评价者的报告，告诉他们评价的结果，肯定他们所取得的进步并鼓励他们继续努力。

表 5.1　澳大利亚“教师绩效评价”项目中评价者的职责分配

评价角色	职位	评价职责
首要评价者（负责向州教育与培训部汇报评价结果）	校长	指导评价的开展；授权校长助理负责评价管理职责；在评价者报告基础上做出最终评价结论；组织评价最后环节对教师的访谈并通知教师评价结论
年度评价负责人	校长助理	负责管理评价的开展；通知教员与教师联系评价者
评价者	校长助理和骨干教师	组织三次对教师的正式的访谈；指导和建议教师对他们的绩效和专业发展陈述做出可能的完善

总之，在国家就业、教育与培训委员会，联邦议会，联邦教育拨款机构的引领下，澳大利亚各州及地区吸引了更多的利益相关者参与各级各类教师专业标准的开发，在区域间的沟通和协调下，逐步形成了具有一致性、协调性、针对性、多元性的，层次丰富、类型多样的教师专业标准体系。

四、澳大利亚中小学师德问责运行机制

（一）事前防范机制

事前防范机制，即解决什么样的人可以当教师的问题。为确保从业人员质量，澳大利亚教师协会分级注册，设置准入门槛，制定全国通行的教师注册标准，保证教师从业资质。注册制度设定为“教师准备”“临时注册”和“完全注册”三个阶段，师范生只有完成这三个阶段的考核才能获得正式教师资格。获得正式教师资格后，澳大利亚的中小学教师还需要参加教师注册局每 5 年一次的考核，完成教师资格的重新注册。通过准备阶段的大学专业训练，临时注册的严格资格审查，完全注册阶段的两年专业能力评价，以及成为正式教师阶段后的重新注册制度，澳大利亚提升了教师行业的门槛及专业性，保障了教师队伍的整体质量和标准。

在师德方面，主要是基于对教师性格的评估和对其犯罪记录的考察，对申请人是否适合担任儿童工作或成为一名教师的评估。犯罪记录考查的是过去5年内最新的国家犯罪记录或者在澳大利亚以外国家或地区申请者的国际犯罪记录。教师管理部门还需要关注其他注册机构或者海外雇主提供的信息，如根据水平、性质、频率、犯罪新旧程度和严重性对不当行为进行分析。除此之外，教师是否适合担当教育工作也在考查的范围内。《全国统一教师注册框架》规定，对违规的教师或没能达到全国教师专业标准中要求的专业行为和专业表现的教师，会有公认的机构对其进行强制的处罚或撤销其注册。

另外澳大利亚采取了职前教师体验参与方式，加强教师的情感和精神体验。2002年澳大利亚教育、科学与技术部发布《一种值得关注的道德——对初任教师的有效计划》(An Ethnic of Care：Effective Programes for Belzinninz Teachers)，强调在教师职前教育阶段加强大学和中小学之间的联系。为了凸显大学教育实习的地位，《计划》提出用“专业体验”替代“教育实习”，将“专业体验”纳入整个教师职前教育计划，并且在中小学特定的教育情境中进行“专业体验”，让实习生体验到“真实的震撼”。让职前教师体验式参与，目标由过去注重实习硬件建设已转向加强实习软环境建设。2010年9月澳洲教学与学校领导协会正式发布了“职前教师教育课程国家认证系统”，这是澳大利亚从国家层面保障职前教师教育课程质量的首次尝试，是澳大利亚教师教育标准化的新发展。这一框架指出教师职业标准主要由两个方面组成：“第一，职业维度，职业维度指教师作为一种职业需要不断发展的品质，表现在学历、能力、成就和领导能力这几个方面；第二，专业因素，专业因素指教师参与进行任何教育活动都要具有的品质，包括专业知识、专业实践、专业价值观、专业关系等方面。”这些都保障了职前教师师德建立的规范性和优质性。

（二）事中考查机制

在明确核心价值观的基础上，各州制定的《教师职业伦理》和《教师行为规则》具体规定了教师在处理与学生、同事、家长以及社区关系时所需注意的具体事项。《教师行为规则》明确规定了教师在什么情况下可以做什么、不可以做什么。有的州在对教师的诸项行为进行解释的基础上还提供了具体的情境和案例，以供学校老师参考。比如，接受家长和学生礼品是每位教师都避不开的问题，如何合理处置？新南威尔士州的教师行为规则就此明确规定：如果礼品金额少于10澳元，并且家长和学生是出于友情而送，教师不会因为接受了该礼品在决策和行为时会有妥协，这种情况下，教师可以接受；如果礼品金额超过10澳元，或者家长和学生出于功利目的而送，接受了礼品的教师在决策时有可能会有相应的妥协，这时教师就不得接受该礼品。否则，就会受到相应的处罚。

除此之外，各学校结合自己本校的情况制定了教师需要遵循的相关规范。教师职业道德规范的编制，既保证了教师在职业道德习惯养成上有规可依，也保证了社会对师德评价上有章可循。有了这些规定以及学校的指导和帮助，诚如哈维湾尤兰根公立中学的教师David Zhang(戴维·张)所言，在碰到各种处境的时候，老师就知道该按照什么样的程序去做，如何去做，并且知道，如果做得不妥，将会承担什么后果，乃至相关的法律责任。如澳大利亚首都地区2006年颁布了《教师专业实践守则》，《守则》对教师需要达到的职业操守和诚信标准作出了规定，主要强调了以下四个方面：

(1)对于教师职业：教师自身要遵守法律规则和民主系统；贯彻当选政府的政策，尤其是教育政策；时刻保持专业性和公正性；避免个人利益同专业职责的冲突；避免利用职务之便为自己或他人谋取利益；廉洁公正处世；在工作中保持高标准。

（2）对于学生：教师要保护学生免受侵害；促进学生学习和提高公众兴趣；对学生和他们的学习负责；尊重学生，了解学生的家庭、文化和宗教背景，并根据学生的个体需求以恰当的方式对待学生；将多样化的社会、文化和特殊的学习需求融入学生的学习中。

（3）对于家长：教师要与家长和监护人培养并保持建设性的关系；与家长和监护人进行开放性交流；及时告知学生的进步情况和学习选择；响应所有涉及他们孩子教育的合理要求。

（4）对于同事：要为遇到困难的同事提供帮助；以最有利于学生的方式与同事合作。对于学校，要避免过度使用或浪费学校资源；合理使用学校财产和资源①。

另外本守则的另一目标是引导教师发现和解决其工作中可能出现的职业规范问题，从而维护公众对于他们诚信和专业的信任②。

澳大利亚在《全国教师专业标准》和《教学绩效评估（TPA）》（A Teaching Performance Assessment）中规定，无论是新教师还是有经验的教师，其等级晋升都与绩效工资相挂钩，这有利于调动教师的积极性和主动性，激励他们不断提高自身素质，改进教学质量。《全国教师专业标准》倡导"教师标准教师定"，其主旨是教师对职业标准的责任感和认同感与教师标准的制定和使用相挂钩。

在澳大利亚教师职业道德规范中，既有教师对学生、教师与家长、教师与教师之间等方面的详细规定，也有不同发展层面教师的评估及培训标准，做到了分层分类指导，评估注重教师的发展性和实践性。特别是对教师与学生关系的规定，详细列举了教师的禁止性行为，具体明确且操作性强，而且对违反师德的从业人员也制定了相应的惩罚制度，对教师在师德发展方面有强大的约束力。

（三）事后纠偏机制

澳大利亚师德问责制的事后纠偏机制是侧重于诊断而非终结性的评价体制。"支持和帮助"而非"考核和评价"是澳大利亚各学校的核心理念。这种支持和帮助，有年长者对年轻教师教学的观摩和帮助，有学校领导者对教师管理学生方面的支持，还有教师同伴之间相互的帮助和支持。尤其是青年教师，学校有专业的团队从各方面对他们帮助和支持。

在尤兰根公立中学，学校的座右铭就是"在集体工作中学习"（Working Together to Learn）。该校教师团队的力量非常强大，每个青年教师在工作的头几年，学校会组织教学团队对其工作进行帮助。教师也可根据自己的需要，要求更有针对性的指导和帮助。学校的领导者经常会到教室看教师上课的情况，一旦发现问题，就会找到该教师谈话和沟通，指出其工作的优势和需要改进之处。如果需要，学校会派更有经验者来指导。在这样相互

---

① Australian Capital Territory，ACT（2006），Code of Professional Practice[EB/OL]. http://www.det.act.gov.au/_data/assets/pdf_file/0007/17692/er_CodeProfession－alPractice.pdf.

② United Nations Educational，Scientific and Cultural Organization（2009），Teacher Codes：Learning from Experience[EB/OL]. http://www.iiep.unesco.org/information-services/publications/abstracts/2009/teacher-codes-learning-from-experience.html.

帮助和支持的环境下，教师的自觉和自主性逐渐增强。他们相信“在支持和鼓励的环境下，人会逐渐变得对他的行为和态度负责任”。

在中国，不少中学教师承受着很大的心理压力和经济压力，教师个人的健康，尤其是心理健康受到影响。澳大利亚的中学教师的心理压力和经济压力相对较小。原因如下：

首先，教师与教师之间、学校与学校之间不会因评价和考核的结果而互相攀比。学校对教师的观察和评价不会和教师的收入、待遇等挂钩。学生学习成效的高低与教师的晋升、福利等无关。只要教师不触犯相关的纪律和法律，教师无须担心有什么惩罚性举措。其次，每所学校都有相当一部分教师是终身教职资格，除非有非常特殊的理由，学校不得将其解聘。最后，澳大利亚政府为教师提供了较好的社会保障，教师的薪水和待遇在社会中处于中等偏上的水平。教师无须担心诸如住房、孩子入学、老有所养、病有所医的个人生存和生活问题。当然，教师包括校长在内总会抱怨收入不够高的现象在澳大利亚同样存在。

五、澳大利亚师德问责制的特点

（一）问责具有可操作性和实证性

制定明确的职业要求、规范和工作程序，对于教师，尤其是资历较浅的教师十分必要。澳大利亚教师职业道德建设过程中，各州以及每所学校都结合了本地的情况，制定了适合本地需求的《教师行为准则》，详细规定了教师在具体情况下的可为与不可为，并说明了如果遇到突发的不知如何做的情境和事件，第一时间应向谁求助等，有了这些规定和规范，教师行为能够遵循规范的职业道德就有了保障。

在教师职业道德相关准则的形成方面强调基于当前的理论研究和教师需要，在教师专业发展政策的制定过程方面，有关法案、建议等政策文本源于调查，广泛咨询，基于证据。在教师专业发展政策的实施方面，许多政策文本是指导型而非指令型。如，基于AI-TSL标准框架的评价建议包括：书面评价、档案袋评价（如视频、文件或活动）、学生评价（如调查问卷）、课堂观察（如受过培训的观察者）。

（二）和谐的师生关系作为职业道德问责的核心

针对处理好师生关系提出了明确要求，强调促进学生的健康成长和良好发展是教师专业伦理的核心要求，充分体现了教育的人文关怀。明确要求教师要民主平等对待学生，不能因种族、肤色、性别等歧视学生。教师要认识并尊重学生的文化差异、民族多样性，以及宗教信仰不同，理解这些因素对学生的影响。在澳大利亚，不少学校的学生来自东南亚、非洲、拉丁美洲等地，对于这样的学校，政府就会按照学校有多少来自国外的学生，给学校配备额外的教师名额，以便更好地帮助每一位学生。比如有这么一所学校，校内有600名学生，配有100位教师，在一个教室内，1位老师在上课，还有1～2位老师在辅导和帮助那些跟不上教学进程的学生。①

---

① 田爱丽．引领、规范和保障：澳大利亚教师职业道德建设考察与启示[J]．比较教育研究，2013(6)：52-56．

澳大利亚教师伦理规范中还规定教师要了解不同年龄阶段的学生的身心发展特征，了解学生的学习特点等。要尊重学生人格，不得有意为难或贬低学生；要记住学生姓名；不得当众发火，不得在大庭广众之下让学生丢脸，给学生创设一种相互尊重的融洽的学习氛围并保护学生的安全；不要与学生过分亲热或随意；在处理学生的问题时，如有偏颇，要承认错误；不得体罚学生等。据此可见，把师生关系作为职业道德问责的核心内容。

（三）强调专业伦理是教师专业标准的重要组成部分

随着教师专业化程度的提高，对教师职业道德的要求也在不断提高，在制定教师职业标准时，始终强调把教师职业道德作为教师专业标准的重要组成部分。如2010年澳大利亚新《全国教师专业标准》中，对教师职业道德的相关规定贯穿在教师专业发展的毕业教师、熟练教师、娴熟教师和主导教师的四个阶段中，并指出订立教师职业道德的主要目的在于，对内规范教师成员行为，对外保护学生权益，明确教师对学生、家长、同事、社会等提供高品质服务的指导原则，并将其作为教师专业行为是否规范的评判标准。无论是法律形式、政策形式，或是其他形式的教师职业道德规范，都强调教师个人自律与有效监督相结合。

表5.2　澳大利亚教师四个阶段的职业标准比较

重要环节	毕业生阶段	胜任阶段	高度熟练阶段	领导阶段
职业道德与职责要求	理解道德规范中的主要原理并应用于教学	遵守学校道德规范与行为规范	严格遵守道德规范与行为规范，做社区和教师们的表率	在学生、同事和社区堪称道德楷模
法律、行政与组织要求	了解学校相关法律、行政与组织政策与流程	了解学校相关法律、行政与组织政策与流程的含义；了解教师职业要求，相关政策及流程	帮助同事理解学校相关法律，行政与组织政策与流程的含义	起草、完善与实施相关政策及流程，帮助同事们了解并遵守现有和新的法律、行政与组织政策、专业责任与家长、监护人互动
与家长、监护人互动	了解与家长相处的有效方法细心而自信	在学生的学习和健康方面与家长建立与保持良好的关系	积极回应家长对学生学习及健康方面的询问	创造机会使家长参与学生的学习与学校的重点建设
专业教学交流活动与社区的互动	能认识到校外专业人士与社区代表对拓宽专业知识和教学有很重要的作用	能参加专业论坛交流与社区互动以拓宽知识面，提高教学水平	对专业交流网络与协会的建设有贡献，与社区建立卓有成效的联系以促进教学	在专业及社区网络交流中起带头作用，同事参与外部交流创造机会

（四）侧重于诊断性的问责，有助于缓解教师压力

教师是社会大众的一员，有着普通人的需求，满足教师的正当欲求，是提升教师职业价值追求、进行教师职业道德建设的前提。澳大利亚属于发达国家，社会保障体制健全，

教师经济来源稳定，再加上终身教职的岗位和侧重于诊断而非终结性的评价体制等，都有助于缓解教师的生存压力，改善教师的生活状态，提升教师的精神追求。

六、评价与启示

澳大利亚中小学师德问责可以保证教师的教学质量，帮助教师改进工作及确认教师的进步。同时问责制注重诊断，反对淘汰，从而可以激励教师反思自己的职业道德行为并寻求改进。澳大利亚的教师职业标准很重视学校与社区、教师与家长关系的协调关系，这种安全保障有利于教师全身心实施自己认为正确的育人理念和方法，应该说这是主要的方面。当然，这种缺乏竞争和危机感的机制不利于激活教师群体的活力和生机，这也困扰着不少澳大利亚中小学校长。校长们反映，教师的专业素养和职业道德需要不断提升，部分教师并不能很好地履行岗位责任。外出参加研讨会，校内同伴互助、年长者帮助年轻者的做法也都有，但是成效并不令人满意。不少校长苦于缺乏有效的方式来提升教师的专业素养。此外，校长们也认为，公立学校没有一个畅通的教师退出机制，对于终身岗位资格的教师，即使能力不强，甚至态度不是很好，学校也很难将其解聘。可见，虽然澳大利亚在中小学师德问责方面有很多我们可以学习的经验，但其也确实客观存在着一些缺陷，需要在发展中不断改进。

当下我国正处于“尊师重教”的机遇期，这为教师教育改革营造了良好的外部环境，同时也对教师教育提出了新的要求。面对新形势新变化，我国积极改革教师教育使其适应时代发展的新挑战，取得了不俗的成绩，但也存在着一些问题，澳大利亚教师教育改革的成功经验或许能为我们提供一些有效的借鉴。

（一）制定紧随时代发展的师德问责政策

对于师德问责政策的不断完善，不可急于求成，教师必须在特定的、系统的、结构化的相关指导方针下循序渐进地进行，只有这样才可能被教师更快采用相关政策，并自觉倾向于接受强制责任政策。受时代发展的影响，对教师质量和职业道德方面的要求也会随着教育环境的变化而变化。如随着信息化时代的到来，对于教师的信息素养要求也将逐步反映在教师的职业道德规范中，人们对于教育政策也将作出必要的调整和修改，这是一步一步不断变化的渐进的过程，不可一蹴而就，必须随着时代的进步不断更新、循序渐进。

（二）提高教师选拔标准，多渠道选拔优秀人才

高标准的教师选拔是保证教师队伍质量提升的前提。澳大利亚在这一方面给我们带来了很多启示。现代教育对教师的需求标准从专才向全方位性人才转变，例如一名优秀的教师不仅要有精湛的教学技能，同时要求能尊重学生独立的人格，了解学生的文化特点与行为方式，具有沟通、团队协作的能力等；教师的选拔必须把德、能、学历和经验作为主要依据，从教师工作的热情和态度着眼，从高质量的教学能力着手，开发和培养“德才兼备”的能人，从而才能取得优秀的教学绩效。另外要多渠道选拔优秀教师。信息时代的到来为优秀教师的选拔提供了更为广阔的空间，学校可以按照自己实际的需要，通过互联网等多种有效的人才招聘渠道，使更多聪慧的年轻人通过各种有效性途径进入教学领域。

(三)设立具有层次性的评价标准

我国现行的《中小学教师职业规范》比较抽象，缺乏具体指标和规则的约束，使其流于形式，难以真正发挥其作用。2010年澳大利亚新《全国教师专业标准》中，对教师职业道德的相关规定贯穿在教师专业发展的毕业教师、熟练教师、娴熟教师和主导教师的四个阶段中，并从专业知识、专业实践及专业发展三个维度对教师展开评价，增强了教师评价的操作性。另外，分层次的教师评价还强调了教师评价是一个持续不断的过程，要随着教师专业发展的变化而变化，要求教师向上满足相关法律法规对师德的要求；向下确保校长等管理者对自己主管的老师负责；向外要求老师向相关的利益相关者负责；向内要求教师要对自己负责。而且教师评价一定要放在特定的环境中，在用中"验"，在"验"中选，这样才能使得对教师的评价更加全面准确。

(四)强化多方参与合作的教师师德问责发展模式

21世纪的核心技能之一就是合作，像教师师德问责标准的制定和实施就可以让学生、学生父母、教师等参与制定并监督，并建立合理、可行的手段来实现和维护这些标准。如果仅仅是官僚制的问责，很可能遭到老师们的抵制，认为官僚问责是一种冒犯他们专业的行为。而多方合作的科学民主有效的问责，将使教师对于师德问责的态度由忽略、抵制转为适应与接纳。因此，在问责中需要调动更多利益相关的社会成员的加入。在澳大利亚的问责过程中，有我们可以借鉴的经验。由多方参与合作式的问责在澳大利亚教师问责过程中起到了至关重要的作用。首先，在政策形成过程中，来自不同州、区的教育行政人员、一线教师、政府官员，以及教师专业机构的工作者共同参与，通过到实地调研，形成有针对性的建议，最终形成决策。其次，促进教育改革、完成问责也是各方全面合作共同推动的结果。既有上级政府与下级政府的密切合作，也有为培养优秀教师的大学与中小学校理论与实践相结合的合作，还有教师间、教师与社区间、教师与学生及父母间，积极、平等的沟通与合作，这种全面合作机制，保障了教师教育改革和问责的有序进行。

第二节　新西兰中小学师德问责制述评

新西兰是南太平洋上的一个岛国，素有重视教育的传统，为发展本国教育采取了许多行之有效的措施，构建了被认为是世界最好的教育体制之一。高质量的中小学教师与渐趋成熟的师德问责制是分不开的。对新西兰健全的问责制的剖析能为我国问责制的构建起到他山之石的效应。

一、新西兰中小学师德问责制的产生背景

据新西兰教育部网站2016年2月16日报道，经合组织调查显示新西兰教师的专业化程度名列前茅。教与学国际研究(Teaching and Learning International Study，TALIS)对全球34个国家和地区的教师、校长进行了调查，结果显示新西兰教师质量仅次于俄罗斯、爱沙尼亚和新加坡，排名第四。

大体来说，新西兰中小学师德问责制的产生与发展主要受以下三方面的影响：

首先，国际推动的影响。新西兰于1856年沦为英国的殖民地，1947年完全独立后，其教育体系基本上承袭了英国的传统教育体制，20世纪以来，英国及世界各国都高度重视教师的专业发展，并把教师教育改革作为提高教学质量的一项重要举措，在此影响下，新西兰开始重视教师教育的改革。20世纪70年代，新西兰政府在借鉴英、美、澳等国教师教育的基础上，结合本国的实际情况，发布了一系列有关新教师入职教育的报告。1979年教育部发布的《甘达报告》，即《教师培训评论》(Review of Teacher Training)，对当时教师教育存在的若干问题进行批评，并且倡导入职教育作为教师教育的一个重要环节。其中师德教育是其中的一项重要内容。

其次，新自由主义政策的影响。特别是受"新右派"推行的新自由主义改革思潮的影响，许多国家都将其倡导的"市场机制的取向"作为进行教育改革的指导思想。新自由主义改革对教育领域的影响就是教育市场化，促进消费者(学生家长)选择、契约服务和绩效表现。新西兰政府大力支持新自由主义政策，并将其运用到教育领域的改革中。强化早期儿童教育、小学教育和中学教育领域的市场"选择"原则，教师要充分反映消费者的利益和需求。新西兰教师教育的绩效责任制、质量控制等一系列改革被提上了议事日程。教师师德的问责与建设成为促进教师教学质量提高的基础。

最后，教育管理机构改革的推动。《1989年教育法》颁布后，新西兰中央政府进行教育行政重建，废除了专权的教育部后，新设立了一些独立运作的国家教育管理机构，负责全国的学历教育和教学质量。这些独立机构包括新西兰资格评审局、教育督察室、教师注册委员会、新西兰教师协会，等等。这些机构对教师的培养和管理有了更高的要求。同时，在学校层面上，1990年教育修改法还规定在学校设立理事会、董事会等最高的权力机构，赋予学校更大的自主权。董事会的成员来自有关各方代表，包括教育部的指派代表、社区代表、教职工代表、学生代表、其他院校及组织代表，等等，董事会与国家教育部、新西兰资格评审局、教育督察室等独立机构的关系是平行的伙伴关系。因此，从学校层面上看，学校拥有更大的自主权，必定对教师的聘用与留任，职业发展等方面有很大影响，这在很大程度上推动了教师的职后培养的改革。提高教师的准入要求、培养优秀教师人才，进而提高教师素养及教学质量已成为教师教育改革的重点。

从19世纪开始，经过一百多年的发展和完善，到现在，新西兰拥有了完善的教育体制和一流的教学质量，其教育体制被称为世界上最好的教育体制之一。教育大计，教师为本。《1989年教育法》颁布后，政府加大力度对教师教育进行改革，并取得了显著的效果。自1989年以来，新西兰先后制定和颁布了《教育法案》《教师聘用条例》《教职员公约》等法规，对教师职业道德的要求贯穿其中，从而来保证新西兰教师进一步健康发展。①

二、新西兰中小学师德问责制的相关法律依据

第一，《新西兰注册教师职业道德规范》。规定所有注册教师专业互动必须依据以下四条基本原则：自主性，尊重并保护他人的权利；公正性，分享权力，防止权力被滥用；求

① 施永达.新西兰中小学教育的特点及其启示[J].外国中小学教育.2008(11):48-63.

善，善对他人，把对他人的伤害降到最低；求真，诚实对待他人。[①] 在这四条基本原则基础下，教师要对以下四方负责：学生、父母/监护人、社会及本职业的责任。每个条目下又有若干条细则。其明确规定：教师要对学生负责；要培养学生的思考能力和独立行为能力，并努力鼓励学生对民主社会的基本价值观有明智的理解和认同；教师与学生的家长或监护人及家人是合作关系，应当鼓励他们积极的参与孩子的教育；教师应积极支持有关促进人人机会平等的政策和计划，开展平等合作；传授积极的价值观并言传身教；提高职业标准，致力于专业发展；尊重同事，平等合作；为新教师入职提供帮助；尊重同事的隐私权[②]。

第二，《教师专业标准》。2010 年制定的"注册教师专业标准"主要分为两大领域，"专业关系与价值"和"实践中的专业知识"。其中涉及师德规范要求的"专业关系与价值"涉及标准四项，每项标准之下有若干条关键指标。如表 5.3 所示：

表 5.3　新西兰注册教师专业标准具体内容

领域	规范	主要指标
专业价值与关系	关注学习者学习与健康，建立和维持有效的专业关系	参与伦理的、尊重的、积极的和协作的专业关系，对象包括：学习者；教学同事、支持人员和其他专业人士；家庭和其他学习者照看者；社区中的机构、团体与个人
	对所有学习者的健康负责	采取一切合理的措施提供和维持一个身体、社会、文化和情感上安全的教育和学习环境 承认和尊重所有学习者的语言、传统与文化 遵从相关监管 遵从相关法定要求
	对新西兰国内的二元文化合作关系负责	尊重怀唐伊条约中协议双方的传统、语言和文化
	对持续的专业学习和个人专业实践发展负责	在与同事的协商中明确专业学习目标 在学习团体中回应性地参与专业学习 主动创造学习机会提高个人的专业知识与技能水平

三、新西兰中小学师德问责过程的制度设计

（一）问责模式

在国家层面，新西兰中小学师德问责有相应的法案确保其实施，并由全国性的相关机构开发教师发展项目以推进全国范围内的中小学师德的建设。同时，在学校层面上，很多中小学都设有专门负责师德管理的机构，以配合全国性教师师德问责的实施。

① 姚彤．国外及中国港台地区教师职业道德规范的共性及启示[J]．天津市教科院学报，2009(3)：59-62.

② New Zealand Teachers Council. Registered Teachers Code of Ethics [EB/OL]. http://www.teacherscouncil.govt.nZ/required/ethics/codeofethics.stm.

1. 国家层面的推动

新西兰的问责制度不是仅在事后追究责任，而是整个过程相互契合的。新西兰有多个独立运作的教育机构负责全国学历教育及教学质量，包括教育部（Ministry of Education）、教育审查办公室（Education Review Office）、新西兰学历评审局（New Zealand Qualifications Authority），以及新西兰教师协会（New Zealand Teachers Council）。其中，教育部为政府提供教育政策方面的建议，包括中小学教师师德规范等，并代表政府分配经费和资源，监督已通过的教育政策的执行情况，以及监督整个教育系统的工作成效等。新西兰教师协会负责教师注册（即获得教师资格证），教师续聘资格审查并审核教师注册前的教育项目，其中师德是重要的考核内容。所有公立和私立中小学校及幼儿园只允许聘用目前拥有教师资格证的教师。

新西兰资格评审局由教育部长直接领导，并且经由教育部长向议会负责，对教育部负有一定的监管责任。它在提供有质量保证的学历证书方面起决定作用。① 教育督察室是一个独立于教育部之外，直接由教育部长负责的教育监督部门，其主要职责有，评价和关注幼儿园和中小学的教育情况，包括教师的职业道德规范，向公众发布年度报告。教师协会主要由注册教师构成，是包括幼儿、小学、中学、高等院校及其他教育单位所有注册教师的专业机构。该协会以“优质教学促动学生美好未来”为愿景，开展了以“在教学中提供专业领导”，“加强教师的专业地位”和“为儿童和其他学习者提供高质量的教育、学习环境”为主要目标的各项教师资格认证管理工作。② 这些机构对教师师德起着有效的监督、管理作用。

2. 学校层面的实施模式

新西兰的中小学教育一直实行中央集权和中小学自治并举的管理体制。在中小学师德问责模式上，主要有国家层面和学校层面两种，但学校层面的问责模式是新西兰师德问责的重要主体。

在学校层面上，1990 年《教育修改》法还规定在学校设立理事会、董事会等最高的权力机构，赋予学校拥有更大的自主权。董事会的成员来自有关各方代表，包括教育部的指派代表、社区代表、教职工代表、学生代表、其他院校及组织代表等，其职权主要有：制定学校章程，其内容包括确定学校的发展方向、办学目标、课程及资格结构等；选拔任免校长，授予校长日常管理权；决定学校重大管理事项；审议学校工作报告；监督、指导校董事会、校长工作；了解社区需要，适时做出调整决议。③ 改革后的学校拥有相当的自主权和充分的灵活性，教育部无权干涉教师的聘任与解雇，由学校董事会决定教师的招聘。董事会与国家教育部、新西兰资格评审局、教育督察室等独立机构的关系是平行的伙伴关系。因此，从学校层面上看，学校拥有更大的自主权，必定对教师的聘用与留任、职业发展等方面有很大影响，这在很大程度上推动了教师的职后培养的改革和对教师职业道德的日常规范。

---

① 查正和. 新西兰教育质量保障体系略论[J]. 教育发展研究，2006(12A)：28-30.

② 罗侃. 新西兰教师资格认证制度及其对我国的启示[J]. 教学与管理，2008(8)：78-80.

③ 李钟善，周海涛，戴曼丽. 新西兰奥克兰教育学院的办学特点对我们的启示[J]. 辽宁高等教育研究，1998(4)：86-88.

综合来看，学校层面对教师职业道德的规范，主要有"按章管理"的制度化规范化管理和"以人为本"的人性化管理。

第一，按章管理。新西兰的中小学有学校宪章，它是学校管理中最重要的内容之一。宪章的制定要吸收家长、毛利人和当地人的建议。同时，它也必须与国家的法规相适应。宪章根据教育法规制定学校的办学方向和总目标，列出教职工的权利和义务，明确学生的发展方向。学校宪章还包含各类评价的内容和方式。宪章要向所在社区的家长公开，让社会、家长对其执行及教学工作进行监督。在新西兰，校长是整个学校的负责人，其职责就是实施宪章，必须对宪章负责。新西兰的中小学不仅做到了有章可循，而且能严格按章办事。首先，严格教师管理。例如学校规定教师在上课期间不得迟到，在工作时间内不得随便离开学校。对教师的工作量，作出了严格的规定，每个教师一周要上 22.5 个小时的课才算达到标准工作量。每天上午上课之前，教师都要参加工作会（Staff Meeting）小结前一天的工作。学校对工作中出现的问题提出改进措施，然后，安排当天的工作，并提出要求。新西兰的中小学听不到那种高音喇叭式的铃声，但教师都能把握好时间，按时上下课。学校决策中心每周都有具体的工作安排，重点是监控、检查教师的教学质量是否优秀，教学行为是否符合师德规范，对教师资格的认定就更为严格了。在新西兰，即使拥有博士学位也不能直接当教师。欲做教师职业的人，大学毕业后，还必须参加两年的教师职业培训。考试成绩合格者，政府才发给教师资格证。政府对获得资格证的教师并不负责分配工作。教师的聘任是真正意义上的聘任。

第二，以人为本的问责。新西兰的中小学在依靠宪章进行静态管理的同时，还十分重视动态管理与静态管理的有机结合，注重做人的工作，体现出以人为本的管理特点。这主要表现在关心教师、尊重教师、培养教师、督促教师、鞭策教师和激励教师等方面。当某教师工作不佳时学校并不是随便解雇他，而是与教师谈心、指出存在的问题，给他一定时间的试用期，并派专人对他进行帮助。对仍无改进者，由校长向校董事会报告，经讨论通过后才能解雇。并且各中小学注重对教师的个人培训，依据新《标准》的基本要求，立足学校教师发展的实际，围绕中小学教师的素质构成，就教师的职业素质及教师的个人发展设计相应的培训项目，在培养教师方面，新西兰制定了《教师培训制度》。其中明确规定教师要定期接受培训，被培训的教师将在全国五所教育学院中获得高一级的学位。同时学校会给教师创造各种学习机会，如：主办夜校、鼓励教师参加远程教育、定期安排教师轮修、引导教师树立终身学习的观念。平时，学校十分注重感化、激励教师。当教师工作取得成果的时候，学校会通过各种方式展示教师的成果，让教师从工作中体验成就感。以人为本的管理有效地调动了教师的工作积极性，增强了教师的主人翁意识和工作投入感。工作投入感高、真正将教师职业当成事业来追求、全身心为教学工作付出的教师，基本上都具有极高的职业道德和教学情意，即热爱教师职业、热爱学生、热爱教书育人的事业，并且具有很强的内在动机，愿意为教学事业无私奉献。

（二）问责的程序

新西兰师德问责不仅仅局限于字面意义上的"责"，更多的是对教师进行监督和促进。以校长领导下的学校内部对于教师的评估为例，主要包括以下四个要素：

(1)课前观察会议。主要为课堂观察评估部分做准备。该会议将讨论评估要求，细化评估过程，表达评估期望，检查教师的年度学习计划和形成评估过程的各项能力等，师德规范包括其中。

（2）课堂观察。为了评估教师的技能、知识、师德行为和态度，每一次评估都必须包括至少一次课堂观察。为达到绩效评估的目的，每一个教师都必须在教学环境中被考查。

（3）课后观察会议。在课堂观察后，教师和校长在第一时间召开会议来回顾课堂观察的结果并讨论关于校长对教师评估的内容。然后校长会在总结报告中对教师的这些能力作出评价。

（4）总结性报告，其中包括对教师整体表现的评级。学校在对教师进行绩效评估之后，要形成总结性报告，便于接受公众监督和加强学校自身的约束。

评估中对于教师的不当行为和过错行为予以训诫并提供指导帮助；但是如果教师在评价期间包括涉及教师师德的内容没有达到适当级别的专业标准要求，校长将有权延迟该教师的工资晋级。如果教师晋级被延迟，教师和校长必须将对达到标准要求的期限达成一致，还要安排支持和发展性的教育计划帮助教师达标。如果再次评价时教师达到标准要求，则从达标之日起增加对应级别的工资。

另外，对于特别严重的教师失德行为则交由新西兰教师纪律法庭处理。其中就有这样一个案例：一名女老师因为多次帮助学生作弊并拿烟给学生抽，而被新西兰教师纪律法庭取消教师注册资格。根据法庭的事实简述，该老师会帮 90％的同学写好演讲稿，并鼓励学生背诵这演讲稿。然后，她会在白板上写下演讲稿，放在学生面对着演讲的摄像头后方。另外，她不是给学生提供可以找到问题答案的出处，而是让学生直接在课上抄问题的标准答案。在一次听力测试中，居然直接给学生书面的文本。该教师还会把一个同学的作业给另一个同学直接照抄。同时，她曾向一名十年级的男生提供香烟，并两次和他一起抽烟。对于该种案例的问责主要分为以下三个阶段：

第一阶段要界定对谁、对什么进行问责。教育领导者等人要界定问责要求，并就问责的范围达成一致。教师把自己的行为告知教育领导等人，提供各种所需事实证明和数据，说明任务的绩效、结果、过程等情况。

第二阶段要告知教育领导者等人。教育领导者等人提请教师进行解释，要求教师提供详情，进一步解释其行为，以便他们能界定问责范围，了解教师如何为自己行为辩解。

第三阶段是作出判断。负面的判断会导致处罚。以该案例中存在不当专业行为为例，最严厉的处分是开除或剥夺教师注册资格。

教师问责过程的三个阶段明确了教师和教育领导者等人的作用、职责和他们之间的关系。

四、新西兰中小学师德问责制的特点

（一）官民兼问

问责主体上，新西兰有意识地将政府管理者、学生、从事教师教育的教授、家长、学校董事会成员，甚至立法者纳入问责体系中，因此不仅官员和学校有问责的权力，社会公众也有参与问责的权利。同时官民兼问，要求教师加强与异体问责各问责主体的沟通和交流。新西兰要求教师的教学活动不要仅仅发生在自己的教室里，而要向所在社区的家长公开，让社会、家长对其教学工作及师德规范进行监督，并对家长的咨询进行有效的回应。因此，新西兰师德规范标准中非常重视对教师的合作和沟通能力的要求。新西兰新教师专业标准将“沟通交流”和“支持与同事合作”作为两个单独的维度对新教师提出要求，《全国性教师专业标准》中写道“评估、反馈及报告学生的学习状况”及“为同事、家长或照料者以及社区做出贡献”，要求教师能够“了解与家长/监护者有效、灵活以及自行沟通的策略”，并有效地与同事和社区进行沟通交流。

总之，中小学教师的失德行为的发生同学校与公众的关系割裂、失德现象得不到及时发现举报有很大关系。因此问责过程中，除了相关政府部门的问责，将学校自治与公众问责制相结合，也是对教师师德行为加强约束的有效途径。21 世纪是一个合作共赢、交流沟通的时代，教师与学生、同事、家长，以及校长之间的沟通合作能力可以帮助教师更为全面地了解儿童，根据不同学生的需要提供教育帮助与引导，同时可与各类教育利益相关者在儿童教育问题上达成共识、形成合力。

（二）建立第三方评估机构

在新西兰，教师协会负责教师注册并进行续聘手续。独立的第三方组织——教师协会主管着教师的绩效评估，教师的职业生涯都在教师协会的监督与管理下进行。这种由教师专业组织负责教师绩效评估的做法既能体现教师的利益，也能体现公众的利益，具有更强的科学性和公平性。目前，我国的教师问责主要由教育相关行政部门和校长负责，单一的评价主体使问责结果难以达到客观、全面的效果。在这方面，新西兰的经验值得我们借鉴。

（三）以师为本

新西兰师德问责制不仅有强制的管理，还有柔性的服务和关怀，这种问责政策更具隐秘性，使被大家警惕的东西并不直接以招人厌恶的形式出现，而是去管制化，改头换面，披着一件柔美的外衣。

在新西兰，首先，新一轮的教师教育课程改革特别突出师范生培养的“精神”转向，其主旨是关注师范生的“精神”养成，这一点与他们以往教师教育的技术和实践取向明显不同。其中，帮助师范生不断形成良好的人文伦理精神与高尚的道德品质、逐步形成教育的专业信念与人文精神被提上了日程。其次，职前教师实习也已悄然从注重实习技术手段转向加强实习软环境，注重学生实习体验。入职和职后培训有专门的价值观与伦理课程，旨在帮助教师掌握价值观选择方面的知识，以便使教师在工作岗位上能更好地胜任中小学教师的工作。另外还有心理培训与指导，让教师能够及时安抚自己的情绪，时刻以公平公正充满爱心的活动与学生交流。

另外，从经费的筹措上，新西兰的义务教育由国家拨款，但允许学校接受社区、慈善机构、企业和家长的自愿捐资。充足的经费有利于提高办学环境，给老师创造优越的工作条件，使教师工作中有幸福感和自豪感，利于教师工作的投入，减少教师失德行为的发生。

（四）师德问责中不断规范准入和晋升机制

新西兰对中小学教师设置较高门槛。教师不仅需要每 5 年考取一次教师从业证，而且对于教师入岗前的要求也是十分高的。例如担任幼儿早期教育、中小学的教师必须是本科毕业并且经过相关的教育培训；教师要符合的“合格教师维度”包括 4 个方面，专业知识、专业实践、专业关系和专业领导共 29 个维度，同时教师的内隐知识与外显能力都必须达到“合格教师维度”才有资格胜任这个职业；义务教育阶段的教师必须到教师协会注册，认证合格后获得教师资格证，才能到学校任教，不管是公立还是私立学校，没有教师资格证者，1 年内在任何学校总的任教时间不得超过 20 个半天，而且教师的教学必须在有教师资格证的教师的指导下进行。

新西兰根据教师入职年限和所受的教育或培训程度将教师资格注册分为三种类型：临时注册、经确认的注册和完全注册。新西兰教师协会是负责新西兰的教师注册(即教师资格认证和教师专业发展)的机构，该协会规定临时注册教师必须经过 2 年的入职教育和培训才能申请转为完全注册教师。

在晋升机制上，新西兰的教师资格分 3 级：初任教师、注册教师和有经验教师。初任教师指刚从师范院校或其他教师培训机构毕业的学生和刚移民到新西兰的海外有经验教师，他们尚未通过完全教师注册。注册教师指能胜任日常的教学任务、已有至少两年教学经历并已通过完全教师注册的教师。获得“完全注册”资格须符合 4 方面要求：行为、品格、专业教育培训和教学经历。“完全注册”有效期为 3 年。3 年后，教师若符合要求才给予续签。有经验教师是指在教学和学生管理上有丰富经验和精湛技能的教师。他们的教学技能高，而且能在多方面支持和帮助同事。另外职业晋升与教师的薪酬挂钩，既能有效管理教师，又能保持和发展教师的教学质量和领导能力。

总之，新西兰首先从教师资格标准上就对教师进行了严格的筛选和考核，有效保证了教师的专业技能和个人思想道德修养达到一定水平，从源头上减少了教育工作者达不到从业标准、违反教师职业道德等不良现象的发生。

五、评价及启示

新西兰的中小学师德问责制度，在健全问责的法律法规的同时，注意问责主体的多元化，问责中以师为本，为我们提供了很多有益的经验。但在师德问责时涉及了教师行为的各个方面，德能兼问，并且若教师得到“不满意”的评价结果，还必须反复重复评估过程。而且在课堂观察环节中，校长需要进入课堂观察教师的表现，这容易造成教师紧张和情绪上的不安，这些情绪可能会使教师不能发挥正常的教育教学水平，从而弱化绩效评价效力和效果。

实际上，任何师德规范背后体现的都是一个国家的文化背景、价值观念和教育理念，尽管国外的师德规范并不完全适合我国目前的国情，但其中的精华是值得我们借鉴的。我们应该在现实的基础上重新构建师德规范，使师德融入教师的日常教学活动中，厘清法律、个人私德与教师职业道德之间的关系。鉴于以上对新西兰中小学管理的成功经验的分析，结合我国目前的管理的实际现状，要完善我国的中小学管理体制，做到依法治校、以人为本，还需在多方面加以改进。

(一)建立健全多元问责机制

在我国，从形式上来看，对中小学教师师德的监督主体比较多，有教育行政部门及其

他国家机关，学校管理部门、学生家长、社会公众及新闻媒体等，然而实际上多重监督主体却处于监督缺位的状态，除非发生重大师德失范现象产生了严重的社会影响，师德问责机制才有可能被启动，然而启动时机、启动程序等还具有很强的主观性。因此，要“真问责”，动真格，不能走过场，建立健全民众问责参与机制，赋予社会问责的权利。如可建立家长委员会制度，家长委员会成员代表入驻学校，参与学校的管理和决策，并监督学校的教育教学情况，定期向家长委员会汇报学校的工作情况；同时，将家长委员会对学校工作的看法和建议直接反馈给学校，帮助学校做出调整和改进，使学校、社区和家庭形成三位一体的教育共同体，为教育质量的提高和学生学习质量的保证提供坚实的保障。

另外，教育行政部门建立专门的师德考核小组，定期开展师德巡视和监督，搜集教师资料，及时发现问题，矫正失范行为。对于情节严重的，具有完善的教师退出机制。新西兰完善的、长效的考核体制严格保障了中小学教师师德的规范性和优质性。因此，为了让违规行为得到及时追究，应建立健全师德追究制度、奖励制度；建立健全配套制度，使师德建设体系化、完善化、立体化。

（二）发扬民主管理精神，提高教师的决策参与程度

研究结果显示，组织公平对教师的工作投入感和良好教师师德的养成会产生重要影响。前文所述新西兰教师帮助学生作弊并给烟抽的教师失德案例，发生的主要原因就是教师感觉自己在学校受到了不公平的待遇，寻机发泄和报复。而发扬民主管理精神的目的，就是为了保证管理行为的公平性和有效性。新西兰设立教师协会，负责教师的监督与管理，这种经验值得我们借鉴。在学校管理当中，将一些涉及教师切身利益的事情，让全体教师都参与到管理与决策中来。通过教师对管理行为和决策流程的全程参与，让教师真正感受到组织的公平公正性，不仅能够使教师对最终的管理决策心服口服，也使得教师不再是被管理者和被支配者，而是能够积极表达个人意愿、争取个人权益的受到尊重和重视的组织成员。通过这样的方式，强化了教师的主人翁意识，使得教师在工作过程中更具责任感和使命感，能够真正将学校的事、工作的事当成自家的事、自己的事来做，不仅提高了教师的担当意识，也提高了工作效能和效率。同时，在教师参与民主管理和决策的过程中，校长和学校领导要善于营造公平公正的管理氛围，把握整个组织群体的风气，保证教师民主管理的客观性。

（三）师德问责中应刚柔并济，以师为本

对教师限制过多，可能造成教师在教学过程中的焦虑情绪，使教师畏手畏脚，难以全身心投入教学活动中。详尽完备的知识体系和职业道德理论要求，可能造成教师负担过大。因此，问责还要以一种柔性的方式出现，注重对教师的人文关怀，满足教师对成就感和自尊心的渴求。纵观我国教师职业道德相关政策规范，可以看出，我国将教师道德规范等视为对教师行为进行约束和管制的手段。反观新西兰制定的教师职业道德相关政策，旨在促进教师的发展，管理与关怀意义同在。虽然约束性是规范的主要特征之一，但不应该舍本逐末，制定教师职业道德规范的出发点和落脚点应该是使其为提升教师队伍质量服务。

教师职业是高尚和受人尊敬的事业。教师有很强的自尊心，渴望得到别人的尊重，希

望自己的奉献在精神方面得到同等的回应。人本主义的观点告诉我们，人人都有追求成功、追求自我实现的愿望。作为特殊职业的教师而言，他们努力寻求的就是不断努力以得到学生、家长、社会、领导的认可和尊重。所以，我们应该借鉴上述有益经验，结合我国的实际情况，注重做人的工作，体现以人为本。作为学校的管理者，首先要做到目中有人，关注教师的存在及生命价值，不断激活教师的生命热情。教师本身的工作热情加上特有的奉献精神、领导们的鼓励打气、对教师教学质量的肯定和认同，以及公平的对待、奖罚公正分明，将极大地调动他们的工作积极性。其次，在培养教师方面，学校应给教师创造尽可能多的学习机会，校长可以定期举行教师之间的教学交流会，促进教师听课，鼓励教师进修，培养他们终身学习的观念。再次，提高德育教育的有效性。尽管新西兰也很重视基础价值观教育，但他们的德育主要不是通过课程，更不是通过说教进行，而是体现在每一个日常生活和学习的细节之中，这是我们提高德育实效性研究时很值得考虑和借鉴的方面，我们是不是有时说得多了，而在促进教师道德实践方面做得还不够。

（四）提高教师入职门槛

新西兰，严格施行教师资格准入制度，提高从业者道德素质。提高整体素质，首先在教师资格考核上就要严格，在教师招聘上也不能放水。因此，要想纯洁教师队伍，只有在最初阶段就让教师端正思想，明白身负何等重任，才可能抵抗各种诱惑，成为一名合格的人民教师。

从 2015 年开始，我国全面推行中小学教师资格考试全国统考制度，中小学教师资格考试由教育部统一命题、组织考试和划线；打破“终身制”，首次引入定期注册制度，所有在岗教师必须接受五年一次的定期注册考核，考核内容包括业务考核、工作量考核和师德考核等，其中师德考核是重中之重，实行一票否决制；师范生和非师范生一样，想成为教师都必须参加教师资格考试。这一改革，极大地保证和提高了中小学教师师资水平。但是，虽然教师资格考试分为笔试和面试两部分，着重考查的还是教师的理论知识和专业素养，对教师的职业道德水平缺乏有效的考查。

真正将教师职业当成事业来追求、全身心为教学工作付出的教师，基本上都具有极高的职业道德与职业热情，即热爱教师职业、热爱学生、热爱教书育人的事业，并且具有很强的内在动机，愿意为教学事业无私奉献。同时，研究结果也显示，个人资源中的教师内在动机对教师职业道德规范的影响最大，教师越热爱教师职业，越喜欢自己的工作，他们的职业道德水平就会越高。由于获得了教师资格证和通过了编制考试的应聘者，在专业技能上应该基本达到了要求，因此，校长及领导班子在对新教师进行招聘的时候，应着力于考查应聘者对工作的热爱程度和对教育的理想和抱负。只有真正热爱教师职业的人才能积极进入角色，既能保证在工作中的投入与教学质量，也能保证教师队伍的稳定性。

第六章　亚洲主要国家中小学师德问责制

第一节　日本中小学师德问责制述评

一、日本中小学师德问责制的产生及发展历程

21 世纪以来，师德问责逐渐成为教育界和公共行政领域学术讨论的重要议题，师德问责的核心在于探讨教育部门规范教师的职业道德行为和改进教师责任绩效，该议题在国际教育学术界和政府教育改革实践中产生了重要影响。日本向来以教育立国，其诺贝尔得奖数量雄踞亚洲第一，稳居世界前列。教育是一个系统工程，高等教育取得的成就与高质量的基础教育有着密不可分的关系，中小学教师在其中扮演着重要的角色。正所谓："百年大计，教育为本、教育大计，教师为本、教师大计，师德为本。"[①]师德问责作为提升教师质量，促进基础教育发展的重要举措，已成为世界各发达国家中小学教育改革的重要内容，引领世界教师德育改革潮流。2015 年日本中央教育审议会教师培养会议的报告中指出：要紧紧围绕以提升教师素质能力为导向的教师培养、录用、研修等方面改革[②]，成为当下日本教师师德研究的重要课题。本节将在对日本中小学师德问责相关法律法规及问责实践充分梳理分析的基础上，对日本中小学师德问责制产生及发展的脉络、制度体系及特点进行梳理和介绍，总结其经验和教训，这必然为当下我国中小学师德问责的建设和完善提供重要参考价值。

日本中小学师德问责制发展可以分为以下两个阶段，分别为（1873 年至 20 世纪 80 年代）碎片化、规制性师德问责阶段和（20 世纪 80 年代至今）系统化的师德问责阶段。

---

① 林崇德.师魂——教师大计　师德为本[M].北京：高等教育出版社，2014：8.

② 日本中教審教員養成部会.これからの学校教育を担う教員の資質能力の向上について，[EB/OL].[2015-10-08].http://www.mext.go.jp/b_menu/shingi/chukyo/chukyo3/002/houkoku/1360150.htm.

（一）第一阶段：碎片化、规制性师德问责阶段（1873 年至 20 世纪 80 年代）

1873 年日本政府发布“小学教师心得”的政府公文，拉开了关注教师资质的序幕，要求教师不仅要提高专业能力，还要培养学生道德品质。“二战”之前日本成立了国立教师教育专业机构及师范类学校，开始培养专门的中小学教师，较注重教师的实践能力，对师德关注较少，尚未形成师德问责体系。战后的“四六改革”，对教师教育体系进行了重新探索，深刻反思了早期教师职业品德培养的缺乏。随后日本国会颁布了一些教育立法，例如《教育基本法》《教育公务员特立法》《教育职员许可法》等①，强调法律的规制性控制，这些法律的颁布对中小学教师问责制的建立奠定了基础，逐渐形成了教师许可制度、教育职员的奖惩制度等，侧重对教师的基本素养培养，明确规定了教师的职前培养、教育资格认证、任用程序等方面内容，至此现代化的教师问责体系已初见雏形，但总体而言处于碎片化、规制性师德问责阶段。

（二）第二阶段：系统化的师德问责阶段（20 世纪 80 年代至今）

20 世纪 80 年代以来，随着国际教育交流加强，市场机制不断成熟，日本开启了第三次教育改革。提出要不断更新教师素质，满足时代需要。1997 年日本教师培养审议会第一次咨询报告《面向新时代改革教师的方针和策略》②和 1999 年教师培养审议会第三次咨询报告《关于教师培养、录用、研修一体化的发展》③都强调提升教师素质作为重点任务。同时教育领域暴露道德滑坡和教育荒废现象，教师质量成为关键因素，使得师德问责应运而生。21 世纪以来，信息化和国际化速度进一步加快，同时期日本校园暴力、学生旷课等教育病理现象持续困扰。日本政府要求教师要具有公共精神和道德情操的品质，增强教师的责任感和使命感，不断接受教育部门、社会组织、家长、学生等问责。实践发展中日本基础教育取得较大成功，领先国际水平，得到世界认可。事实证明，在近三四十年间，日本逐渐健全了教育方面法律法规，并且不断更新，形成了严格的教师资格制度、教师培训、研修制度、教师评价制度和教师惩戒制度，建立了一套相互联系、相对完善的师德问责体系，步入了系统化的师德问责阶段。

二、日本中小学师德问责制的相关法律法规

日本注重法律对师德问责制度的保障。虽然日本并没有在法律法规中明确提出过“师德问责制”，但在多部教育立法中充分体现了对教师在师德责任的规定和监督。这是日本中小学师德问责制建立和实行的依据和保障，体现了依法问责的原则。

---

① 刘新科.外国教育史[M].武汉：武汉出版社，2012.

② 教育職員養成審議会.新たな時代に向けた教員養成の改善方策について（教育職員養成審議会・第 1 次答申）[EB/OL]. http://www.mext.go.jp/b_menu/shingi/old_chukyo/old_shokuin_index/toushin/1315369.htm.

③ 教育職員養成審議会.養成と採用・研修との連携の円滑化について（第 3 次答申）[EB/OL]. http://www.mext.go.jp/b_menu/shingi/old_chukyo/old_shokuin_index/toushin/1315385.htm.

(一)《教育基本法》

《教育基本法》是日本整个教育法律体系的核心，实现了对早期《学制》(1872)、《教育令》(1879)、《小学校教则纲领》(1881)、《小学校教员守则》等法规的替代，完成了由敕令主义过渡到法律主义的目标。该法最初颁布于1946年，在2006年进行了全面修订，《教育基本法》第九条明确规定了教师的权利和义务，加强了对教师的控制和监督，教师要不断提高自身修养，完成自身职责。同时为教师培养制度、教师资格证书制度、教师研修制度、评价制度等的建立提供了宏观框架，为师德问责制的建立奠定了基础。此外，日本的教育行政机构依据该法"教育向全民负责"精神，在教育机构设置上坚持中央与地方合作型权利原则，构筑责任性的教育管理体制。

(二)《教育职员许可法》

教育职员许可制度是教师资格认证和监管的主要工具之一。日本于1949年颁布了《教育职员许可法》，并于2008年进行了最近一次修改，该法规对教师许可证的级别和种类做了详细区分，设定了中小学教师资格证需要满足的条件，阐释了教师培养过程中的学分修订、课程认定，任职资格、教师录用准入程序等一系列该法实施过程中的细节，新法导入了教师资格证更新制度①。一方面此法确保了高质量的人才进入教师队伍；另一方面强化新的教师评价制度，重视对不合格教师的淘汰机制建设。以此作为中小学师德问责的依据之一。

(三)《教育公务员特立法》

日本1949年颁布了《教育公务员特立法》，并于2007对该法进行了修改，取代了旧法。该法规定了教师具有公务员身份，但又不同于一般公务员特殊的法律地位，主要涉及教师的责任、义务、人事评价、任免、惩戒、研修等问责方面的内容②。一方面规定教师要不断进行研修，提高自己的素质能力。另一方面结合《地方公务员法》《关于地方教育行政组织与运营的法律》，严格对教学能力低和违规法律教师的人事管理，包括指导能力不足教师的认证制度、教师资格证的罚没制度和新教师的评价制度，强化对不称职教师的惩戒，以巩固和提高教师队伍的整体质量。

(四)《教师伦理纲领》

1952年，日本教职员组织通过了《教师伦理纲领》，教职员组织于1947年成立，以提高教职员地位与建设教育文化为目的。《教师伦理纲领》规定教师具有担当日本社会课题的使命，同青少年一道生活，确保教育自由，与社会颓废现象作斗争，创建新文化等一系列教师职业道德规范③。改法传承了传统东方"师道"精髓，积淀了东方师德文化的精神追求。该纲领成为日本教师至今职业规范的指南，对现代日本的教师师德教育产生了深远

① 教育职员免许法[EB/OL]. http://law. e-gov. go. jp/htmldata/S24/S24HO147. html.

② 教育公务员特例法[EB/OL]. http://law. e-gov. go. jp/htmldata/S24/S24HO001. html.

③ 王荣德. 教师师德教育论[M]. 北京：科学出版社，2004.

影响。

(五)教育行政法规

日本现行的教育行政法规主要有《文部省设置法》《文部省组织章程》《地方教育行政组织与经营法》等，日本各级教育机构都是依据上述法律法规所设立。构成了文部科学省、都道府县、市町村的三级教育行政问责体系。一方面明确规定了各行政机关的职责和权限，避免权力越位和责任相互推诿；另一方面规定了教育行政机关的独立性和特殊性。以此保证问责的公平性、公正性。

三、日本中小学师德问责主体

日本中小学师德问责主体既包括来自政府和相关教育机构的同体问责，主要有中央层面的文部科学省、地方教育委员会和校长，也包括学生、家长和媒体等异体问责。多元化的问责主体是确保日本中小学师德问责公平、公正的有力保障。

(一)中央

日本的最高教育行政机构是文部科学省，分为本省和外局的文化厅，其中省内初等、中等教育局是中小学师德在中央一级的问责机构，主要负责监督与指导下级教育行政机构关于中小学教学活动的工作。必要时，文部科学省可以向地方教育委员会提出质询，同时设有督学和各学科专家，其主要职责是监督初等、中等教育工作和调查研究学校课程标准。另外，文部科学省的教育职员组成审议会，负责调查审议有关师资培养和教职员的任免等事项，追究教师的责任，要求改善教师培训和教师研修制度，同时还有教科书、教学计划、教师培训等审议会①。应时代要求，提出关于教师素质能力提升、教师改革等大政方针，并需要接受文部大臣的咨询、质询和外界广泛的意见，最后形成审议会的最终报告，以此对中小学师德问责做出宏观层面的设计。

(二)地方教育委员会

日本的地方教育行政实行的是都道府县和市町村二级制的地方自治体制。其中教育委员会和地方公共团体的长官(即知事、市町村长)是地方一级对中小学进行监督的人员，都道府县教育委员会主管高中、特殊学校，市町村教育委员会主管初中、小学和幼儿园。都道府县教育委员会对中小学教师的管理包括：教师证书的颁发、更新，解决教师的职业品德和业务能力问题，对中小学教职员的任免、研修指导②。而市町村的教育委员会主要负有监督评价教职员，向上级报告的职能。

(三)校长

日本中小学校长兼顾双重身份，既是中小学师德问责的客体，也是行使问责权利的主体。作为问责客体要接受教育委员会的监督评价，作为主体具有掌管学校事务、监督所属

① 张民选.比较初等教育[M].北京：中央广播电视大学出版社，2004.

② 包金玲.去行政化：日本教育行政地方分权改革[M].重庆：西南师范大学出版社，2015.

职员的责任，包括教师的教育内容、教职员人事等。一方面在年初中小学教师要依据学校教学目标，制订自己具体的计划和目标，通过年初的自设目标与年末目标实施情况对比，形成自我评价，提交校长；另一方面校长通过深入课堂听课或面谈等方式深入了解教师的工作状况，根据报告书和实际成绩进行综合评价，最后做到结果的反馈和公开[①]，来保证教师的主体性和教师评价的客观性，判断教职员是否违反应该遵守的义务或是否存在教学活动中的不道德行为等，报告上级行政主管部门，以兹奖戒。

（四）学生、家长和媒体问责

学生作为教师最直接的授业对象，在对教师的综合评价中，起着重要的参考价值。2008年日本的教育再生会议再次强调“实施反应家长、学生意见的教师评价”，可见学生对教师的问责越来越受到重视。家长作为中小学师德问责主体之一，主要通过家长教师联合会（Parent Teachers Association，PTA）组织发挥作用。日本在都道府县、市町村，以及社区都设有PTA组织，其宗旨就是加强校外生活指导，改善和充实社区的教育环境，可以直接对中小学教师进行监督，例如：允许家长随时参观教学活动，监督学生教育管理，辅助老师教师活动，面对面沟通、探讨学生教育问题，为教育改革提供意见[②]。除此之外日本的媒体在中小学师德问责起到信息传递、评价监督和汇集众议的作用，虽然新闻媒体对教师的行为不具有制裁力，但却有一种隐性的约束力，起着不可替代的作用。以此构成学校、家长和社会三位一体化的师德问责网络。

四、日本中小学师德问责制度设计

为了确保中小学师德问责制的有效运行，日本设计了一套中小学教师资格证书制度—中小学教师录用、研修制度—中小学教师评价制度—中小学教师惩戒制度的问责流程体系，以最大效能地发挥问责制的功能。

（一）中小学教师资格证书制度

中小学教师资格证书制度是问责主体对中小学师德问责的重要前提和依据。日本是目前教师资格证书制度比较完善的国家之一。在日本，教师资格证书是满足教师条件的前提，是培养大量合格教师的基本保障。日本的教师资格证书制度主要包括以下两个方面内容：一是教师资格证书类型、等级和标准；二是教师资格证书更新机制，两者构成一体化的教师资格证书认证体系。

1. 中小学教师资格证书类型、等级和标准

对所有教师实行资格认证是日本教育事前对师德问责的体现。依据严格的指标和流程对申请人资格的审核，日本教师资格证分为普通资格许可证、特别许可证和临时资格许可证三个类型。其中普通资格许可证是教师资格的主要类型，包括三个等级，即专修许可证、一级许可证和二级许可证。在日本要想成为中小学教师，首先要进入国家设定的教师

① 殷爽，陈欣．日本公立中小学教师评价制度改革：背景、内容与问题[J]．外国教育研究，2016(5)：53-68.

② 杨桂梅．日本PTA的经验及启示[J]．日本问题研究，2004(2)：39-41，54.

培养机构，经过相关课程的学习，修完指定学分，取得相应学位，方可有资格取得教师资格证。具体如表 6.1 所示：

表 6.1 日本中小学教师资格证书标准①

证书类型（普通证书）		基本资格	学分最低要求（大学期间）		
			教学科目	教职科目	教科或教职
小学教师	专修	硕士学位	8	41	34
	一种	学士学位	8	41	10
	二种	短期大学士学位	4	31	2
初中教师	专修	硕士学位	20	31	32
	一种	学士学位	20	31	8
	二种	短期大学士学位	10	21	4
高中教师	专修	硕士学位	20	23	40
	一种	学士学位	20	23	16

2. 教师资格证更新制度

教师资格更新制度是打破教师资格证终身制、有效激励和监督教师的工具，督促教师不断提高专业知识和教师素养以满足时代的要求。日本从 2009 年 4 月 1 日后，教师资格证书的有效期限为 10 年，每 10 年必须更新一次②。在教师资格证到期的前 2 年，必须在大学等特定教育机构接受 30 小时以上的培训，培训内容包括教师职务需要的最新知识与技能。最后经过考核、评价获得结业证书，其考核、评价主要内容包括教师的使命感与责任感、班级管理和学科教学能力、指导能力等，60 分以上者方可取得更新教师资格证书的资格。若没有在指定期限参加培训，则所有许可证将全部失效。

（二）中小学教师录用、研修制度

1. 中小学教师录用制度

在日本要想成为一名真正的中小学教师，不仅要取得教师资格证书，而且还必须通过教师任用考试，在参加考试前申请者需要满足如表 6.2 条件③。教师任用考试是由都道府县或政令特定的单列市教育委员会主持实施，其录用制度是十分严格的。有着严格的程序和时间标准，如图 6.1 所示，任何环节不合格都要面对淘汰的结果④。一般要进行学科专业素养和教育专业素养的笔试、面试或模拟教学两种类型考试。在笔试考试中不仅

---

① 法務省法令データ提供システム，《教育職員免許法》（平成 20 年 6 月 18 日改正）[EB/OL]. http://law.e-gov.go.jp/cgi-bin/idxsearch.cgi.

② 中央教育審議会．今後の教員養成・免許制度の在り方について（中間報告）[EB/OL]. http://www.mext.go.jp/b_menu/shingi/chukyo/chukyo0/toushin/05120801.pdf.

③ 刘小强，王德清．美国、日本中小学新教师录用制度的特征比较及启示[J]．外国教育研究，2010（4）：16-19.

④ 陈永明．国际师范教育改革比较研究[M]．北京：人民教育出版社，2003.

有精心设计对教师道德品质的考察，而且在教育委员会和校长的面试中也注重对个人品质、职业道德和工作动机等考核，实现了量化与质化的综合性考量，使真正德才兼备的人员进入教师队伍，正是依靠严格的教师录用制度，把好教师任用中的“关口”，来保障和提高教师综合素质能力。

表 6.2　日本中小学教师任用考试基本条件

序号	基本条件
1	学历要求：小学（大专）、初中（本科）、高中（研究生）
2	拥有教师许可证
3	毕业学校的成绩证明书
4	毕业学校的品德证明书
5	健康证明书

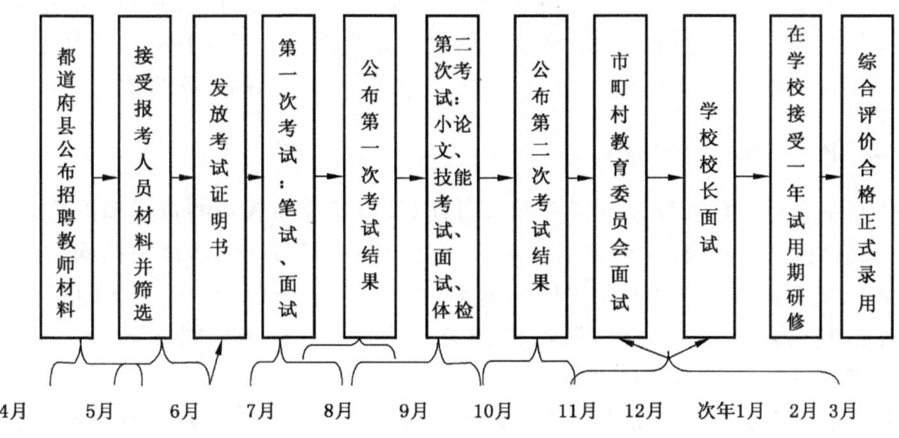

图 6.1　日本中小学教师录用程序流程图

2. 中小学教师研修制度

为了更好地提高师资水平，培养高质量的教师作为振兴基础教育发展的重要举措。日本法律明文规定，教师必须不断加强研究和提高修养，来完成其职责的研修制度，并要求教育行政部门要积极配合教师研修高质量地完成。日本中小学教师研修主要包括新任教师的入职研修和在职教师研修两个阶段。

中小学初任教师入职研修：日本于 1988 年根据《教育公务员特立法》以及“实施条例”，建立了教师研修制度，强制新任教师为期一年的研修，并在 1992 年开始在全国中小学实施新任教师入职培训计划①。新任教师在入职一年内必须参加校内研修和校外研修，其中校内研修是指在各校自主安排情况下，边工作边研修，规定每周 2 天，一年至少达到 60 天，通过以老带新的方式，能够从“授课方式、班级管理、学习、生活指导、与学生、家长沟通方法等”多方面，获得丰富经验和有效方法。校外研修主要是通过参加由教育委员

① 田辉. 日本基础教育[M]. 上海：同济大学出版社，2015.

会指导下教育中心机构的研修活动或参观其他学校、社会福利机构等，方式上是以讲座、授课、体验为主，接受指导、相互交流沟通，每月至少 1 天，一年至少达到 30 天，同时寒暑假期间要进行自我研修①。新任教师的入职研修可以增加教师的使命感、责任感，提高对教师工作和教师职责的认识。

在职教师研修：为确保教师终身学习研究，提高素质，满足知识技术日新月异的当今时代需求。日本不断完善在职教师研修制度，对 5 年、10 年、15 年、20 年不同教龄教师进行定期培训。因为在职研修有脱产研修和不脱产研修区分，所以在研修时间上短则数天、数月的不脱产研修，长则 1～3 年的脱产研修，具有灵活性。研修方式上通常包括校内的授课指导、教材研究、旁听、教师之间交流等和校外的赴大学、研究机构、企业、海外派遣研修等。在 2006 年《关于今后教师培养、资格证书制度改革目标》报告中正式提出"以在职教师研修为目的地教职研究生院，旨在培养高度实践性的教师"②。研修生院以精心的课程设置、教学模式、教育实习、评价体系来充分提升实际教学中对学生指导、班级管理、教育咨询等能力，保证了在职教师研修的质量，丰富了在职教师研修方式。

法律的强制性和配套机制的完善性是日本中小学教师研修的特色体现，是日本建设素质师资队伍的根本之所在。研修不仅局限在专业知识、技能的提升，还注重师德修养的培养，尤其是良好的个人思想品质、积极的工作态度与科学的教学理念。

（三）中小学教师评价制度

教师评价制度是对教师价值标准作出判断，为了提高教师的资质和能力，调动教师的主观能动性和工作积极性，评价结果一般与教师的工资、晋升、研修等挂钩，作为整个教育人事管理的依据。日本的教师评价制度大致经历了三个阶段，1950 年的工作考核制度、1999 年的教员人事考核制度和最新 2006 年出台的新教师考核制度。

1. 日本中小学教师评价主体

多元化的评价主体是日本中小学教师评价的特点。由于日本教师具有公务员的特殊身份，所以教师的评价受公务员制度的影响。在新的教师评价体系中评价主体既包括地方教育委员会的教育主管部门直接监督、评价和学校内部校长对教师的直接评价，也包括引入目标管理理念的教师作为评价主体的自我评价，同时还有学生、家长等的评价。

2. 日本中小学教师评价内容和指标

最新的教师评价制度是能力评价和业绩评价相结合的综合性评价制度。具体的评价内容和指标由各个自治体的教育委员会制定。主要考核内容一般分为 3～4 个大项目，分别为学习指导、生活指导、学校管理和其他，每个大项目分别对应着各自的管理范围，同时都依据 3 个小项目进行评价，依次为态度、能力和实绩，每个小项目都有相应的着眼点。例如青森县的教师考核评价内容和指标，如表 6.3 所示，从表中可以看出两者大体相同，只是在着眼点内容方面青森县更详细些。总体而言，日本新的评价体系已形成相对完善、有着科学的考核指标，只是因地域、经济发展水平等稍有差别。可见日本对教师责任和职

---

① 齐放. 日本中小学教师的管理机制及其启示[J]. 中小学教师培训，2007(10)：59-62.

② 文部科学省専門職大学院制度の概要[EB/OL]. http://www.mext.go.jp/a_menu/koutou/senmonshoku/__icsFiles/afieldfile/2016/01/06/1236743_1_1.pdf.

业道德的评价有着严格的考核指标。

表 6.3　日本青森县教师评价指标

评价项目	具体分类	评价维度	评价要素
学习指导	(1)课程指导 (2)道德教育 (3)综合学习时间	态度	责任心、协调性、积极性、进取心、耐力与持续性、纪律性
		能力	知识技能、收集和使用情报能力、分析理解能力、判断力、规划能力、交涉谈判能力
		实绩	目标的高质量达成
班级管理指导学生	(1)特殊活动(如社团活动等) (2)班级管理 (3)指导学生及约谈职业指导	态度	责任心、协调性、积极性、进取心、耐力与持续性、纪律性
		能力	知识技能、收集和使用情报能力、分析理解能力、判断力、规划能力、交涉谈判能力
		实绩	目标的高质量达成
学校管理	(1)校务分工 (2)学校管理 (3)各类委员会与家庭及社区合作	态度	责任心、协调性、积极性、进取心、耐力与持续性、纪律性
		能力	知识技能、收集和使用情报能力、分析理解能力、判断力、规划能力、交涉谈判能力
		实绩	目标的高质量达成

3. 日本中小学教师评价方式

日本对教师的评价类型有定期考评、临时考评和特别考评，体现了日本教师评价方式的全程性、时效性和特定性。日本对教师的评价采用等价制度，评价分为 S、A、B、C、D 五个等级。在评价方法上主要采用绝对评价和相对评价相结合的方式，绝对评价以不被其他受评价者结果干扰的优势，较客观地评定被评价者和所规定标准之间差距，避免了同行竞争，主要反映教师履行职责的过程及工作努力程度。在现有财力的基础上相对评价可使绝大多数教师获得奖励，使得人事和工资得到较好配置，注重教师业绩与成果考核。日本的教师评价理念是基于目标管理创建的 PDCA 循环程序，如图 6.2 所示，即教师根据学校管理目标和各分管任务制定自己的目标，并且校长、主任等在面谈中给予建议，在评价实施阶段通过面谈和多元考核人员参与的方式确保结果的公平公正，对自我能力、业绩的自我评价，最后校长给予最终评价，并将结果公开、反馈给老师，给予指导和改善，用于下一学年目标的制订①。

① 教員の評価等に関する調査研究協議会．新たな教員の評価システムに関する調査研究最終報告書(平成 18 年 3 月)[EB/OL]. http://www.city.kitakyushu.lg.jp/files/000029891.pdf.

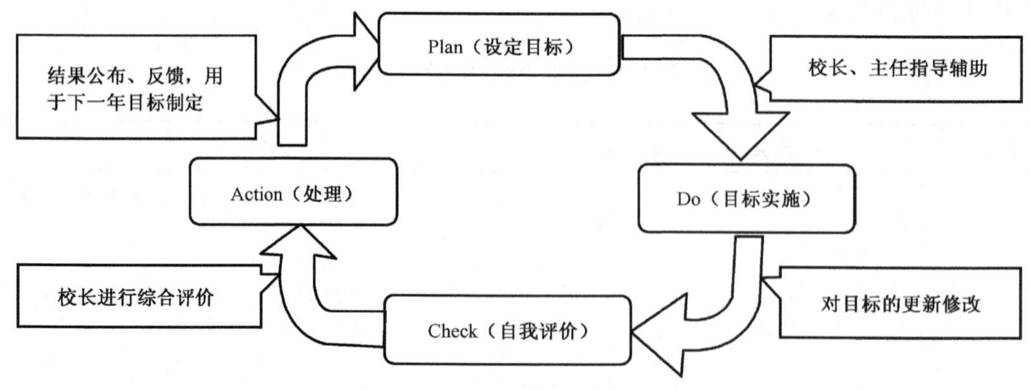

图 6.2 日本中小学教师评价流程图

（四）中小学教师惩戒制度

惩戒制度是中小学师德问责的重要环节，一方面起到问责结果的严厉惩戒作用；另一方面也起到问责前的警告、震慑作用。日本对于教师的处分已走上了法制化轨道，为规范教师师德行为奠定了基础。

1. 纪律惩戒标准

在日本，教师具有公务员身份，既要遵守公务员法的规定，又要受到教师职业的纪律约束。一方面应履行公务员的责任和义务，包括：遵守法令、履行工作职责、不得贪污受贿、赌博、打架斗殴及不正常两性关系等损害其职务信誉的行为；另一方面日本确立了指导能力不足教师的认定制度，依据 2008 年文部科学省出台的《指导不适切教师人事管理系统指南》，其范围主要包括：学习指导能力不足、指导方法不科学、缺乏应有的能力和热情与学生相处、与家长同事等协调沟通能力欠缺、对工作缺乏奉献能力和热情。一旦违反职业道德和法律行为，将面临着违纪处分和法律制裁，日本对不称职教师的处分一般分为分限处分和惩戒处分两种，依据情节轻重，分限处分包括降薪、降职、免职、休职；惩戒处分包括警告、减薪、停职、免职。两者中的免职相同，即丧失职务及公务员身份。

2. 处置程序

日本对中小学教师的处置程序通常需要经过六个步骤，第一步是负责人对不合格教师的事实认定，并与涉事教师进行协商，然后将不适切教师的事实报告移交市町村教委；第二步市町村教委进一步对不合格教师问题认定，认为已符合不合格教师标准时向上级县教委报告；第三步县教委成立专门评定委员会，听取当事人和证人的陈述，对处置提出意见和建议；第四步行政主管部门在做出处置决定之前，一般会对指导能力不足教师进行培训，培训后依旧不合格，将作出相应处置决定，如违反法律行为，直接作出处分；第五步教师对处置决定不服时，可以向教育主管部门（意见处置委员会和审议委员会）申诉或向司法机关提出诉讼；第六步对错误处置的补救，一方面撤销处分，恢复职务，另一方面给予受害教师相应补偿。

五、日本中小学师德问责制的特点

日本中小学师德问责制在发展与实践过程中呈现出一些鲜明特点，主要包括以下

三点：

1. 师德问责法律法规健全且修订及时

日本十分重视立法对中小学师德问责过程中的约束和保障作用，法律是衡量师德行为的准则。日本不仅有综合性的《教育基本法》从整体上明确规定教师责任，而且各项制度都有相对应的法律，已经制定和形成了以《教育基本法》为中心，《教育职员许可法》《教育公务员特立法》《伦理纲要》等法律为重点辅助的较完整的师德问责法律体系，覆盖范围十分广泛。日本政府对师德问责法的多维制定不仅为预防师德失范、治理教师不适当行为提供了法律保障，而且为教育行政部门、家长、社会等执行问责监管提供了法律依据，成为日本有效治理中小学教师师德问题的坚强后盾。另外，日本师德问责法律法规的一个突出特点为修订及时，会随着教育环境的实际情况和时代需求及时修改或出台新的法律，具有较强的时效性和约束性。

2. 问责主体的多元化和协同性

日本的师德问责制由多个主体构成，主要包括中央层面的文部科学省、地方教育委员会、校长，以及学生、家长和媒体问责主体，形成了同体问责与异体问责内外结合的问责态势，可以确保问责的公平、公正。这些多元化的问责主体既各司其职又相互配合，具有协同性的特点，共同推动师德问责体系的健全发展。例如，在教育机构设置上坚持中央与地方合作型权利原则，构筑责任性的教育管理体制；其次在学生、家长和媒体问责中，三者需要相互配合、共同构筑三位一体的师德问责网络；再次在中小学教师评价制度以及惩戒制度中更是表明层级间与同级间相互协作、配合的必要性。

3. 师德问责配套制度完善且操作性强

有效的师德问责制度的实施，需要相应配套制度的辅助，这是日本在进行师德问责制建设时取得的共识。当前日本已经形成了中小学教师资格证书制度、中小学教师录用、研修制度、中小学教师评价制度和教师惩戒制度等一套有效的问责体系，四者之间相互配合，相得益彰，以最大效能确保师德问责制的有效运行。同时相关配套机制可操作性强，设有具体明确的问责指标和程序。例如，日本中小学教师资格证书制度有着明确的类型、等级和标准，明确规定教师资格证书每 10 年必须更新一次，接受相关培训。中小学教师研修制度设计上对研修时间、研修方式等都有具体清晰的说明。教师评价制度结合能力评价和业绩评价，并且规定了详细的评价项目、具体示例、评价依据和着眼点，使得问责指标体系具有较强的可操作性，保障师德问责制体系科学、有效、系统地运转。

六、评价及启示

日本是教育强国，尤其基础教育广受世界关注。究其原因，完善的师德问责制起到关键作用。目前，师德问责制已经成为日本进行教师道德规范履行、师德失范预防和治理的重要制度工具，具备健全的师德问责法律法规，多元化与协同化的问责主体，以及完善且操作性强的配套制度。虽然日本中小学师德问责制在实践中取得了较大成功，但也存在不足之处，比如教职员的人事权与监管权分属都道府县教委和市町村教委，对待合理监管存在两级委员会责权不清、相互推诿情况，另外在教师自我评价中，目标设定多是由校长决定，一定程度地束缚了教职员的自主性和积极性，同时评价程序复杂且费时，无疑增加了教师的教学负担。

总体来说,日本中小学师德问责制建设已经取得了较大成就,也积累了丰富的成功经验,对于我国的中小学师德问责制度建设具有重要的借鉴意义,但是要因地制宜、批判性地吸收和消化,对我国的启示归纳为以下四点:

(一)建立完善的中小学师德问责相关的法律法规且保持与时俱进,及时修订

日本的中小学师德问责制度具有健全的法律法规体系,并且根据教育环境和时代要求及时进行修订。例如,《教育公务员特例法》从1949年颁布以来,到2008年最近的一次修改,共修改了25次,使其法律效力不断完善。而我国的《中华人民共和国教师法》于1993年制定,1994年1月1日施行,至今已有20多年,尚未修改,显示出了我国法律法规制定与修改的滞后性。随着各种教育问题事件频发,这与政府教育责任的缺失与教育问责机制的不健全密不可分,尤其是相关法律法规不健全,更加剧了一些教职员的师德失范行为。我国1997年颁布的《中小学教师职业道德规范》为教师道德行为提供了准则,但是内容过于抽象、笼统,具体操作性较差。直至2012年我国才相继制定了中小学教师专业标准,如《小学教师专业标准(试行)》《中小学教师专业标准(试行)》。因此,应及时制定和修改相关师德问责的法律法规,并从实际出发建立、健全相关保障法律法规的有效运转配套机制。

(二)健全和强化中小学师德异体多元问责主体

日本的师德问责主体具有多样化特征,既包括专门的文部科学省机构、地方教育委员会机构和校长,还包括学生、家长和新闻媒体等。相比之下我国多集中于内部问责,异体问责实践参与效力不足,更有甚者内部问责常出现缺位现象,往往形成事后被动责任追究,缺乏常态化、预防性师德问责机制。我国应借鉴日本师德制度的成功经验,完善异体多元的师德问责主体,强化家长、社会团体等问责功能,提高家长的师德问责意识与权力,拓宽家长等参与师德问责的渠道,同时充分发挥新闻媒体的监管问责作用。

(三)完善科学的中小学师德问责考评指标体系与评估部门

日本的教师师德管理问责制框架并不一定适用于我国的师德问责实际状况,但这种明确且操作性强的指标体系和考评方法值得我国学习借鉴。我国对教师的考评多集中于学业成绩和升学率两方面,师德考核更是缺乏相应考核标准,所以要健全我国的中小学师德考核制度及责任追究制度,建立体现道德文明要求的目标体系、考核方法、奖惩规则,把师德失范及业绩评价、能力评价指标纳入教师发展的综合评价体系中,还要建立单独的师德问责指标体系,为师德问责制提供具体可行的依据,在指标设计上应坚持科学、实际、全面的原则,因地制宜,既要避免过于抽象、笼统,又要规避过于细致等弊端。此外,可以考虑成立一个专业性且独立于教育部门的第三方评估委员会,对教师的责任履行和道德规范情况进行客观科学的评估。

(四)积极推进师德问责文化建设

日本师德问责研究起步早,有着浓厚的问责文化,受理性主义、公民文化、法律至上等影响,逐渐形成了参与意识强、问责力度大的问责氛围,教师公职人员能够理性对待

师德问责。而我国教师问责文化相对滞后，仅片面理解师德问责就是对教师的惩罚和监督，难以正视教师问责的督促和激励作用。因此应做好以下两个方面：一方面增强全社会对教师问责的认知，营造问责文化氛围，从早做起，纳入国民教育系统，提高家长、学生、媒体等问责的参与意识与热情；另一方面加强对教师的职感教育、责任伦理教育，形成一种内在的自我约束机制，培养教师正确的问责观，革除对问责的恐惧和抵触心态。

综上所述，日本基础教育发展相对成熟，得益于完善的中小学师德问责制度工具。目前日本已经形成了中央文部科学省问责、地方教育委员会问责、校长问责，以及学生、家长联合会、媒体问责等密切协作的师德问责主体和中小学教师资格证书制度、教师录用和研修制度、评价制度及惩戒制度等相辅相成的师德问责制度体系。较高的问责法制化水平、多元化和协同性的问责主体、完善且操作性强的问责配套机制是日本中小学师德问责制的显著特点。借鉴日本中小学师德问责制的成功经验，我国中小学师德问责制应该从健全问责法律法规、强化异体多元问责主体、确定科学的考评指标、积极推进问责文化建设等方面寻求完善路径。

第二节　韩国中小学师德问责制述评

当代教师道德水平建设是信息时代国家优质教育发展的基础动力。随着民主权利意识的增长，教师教育教学活动中表现出的非道德行为已成为教育体制改革中的重要制约因素。由于教师与学生之间不可逆的关系以及时代所赋予教师的责任性要求，使得对教师职业道德的监督与管理成为教学社会复兴成功的重要因素，也是推动教育体制改革的一股强劲动力。韩国早期的教育制度是日本和美国式的混合体，教育体制改革特色鲜明并形成了独特的师德问责体制。本节在对韩国师德问责体制产生及发展的历史脉络、具体内容、主要特点分析的基础上，得出其对我国中小学师德问责制发展的启示。

一、韩国中小学师德问责制的产生及发展

师德问责作为教育体系中的核心概念，是提升与保障教育质量的关键①。其本质是对教师行为作出客观价值判断进而达到提高教师专业能力，促进教育体制改革的目的。韩国政府一直将教师师德水平建设放在教育的首要位置，教师教育公务员的稳定性在一定程度上加剧了"低效能教师"现象的出现，并且在教育活动过程中，教师的非道德行为以及民主浓郁氛围的蔓延使得作为一项制度设计的师德问责成为考核教师的首要内容。

博维斯将问责定义为一种社会关系，它是指相关主体有义务就自身行为向相对人或者有关组织在法律的规范下做出合理的解释。因此，中小学师德问责就是指相关权益主体依据一定的规则、标准和程序，对中小学教师行为中教师的法律责任、职业责任、道德责任等遵守情况，以及教育行政部门、学校等相关责任主体对这种责任表现进行的监督、质

① George Odhiambo. Elusive Search for Quality Education: the Case of Quality Assurance and Teacher Accountability[J]. International Journal of Education Management, 2008, 22(5): 417-431.

询和评价,并对否定性后果进行追究的一种责任制度①。其中法律问责和职业问责基于外部控制,而道德问责则基于自我控制。20 世纪 60 年代以来,韩国经济取得了飞速的发展并成功加入 21 世纪高科技国家行列,背后的驱动力来自韩国杰出的教育。韩国师德问责制的发展大致上可以分为以下三个阶段:第一阶段产生萌芽时期;第二阶段规范探索时期;第三阶段系统完善时期。

1. 中小学师德问责制的产生萌芽时期

20 世纪 50 年代,提出教育自主权与义务教育的举措,追求教育民主,并对在职教师培训进行补充。1953 年《教师公务员法》加强对教师的惩戒处分与教师资格鉴定,掀开了韩国师德问责制的新篇章,为该国今后教育体制的改革指明了方向。60 年代教育体制改革表现在数量的扩张,提出了改革教育入学考试制度的建议,教师评价作为教师晋升工具起始于 1964 年,作为一种奖惩性评价制度而存在,流于形式难以发挥实效。1978《教师资格审定法》保证教师专业性。这一时期,韩国建立教育研究科,制定的一系列法律对韩国教育体制改革起到了巨大的推动作用,但这一时期制定的法律法规界限模糊,缺乏整体性效力。

2. 中小学师德问责制的规范探索时期

韩国教师教育发展的转折点是 20 世纪 80 年代,加强对学科基础的教育研究,该阶段是教育制度质量发展和规范化的时期。在教育创新政策的支持下,第五共和国率先在宪法中规定教师终身教育的需要,制定社会教育法和早期教育促进法。1985 年成立教育改革委员会,为实现教育推动 21 世纪发展的目标,提出了完善大学入学制度,确保高素质教师,改进课程和方法、实行教育行政自治与终身教育的举措。从 1989 年开始实施教师岗前培训和聘任制,为此后完善的教师培训制度和规范的教师聘任制度奠定了重要的基础。这一时期韩国教育部门采取多种途径促进师德问责制的发展,对师德问责制发展的具体指标有了一定程度上的细化。

3. 中小学师德问责制的系统完善时期

20 世纪 90 年代,教育改革委员会提出教师教育改革是促进优质教育成功的关键,并在 1996 年提出建立一个全国性的教师教育机构评价机制,对教师教育质量进行监控。2006 年提出的《教师评价体系展望》体现了教育发展的系统性与民主性,涵盖教师评价的主体、内容与作用,并对未来改革做出了展望。2010 年《全国中小学教师评价制度》对评价主体、评价内容、评价方式做出了更加规范、细致的规定。这一时期的师德问责制发展将自上而下与自下而上的改革相结合,新时期的师德问责更加突出了系统性与创新性的特点,拓宽了师德问责制的研究视角与研究维度,有效地推动了韩国中小学师资队伍的发展。

这一系列实践法案的颁布,彰显了教师师德建设对优化该国国家经济教育发展具有重大的推动力量。师德问责制作为一种情绪宣泄机制、促进国家教育体制改革的基础动力,是一项长期的系统性工程。新时期的师德问责制更加突出了系统性与创新性的特点,有效地推动了韩国教育体制改革的发展。

---

① 乔花云.中、美、英三国中小学师德问责制比较研究[J]. 佳木斯大学社会科学学报,2015(5):167-169.

二、韩国中小学师德问责制相关法律规范

（一）《提高教育公务员条例》

《提高教育公务员条例》是对教师工作表现进行评价的主要依据，评价因素主要包括工作记录评价、工作能力评价以及工作态度评价。教师评价除了通过外部管理机制而强加的合约式责任之外，还表现为教师基于自我控制、内部自律，从自身出发，将道德责任与专业责任相统一而做出的自我评价，从自律角度出发，提升自身职务能力。道德责任是对职业责任、法律责任的一种升华与超越，教师自我评价作为整个评价分数的重要组成部分，其具体实施办法表现为在每年12月31日之前教师需上交自我评价报告，评价主体依据《行为记录评价量表》对其进行评析打分。

（二）《教育公务员人事管理规定》

该项规定除了对学校教师诚实、公正及清廉等职务义务规定外，教师也被要求履行从事政治活动、集体行动等职务权利的义务。其中规定中指出职务义务指法律上明文指出的诚实、服从、公正及严守秘密、保持清廉、形象的义务；职务权力上的义务指教员禁止随便脱离单位、进行营利及兼职、参加政治活动及集团等的行为，并且在职业以外的工作，必须在学校内保持宗教中立①。在《教育公务员纪律处罚条例》中进一步明确指出，教师行为违背其职业责任、道德责任或者评价表现较低时，教师必须承担相应后果并接受附加培训或者高级管理者的帮助。

（三）《教师专业发展策略方案》

该法案是由教育与人力资源开发部在2000年颁布的，表明时代对教师专业化发展提出崭新要求，该法案的颁布进一步提升了教师资格门槛，全国统一的考试成为毕业生获得教师资格的前提，并使在职培训的形式多样化，包括巩固教育理论基础，洞悉教育发展新动向的一般培训，由当地教育主管部门制定的针对基础、教育、专业的资格培训和针对特殊教育公务员在培训之后6年内完成一定服役的特殊培训。其不仅要求提高教师的师德水平，同时专业化水平也成为衡量教师能力的重要影响因素。

（四）《全国中小学教师评价制度》

作为一种全新的教师评价制度，是对以往教师评价制度的补充和完善，该项法律制度的颁布标志着“360度评估”又称多元评估的诞生。在传统的校长和副校长自上而下的评价主体之外，家长、学生、同事也成为新晋的教师评价主体。在实际操作中，同事评价通过3名以上的同级（小学）或同科室（初中）人员与校长共同参与，通过对教师日常行为观察和听课方式给出自己的见解；家长和学生评价主要通过问卷的方式，其中调查问卷主要包括70多个从学习到生活中的问题，例如是否创新授课方法调动学生积极性、是否指导学

---

① Kim，Kyu Tae. A Multifocal Analysis of Korean Educational Policies on the Teaching Profession [J]. Journal of Sound & Vibration，2011，332(20)：4927-4939.

生遵守学校规章制度，涉及 18 个相关指标，以李克特五点量表呈现。当教师评价结果达不到要求时就必须接受相应的培训①。多元化的教师评价主体有效避免了传统自上而下单独评价带来的弊端，使得评价结果更具权威性与公正性，有助于促进教师专业化发展。教师评价的主要内容如表 6.4 所示②：

表 6.4 韩国中小学教师评价的主要内容

类别区分	主要内容
评价对象	中小学教师
评价领域	评价教师对学生的学习指导(包括备课、授课、学生成绩评定等)和生活指导情况(学生个人和社会指导、帮助)
评价指标	教师授课方案、师生互动、与家长的沟通、对学生基本生活习惯的指导等 18 项指标
评价项目	教师的学习指导方面包括备课、上课、学生考评、考评结果的使用；教师的生活指导方面包括对学生的个人生活指导和社会生活指导
评价方法	绝对评价(5 分制)和相对评价(陈述式回答)相结合
评价频率	一年一次
评价参与者	同事、学生、家长、校长
评价基准	非常优秀、优秀、一般、差、非常差
评价结果用途	依据评价结果对教师给予不同支持(评价成绩优秀的教师享受"带薪进修休假"奖励，评价成绩差的教师必须完成规定的学习课程辅导等)

三、重要的制度和机制设计

韩国国家管理教师教育的基本原则和政策是中央进行统一管理，但在实际操作中往往委托拥有教育管辖权的学校自治委员会或者道级教育办公部门，也就是指实行中央集权的分层管理，即中央、地方和学校综合型混合管理体制。其历来重视教育立法在教育体制改革过程中的重要作用，师德问责法律体系健全，并形成了富有特色的制度设计，在推动师德问责制发展上起到了重要的作用。

(一)严格独特的招生与管理制度

韩国国家从 1991 年开始，对教师专业的招生在原有要求基础上，增加了面试和性向测验，占考生总体分数的 5%～10%，并且对在校期间课程有严格设置，其中基础课程(20%)、专业基础课程(60%)、选修课程(20%)不应低于 150 学分。大多数小学教师都是经过了包括韩国国家教育大学、梨花女子大学等 11 所国立教育大学的培训，从 1984 年开

① Kyounghye Seo. Lessons from Korea[J]. Educational Leadership, 2012, 70(3): 75-78.

② 张雷生，李迎迎. 韩国中小学教员评价制度研究[J]. 世界教育信息，2011(3): 50-54.

始，所有教育学院都升格为四年制。中学教师的培训体系呈现为混合开放型的特点，包括教育学院、综合性大学开设的教师职业课程、综合性大学设立的教育系和研究院等。教育署颁布的《公共教育法》，从 1991 年开始，所有老师都必须接受公开筛选测试的教师任用考试，其中以各地区市、道为单位，采用笔试、面试等多种形式相结合的方法，择优选拔。此外，在教师问责过程中，将职业问责和道德问责相结合，教师除了需要教书育人、传授知识以外，还必须保持诚实、公正、清廉等职务义务，以及禁止随便脱离单位、进行营利活动等权力外的义务。

（二）初任教师教育培训

初任教师教育培训阶段就是指新任教师研修阶段，是教师专业发展的一个关键时期。中小学教师的职前培养在韩国经历了“中师—大专—本科”三个层次的过渡阶段，这也从侧面反映出了教师职业门槛与专业化的提高。由各道、市的教育行政机关委托各道、市的进修院对通过国家考试的新任教师进行培训，初任教师教育培训内容主要包括公共基础课程、教职课程、专业课程三方面总计 10 天 60 小时左右的培训课时，其中公共基础课程主要包括对新任教师的使命和责任、传统文化等的培训，包括 14 个学时；教职课程包括生活指导、教育伦理、课程的编排和管理等内容，包括 40 学时；专业课程包括课堂教学和学习方法、教学评价等有关内容，包括 6 个学时。其目的是为了提高初任教师的教授学习能力，并通过自我评价提升其专业素养，使其成长为一名专业教师，努力提高教师培训质量。

（三）规范性的教师资格和聘任制度

韩国教师资格认证和聘任是两个相互独立的过程，评聘分离原则保证了教师的教育质量和职业门槛。1946 年颁布的《教师许可制》标志着教师资格制度在韩国的确立，1953 年的《教育公务员资格检定令》，作为教师资格制度的具体实施规则、一种特殊的规范性许可，进一步提升了教师的专业性，此外 2000 年颁布的《教师职业发展综合方案（试行）》提出的连续性资格证制度进一步丰富了教师资格制度的形式，对资格证进行进一步细分，分为小学低年级、小学高年级和初中初级和中级综合学校的教师资格证制度，从根本上保证了教师的质量和专业意识，规范的教师资格标准制度见表 6.5①。其次，公平而又多样化的聘任制度也是促进韩国教师专业发展的重要因素，公开竞争的选拔考试成为韩国教师聘任制度的转折点，从 1994 年开始所有教师必须经过公开任用的考试制度。竞争性的就业考试分两轮进行，包括初试和面试，第一轮是笔试，包括专业 70 分、教育 30 分，拥有 120%的目标配额，第二轮是作文测试和面试，最终通过率为 20%～30%，从根本上保证了教师专业的发展。

① 金铁洙，孙启林．韩国教师资格证书制度及其对中国的启示[J]．外国教育研究，2006(5)：75-80.

表 6.5　韩国初中等教师资格标准

级别	小学	初中
一级正教师	持有小学正教师(二级)资格证,具有 3 年以上教龄并受到再培训者或者广播电视大学小学教育科的毕业者;或者在教育研究生院和教育部长官指定的研究生院的教育科中以小学教育课程为专业的,取得硕士学位并具有 1 年以上教龄者。	持有中学正教师(二级)资格证,在教育研究生院和教育部长官指定的研究生院的教育科中取得硕士学位并具有 1 年以上教龄者;未取得中学正教师资格证,但在教育研究生院和教育部长官指定的研究生院的教育科中取得硕士学位并具有 3 年以上教龄者;持有中学正教师(二级)资格证,具有 3 年以上教龄并受到再培训者;教育大学,专科大学的教授或副教授并具有 3 年以上教龄者。
二级正教师	教育大学的毕业者;师范大学小学教育专业的毕业者;在教育研究生院和教育部长官指定的研究生院的教育科中以小学教育课程为专业并取得硕士学位者;持有小学准教师资格证,具有 2 年以上教龄并受到再培训者;持有中等学校教师资格证并受到必要的再教育者;专科大学或具有同等以上学历的毕业者并接受临时教员培养机关培训的人员;持有小学准教师资格证,具有 2 年以上教龄,广播电视大学小学教育科的毕业者。	师范大学的毕业者;在教育研究生院和教育部长官指定的研究生院的教育科中取得硕士学位者;受到临时教员培养机关培训的人员;大学教育科的毕业者;大学毕业者并在学校期间取得一定的教职学分的人员;持有中学准教师资格证,具有 2 年以上教龄并受到再培训者;持有小学准教师以上资格证的大学毕业者;教育大学,专科大学的助教授或专任讲师并具有 2 年以教龄者。

(四) 完善的教师在职培训体系

完善的在职培训体系作为提升教师技能水平、保证教师专业质量的进一步研修,韩国在职培训形式呈现多样化的特点。培训种类包括专门机构培训、学校培训和教师自主培训三类。其中,专门培训又包括资格培训、一般性培训、特别培训等多种形式,资格培训是教师培训体系中的核心与职务晋升有关,其培训内容与学时有统一的标准,培训时间为 180 个小时以上;职务培训包括授课技能、职业素养和生活指导等相关课程,培训课时超过 60 小时;特别培训是由韩国教育人力资源开发部发起为特定教育公务员制定的特殊培训计划,一般为期 2～3 年并且培训教师需在 6 年内完成一定的义务服役。

四、韩国中小学师德问责制的基本特点

随着人们追求民主意识的增强,教育体制改革日益上升到国家发展战略上来,教师的师德责任在整个教育问责体系中处于首要地位。韩国国家师德问责制研究较早,并取得了显著的成效,其师德问责制特点主要表现在以下几个方面。

(一)问责主体的多元化与系统性

韩国多元化的师德问责主体不仅表现为中央教育行政部门、地方教育行政部门、学校自治委员会、校长等自上而下的问责体系,还包括学生、家长、同事等外部监督方式,其作为一个整体有效的系统,相互配合、相辅相成,共同推动韩国师德问责体系的健全与发展。教育部作为主管教育的最高行政部门,负责制定针对教师的全国统一的规章计划;地方教

育委员会作为主管地方教育的协商执行机关，根据地方实际特点，负责地方教育公务员的监督管理；此外学生、家长、同事等非权力主体的积极参与体现了民主监督的落实。当前多元问责主体作为一个整体有效的系统，有效地弥补了传统单一权力问责主体所带来的问责片面性，360 度评估实现了评估价值的权威性与公正性，能够有效地起到监督教师行为的作用。

（二）问责制度的完备与健全性

韩国十分重视立法在推动教育发展过程中的约束和保障作用，众多的教育立法有效地推动了中小学师德问责制的健全与发展。韩国师德问责制研究起步较早，1953 年《教师公务员法》加强对教师的惩戒处分，此后《提高教育公务员条例》《全国中小学教师评价制度》等进一步从评价主体、评价方式等方面加强了对教师行为的监督。良好的教师评价制度不仅能够促进教师专业的发展，对教育绩效和教育效率的提高也具有重要的影响。《发展教师专业化综合性措施实施计划》作为一项长期规划，勾画了对教师专业化可持续发展的宏伟蓝图，对教师培训、资格证以及评价制度有着更深入的研究。健全且具有前瞻性的法律法规有效地推动了韩国中小学师德问责制的发展。

（三）问责结果的严厉性

韩国对教师职务上的义务以及职务权利的义务有着严格的规定，其对教师的职务义务有着严格的约束，在工作时间以外职务权利义务上也有着严格的规定，禁止随便脱离单位、参加营利性活动等。任何违反教师专业职责或者教师尊严的行为都要受到相应的惩罚。《教师惩戒、处分再审规定》《教育公务员人事管理规定》《教育公务员纪律处罚条例》等对教师职业道德有着严格的评价标准。此外在教师评价过程中被视为低效能的教师需要接受相应的附加培训或者高级管理者的帮助。问责结果的严厉性能够有效规避教师的非道德行为，在促进教师自身职业道德素养提升的同时，达到推进教育体制改革的双赢效果。

（四）道德问责与职业问责的有机统一性

教师与学生之间不可逆的关系是确立教师责任的客观依据，师德考核作为监督教师的一种制度设计，韩国在中小学师德问责过程中除了基于法律和职业问责的外部管理机制对其加强约束外，基于道德责任的自我控制、自我评价也成为韩国师德问责制的鲜明特点。教师结合自身情况，基于自律角度出发，有助于提升教师满意度，在自我控制与外部管理的有机结合下，这种科学、民主的问责有助于使中小学教师实现由他律向自律的转变。

五、韩国中小学师德问责制的评价及启示

韩国是当今世界众所周知的拥有优异教育和良好综合国民素质的国家，究其原因，其国家中小学师德问责制研究和实践较早，取得了巨大的成效，形成了相对完善成熟的师德考核和问责制度体系。尽管其师德问责制度体系相对健全、完善，但也存在诸多不足，主要表现在教师职业稳定性加剧了低效能教师的产生、论资排辈传统思想文化的限制等。

全方位的教师评价主体、多维的教师评价指标体系、独特的教师培养与管理机制模式、道德责任与职业责任的有机统一是韩国师德问责教育发展的突出特点。在韩国，教师是教育系统考核的核心，师德则是教师考核的首要内容，是促进教学社会复兴成功的重要因素。教育消费者参与教育改革是民主监督的一种有效手段，保证教师评价考核的公平与公正。除此之外，中央集权的分层教育管理体制，在中央教育行政部门的统一领导下，各地根据自己实际情况，具有较强的针对性，也是促进韩国中小学师德教育问责发展的重要因素。但与此同时我们也应该看到其中的不足之处，如何促进政府与教师之间的平衡，实现自上而下的政策激励与自下而上的协同合作；如何促进中央与地方教育自治发展等是其客观存在的问题。但是从整体上来看，韩国的中小学师德问责制度设计对于我国中小学教师队伍建设仍具有重要的借鉴意义。

（一）建设健全多元问责主体参与评价体系

韩国《全国中小学教师评价制度》对教师评价主体、评价方式作了详细规定，除了有来自中央及地方教育行政部门、校长等自上而下的问责外，还有来自同事、教育消费者等同级之间的问责，多元化的问责主体有助于增强教师职业标准的责任和认同感。而我国师德问责更加侧重于强调自上而下的问责，主体较为简单、渠道较为单一，不利于教师评价结果的权威与公正性。因此，我们应充分将道德责任与职业责任相统一，在现有问责机制基础上，充分发挥非权力监督与问责主体的作用，形成统一长效的监督与问责机制。除此之外，培养教育消费者参与问责意识与专业技能，保障教育问责动机的公共性，通过纵向的联动与横向的协同推动师德问责制的长效发展，实现教育问责由他律向自律的转变。

（二）重视中小学师德问责法律法规建设

健全的法律法规是推动韩国中小学师德问责发展落实的关键之举。韩国历来重视教育立法的建设，在多部法律中对教育评价主体、评价方式、评价指标等都做出了详细的规定，并对未来教育改革发展趋势构建了宏伟蓝图。而我国中小学师德问责法律体系不够健全，《中小学教师职业道德规范》对教师评价指标等缺乏相对统一规范的标准，具有一定的笼统性。因此，首先我国应借鉴韩国教育立法经验，逐步完善我国现有教育问责法律法规，尤其是加强对教师专业责任的制度化约束，明确中小学教师各项权利与义务，使教师权力与责任成对等比例发展。其次，细化师德考核指标与评价方式，制定统一标准，努力促进中小学师德问责法规与时代的结合，用法律来对中小学师德教育的发展加以明确的约束。

（三）完善科学合理的绩效考核与监管机制

科学合理的师德绩效考核与监管机制是约束教师行为，保证教师专业化发展的重要制度基础。韩国教师考核经历了奖惩性评价阶段、发展性评价阶段与绩效管理性评价阶段，形成了定性与定量相结合相对完善成熟的师德考核与监管机制。而我国现阶段的师德考核过于注重学生成绩表现，忽略了教师的职业道德素养和社会责任意识等，定量考核评价教师的方式，不利于教师创新性与个人潜力的最大发挥，我们应拓宽教师评价视野与教师评价指标体系，把师德素养、社会责任意识、教师创新性见解等指标纳入中小学师德

问责评价体系之中，在全社会形成科学合理、多维长效的教师评价氛围，用科学合理的绩效考核推动师德问责制的真正有效落实，以此促进中小学教师队伍的健康发展。

（四）转变师德问责观念，提高教师专业化水平

师德问责作为韩国教育体制改革的一种必然趋势，需要与之相适应的问责文化。健全的师德问责不外乎基于自律的自我评价与基于外界管理机制的外部考核。韩国教师与教育消费者等对师德问责有着正确的认识，认为其有利于促进自身教育教学能力与国家教育改革的发展。当前，我国中小学师德问责观念相对落后，认为师德问责的本质就是对教师的惩罚与监督，并且教育消费者的权力意识与民主参与意识淡薄，对教育问责改革缺乏参与意识。因此，借鉴韩国师德问责制发展经验，首先，我国应不断强化中小学教师的问责意识，提升其自身道德素养，强化其权力与责任之间的对等，使教师树立正确的师德问责观念，使其认识到师德问责制的目的在于提升教学质量，惩罚与监督只是实现这一目的的有效手段；其次，努力提升我国教育消费者的参与意识与问责专业技能，对中小学师德问责文化建设形成良好的监督。

综上所述，师德问责制是促进教师专业化和教育体制改革的重要制度保障。韩国师德问责制体系相对健全，目前已经形成了基于道德责任的自我评价与基于专业责任的外部问责内外约束的立体问责体系，其中严格独特的招生与管理制度、规范性的教师资格和聘任制度，以及完善的教师初任、在职培训体系是其师德问责体系中富有特色的制度设计，在推动整个国家师德问责制度的有效落实上发挥了重要的作用。问责主体的多元化与系统性、问责制度的完备与健全性、问责结果的严厉性、道德问责与职业问责的有机统一性是韩国师德问责制的重要特点。借鉴韩国师德问责制的发展经验，我国师德问责制应在问责主体、法律法规、绩效考核和问责观念等方面进行进一步完善。

第三节　新加坡中小学师德问责制述评

教师是人类思想文化的传播者，教师职业道德的好坏直接影响着学生的身心健康发展，关系着国家未来的精神文明发展方向，因此师德是教师的根，教师道德必须高尚，本节对新加坡中小学教师师德的基本保障机制即问责制进行介绍，以期为我国师德问责的发展提供有益启示。

一、新加坡中小学教师师德问责的发展历程

新加坡政府对教师的要求与国家的教育发展政策和经济发展需要密切相关，不同的发展时期，设有不同的教师职业道德标准，对教师行为做出相应规范和评价，从而保证了教师整体的师德水平，对其发展方向起了不同的导向作用。以时间发展为线索，新加坡中小学教师师德问责的发展可具体划分为以下五个发展阶段：

1. 确保教师质量，提升教师专业化水平

新加坡从建国初期到 20 世纪 80 年代，主要实行的是“双语政策”“精英教育”“分流制”的教育政策，这种教育政策环境下，不仅要扩大教师的数量，更加注重教师质量的提升，努力招募优秀的人才从教，着重对教师的教学能力和个人职业素质等进行培养，以吸

引和留住一批一流的教师献身教育事业。同时在80年代初期，随着新加坡经济从资本密集型向技术密集型转变、西方文化的大量涌入和社会道德问题的日渐突出，新加坡重新重视和反思公民道德教育，突出强调学校对于学生思想道德教育和引导的重要作用以及教师的更加专业化的发展。

2. 注重教师队伍整体道德素养的提升

新加坡是一个非常注重道德教育的国家，1991年新加坡政府公布《共同价值观白皮书》作为长期指导新加坡公民道德教育的纲领性文件，是中小学学校以及教师道德教育的总体目标。他们认为小学德育不单纯是品德课和德育教师的任务，在小学工作的干部教师都要教书育人，为人师表。其中编写的《好公民教师手册》等教材细致地标注了教师所必须坚持的高水平职业操守和伦理原则，要求教师注重个人道德品行，热爱自己的事业，关心学生，能够成为青少年道德学习的楷模，尽力为国家培养出具有良好道德素养、正直、有责任感的公民，日后能对国家做出贡献。

3. 强调反思型教师的培养

1997年，新加坡政府提出要建立"重思考的学校，爱学习的国家"，这一改革理念强调反思实践已经成为教育部的重要议程，需要为教师提供更多的时间和空间来反思他们的教学和创新①。其中明确规定反思性实践是每个优秀的教师所必须具有的技能，教师应当时常对自身的工作和道德进行自我评价、自我反思，确保教师作风正派，以及教师批判、思考、学习能力的习得，进而具备高尚的道德情操和终身学习的能力，不断促进自身的专业化发展。此外，学校也应当致力于培养一种教师自我反省的文化氛围，形成一种教师自我激励、自我约束、自我负责的良性机制。

4. 个人品德和专业技能的双向要求

2005年，随着知识经济的迅速发展，新加坡教育部提出开展"少教多学"的教育改革。改革强调教学重点从教学内容的数量转向教学质量的提高，减轻教师教学负担的同时，加强了对教学工作质量和个人品德的要求，在教育战略目标中着重强调规范教师学历、学位制度和教师资格认证制度；强调教师应当以学生为工作核心；强调在职教师价值观的重要性；明确教师的基本职责和能力要求，提出应当通过参与日常反思、行动研究以及实习等培训方式，重点培养教师的专业实践能力、领导和管理能力、个人效力等技能，加强教师对课程设计、提问和反馈等教育基本理念的理解等。

二、新加坡中小学教师问责制度和机制设计

新加坡实行中央集权制的教育行政管理模式，即由国家教育部集中统一领导和管理各级各类教育，各时期的教育方针政策、规章制度及教师人事管理包括对于教师道德和行为的严格要求和规范等内容均由教育部及其下属的各局、处直接负责，师德问责制度相对完善。

---

① Angela F. L. Wong, Goh Kim Chuan. The Practicum in Teacher Training: A Preliminary and Qualitative Assessment of the Improved National Institute of Education-School Partnership Model in Singapore[J]. Asia-Pacific Journal of Teacher Education, 2002, 30(2): 402-416.

（一）规范化的教师准入和发展机制

1. 严格的教师入职制度

新加坡教师实行聘任制，对教师职业道德有着独特而严格的要求，要求教师成为道德品德的导师，其入职选拔标准也十分规范。在新加坡，想要申请入职中小学教师职业，必须具有初级学院毕业文凭或理工学院以上文凭，同时通过入学考试 EPT（Entrance Proficiency Test），经教育部面试合格，由国立教育学院或体育师范学院进行正规的知识技能和道德修养等基本教学素养的职前培训，并通过考核获得教育部颁发的教育证书或教育文凭，才能进入教师行业。同时，建构主义的教学和学习方法要求教师处于认识论发展的高级阶段，教育工作者必须了解职前教师所持有的认识论信仰，更要训练职前教师的教学信仰，培养成熟的认识论观①。教师不仅应对职业充满热情、能够调试并有韧性，还应初步形成教师应具备的专业态度和专业素质，保证入职教师基本职业道德的形成。另外，新加坡十分重视通过职前教师的服务学习来重点培养职前教师的关心、服务意识，志愿意识和社会责任感的价值观和态度，以及尊重、合作、职业精神等品行。

2. 全方位的教师培养发展制度

新加坡政府十分重视对于教师的能力和素养培训，建立了全方位、多层次、灵活多样的教师培训课程体系，教师可以选择多元化的“教师实习计划”“海外培训计划”，通过讲授、小组研讨和校群或校内教师经验分享等方法进行培训。培训不仅注重教学技能的提升，还开设“人际沟通与交往”方面的课程，尤其重视教师的沟通、交往能力，理解他人及认识自我等综合素质方面的培训②，在互动和交流过程中培养良好的教育道德与价值观念，学习先进的教学理念和教育方法，提高自身教学技能，端正教学态度。培训结束后，教师本人必须对自己的培训效果进行检讨、自我评估、总结和反馈。同时，新加坡建立了完善的培训考核机制，由合作教师来帮助和指导实习教师并决定教师的最终成绩，由专业的课程专家对合作教师和实习教师进行监督，由校长和学校主管人员对教师的总体评分做出最后客观的判断③。结业后，由学院颁发统一的“教育证书”。此外，新加坡还形成了一套卓有成效的旨在加强新加坡教育体系中吸引、留住、激励和培养优秀教师能力的教师专业化发展保障体系，包括教育部分派的帮助教师制定个人发展计划的“教师专业发展主任”，组织专业教研活动的卓越教师专业发展中心和教师发展的三种职业路径或卓越领域，即教学、高级专家和领导三条途径，每条路径都有不同的职业规划、评价标准和提升办法。

---

① Ching Sing Chai, Myint Swe Khine, Timothy Teo. Epistemological Beliefs on Teaching and Learning: A Survey Among Pre-service Teachers in Singapore[J]. Educational Media International, 2006, 43(4): 285-298.

② 张俊. 新加坡教师积极参加培训的制度保障和市场机制对我国的启示[J]. 外国中小学教育，2010(5): 39-42.

③ Angela F. L. Wong, Goh Kim Chuan. The Practicum in Teacher Training: A Preliminary and Qualitative Assessment of the Improved National Institute of Education－School Partnership Model in Singapore[J]. Asia-Pacific Journal of Teacher Education, 2002, 30(2): 197-206.

（二）多元的教师师德评价主体

新加坡的行政体制是金字塔式的信念精英领导的社会结构，学校的行政管理类似于社会管理，在新加坡的学校环境中，由校长、副校长及科长组成的高级管理人员常常做出关于学校政策和实践事项的决定，并对学校的运行和教师的教学进行监督管理和评价，其问责的主体主要包括校长、学科部主任、学生及家长、校群督导以及教师本人。

（1）校长。在新加坡，校长具有很大的自主决策权，学校教师的考评、奖惩和取舍在很大程度上取决于校长的个人决定，以校长为主导的简明高效的教师评价机构负责对教师工作态度、工作表现、教学质量和业绩，以及教师的发展进行全面考核和评价，引导和监督改革过程，评估教学效果，明确教师道德规范和职业操守。

（2）校群督导。校群督导是新加坡对学校和教师进行监督的一种新型方式，新加坡教育部设有视学和督学两种教育官员，视学由教育部课程策划署管理，负责视察和指导各门课程的教学工作，督学由教育部学校督导署管理，负责检查和指导学校的管理工作。校群督导作为教师们学习和交流的一个平台，在相互的交流过程中，对学校教育质量进行督导和评估，培养教师的基本职业道德。

（3）学科部主任。学科部主任是新加坡中小学管理的中层，是在校长、副校长的直接领导下，对本部学科教学业务、教师专业发展和教师年终评价等进行指导的管理机构。每半年，部门主任对本部门教师进行逐项选择性评价，在很好、好、一般、较差方面做出定性评价。定性评价结果将递交给教师本人，以便教师在以后的学期中可以进行针对性的调整，取长补短，更好地发展①。

（4）学生及家长。家长是对教师道德行为和教学活动监督的重要主体，在教学过程中，教师必须注重自身的言行举止，必须公平、公正及公开地对待和奖惩每一位学生，家长有权对教师的不当言语和失范行为进行针对性的投诉，家长投诉不仅对教师行为起到有效的警示作用，还会纳入学校对教师的管理当中，遭受投诉的教师将会面临校长及管理部门的谈话和相应的问责。

（5）教师本人。反思是为了获得深刻的洞察，教师的反思性研究要比接受规定性的教学或从仿效中获得的学习更为有效②。在新加坡，教师能有充分的时间和空间去反思自己作为一个教育工作者在教育事业上所应当具有的基本职业素养和教学、研究能力，实现持续改进。例如要求教师聚焦教师课堂教学，并在课后对教学过程中的问题写教学反思、课后反思及总结。使教师在自身教育活动过程中能够进行不断的自我评价，反思自己教育方法和教学思想是否得体，是否符合教师的基本职业精神，总结经验，积极采取革新性教学策略，吸取教训。

---

① 徐磊．新加坡—中国中小学教师发展比较与思考[J]．中小学教师培训，2010(2)：61-64.

② Daphnee Lee，Wing On Lee. A Professional Learning Community for the New Teacher Professionalism：The Case of a State-Led Initiative in Singapore Schools[J]. British Journal of Educational Studies，2013，61(4)：435-451.

（三）完备的教师师德评价的内容

新加坡对中小学教师的师德评价内容主要表现在三个方面：

第一，在教师专业素养方面。新加坡的“教师成长模式”中明确提出教师是“伦理型教育者”①，教师应当具备专业的价值观和道德观，要求教职人员着装朴素、整洁，在教学中保持高度自觉，以身作则。同时教师必须意识到身为一名教育工作者所担负的责任，要求教师既是有效的知识传授者，又是道德方面的楷模和导师，作为道德模范为他人服务，对他人的福祉和道德发展产生积极影响。此外，还要求教师应当热爱自身事业，热爱学生，尽力发挥自己的能力帮助学生进行探索、发现和创造性学习，构建一个扎实稳定的知识基础，培养学生个性、全面发展。

第二，在教师的个人能力方面。教师个人能力的评价包括专业能力和组织能力。专业能力主要考查教师自我管理和自我提升的能力、分析及灵活思考的能力、课程设置、教学方法，以及教学考核和评价等内容。组织能力主要考查教师的远景设计和规划，教师在教学过程中的管理技巧、文化建设和教师的个人发展。要求教师把教学重点从重视教学内容的数量转向重视教与学的质量上来，把教学焦点转移到重视革新及创意思考、终身学习及群体合作精神的培养上来，通过创新教学方法和因材施教来确保学生对于知识的掌握，使教学达到最优化。

第三，在教师的社会关系方面。新加坡教育部对教师的社会关系做了严格的规定，与学生、同事相处等内容都列在其中。首先，教师有责任塑造新加坡下一代的性格品质，必须以学生为中心，以价值为导向，具备奉献、忠诚、正直的个人品格，关心爱护学生，培养他们终身学习的能力和新加坡民族归属感，使学生成为积极为社会做贡献的合格公民。其次，要求教师是“协作型学习者”“变革型领导者”“社区建造者”，应当具备良好的人际关系和社交技巧，教师之间应相互合作、沟通交流和经验共享，建立一种良好的道德氛围，有较好的团队协作和建设能力。不仅能够和自己的团队及领域专家进行沟通、协作、相互促进，包括校内教师之间的互动和学校之间的相互交流，还能清楚地认识到自己的长处和不足，处理好与其他利益相关者的关系，并明确指出教师若有不适当的行为将会受到相应的纪律处分。

（四）人性化的教师师德评价方式

新加坡在职教师评价从2003年起采用的是年度规范化的强制排序绩效评价模式，考评的目的非常明确，评价过程也很规范，拥有较完善的绩效指标，保证了教师评价的有效度，评估的结果将作为以后晋升的参考。这种评价方法按照教师平时的表现好坏将教师依次划归为A、B、C、D、E五个等级，评价结果与教师的薪资、花红、晋升等密切相关。评价结果为D、E以上的即为合格，一旦教师被列入D等级，教师则得不到年终奖励，同时学校会给该教师指出问题所在，对教师提出改进要求，如果两年都没有进步，将会劝其辞职。得E的教师就是在工作中有严重的失误，经校长批评仍屡教不改的，将会被请去谈话，下

① 邓凡．更大的自由和主导权——新加坡新“教师成长模式”及其启示[J]．全球教育展望，2012，(9)：72-76，26．

一年学校领导将给这一教师换岗位或换学校，再提供半年的机会，如果半年中等级仍然是"E"，教师就要面临着被解雇的风险。由于新加坡教师属于教育官员，被解雇的教师个人经济损失惨重，将失去"恩俸金"，因此新加坡教师任用和解聘严格执行法律程序，必须将教师表现及采取的补救措施上交教育部进行审查核实和进一步解决。

此外，校长会不定期旁听每一个教师的课，抽查教师教案和学生作业本，组织学生讨论会，收集学生对教师的教学评价等，以了解教师的工作状况，从而进行客观公正的评估和打分，按照规定的五个等级进行评定、排序，年末学校会根据每位教师的等级排序决定教师的奖励花红和去留。为了避免校长评审时假公济私，政府规定校长考评结论要交由教师本人审阅、签字后才能生效，如果发生争议，被考评教师有权向教育部提出上诉，教育部会派人下来调查然后根据实际情况做出最终裁决①。

（五）科学的教师师德惩戒制度

新加坡一贯注重国家公职人员廉洁公正的道德形象和社会风尚，而高薪养廉也是新加坡的一大特色，新加坡教师属于国家公务员的一部分，待遇优厚，地位和威望相当高，全民对教师都很尊敬，社会公众基本一致认为处于信任和信心地位的教师出现道德品质问题或失职行为应当受到更为严厉的处罚，同时教育部将认真考虑教师的不当行为，对不遵守教师行为准则纪律的教师将会给予纪律处分，对其进行严厉的制裁，不仅包括劝告、警告和谴责，严重的违法行为还会受到法律的判决，作为国家公务人员还会被免除职务，接受相应的行政处罚，同时还会受到新闻媒体社会公众的严厉批判和打击。在国家层面和教育系统内部都采取一系列严厉的措施后，明确了教师对自身的准确定位和严格要求，确保了整体教师道德素养的提升。

此外，新加坡发达的教师奖励和救济制度是教师惩戒制度的基本保障和补充。新加坡十分注重对教师的精神奖励和支持，设置了一些教育教学奖项，从物质和精神两方面鼓励教师成为社会公众道德学习的楷模，取得更加优异的成绩。其中包括总统教师奖，这是一个巅峰奖，由新加坡共和国总统在教师节授予教师这一奖项，获奖老师是教学职业的榜样，在教育服务行业中成绩突出，体现了教学行业的风气，又是反思性的实践者，致力于学生的品格、道德和公民发展，能够激发、挑战和激励学生充分发挥潜能；杰出青年教育奖是给那些热爱并致力于教学，激励和培养学生的、有工作成就的年轻教育工作者所颁发的荣誉；学院专业发展奖是认可和肯定教育部长官和合作伙伴对教育博爱专业发展的贡献②。

三、新加坡中小学教师师德问责实践案例及特点分析

（一）师德问责案例导入

在新加坡，对教师师德问题的问责十分严厉，一旦教师出现职业道德败坏问题以及工作过失现象将给予严厉的惩罚。有不少教师因违法违纪、师德问题而被依法问责并受到

---

① 冀琳琳．新加坡教师选拔标准和晋升制度[J]．外国中小学教育，2007(2)：43-46.

② Professional Recognition[EB/OL]. http://www.academyofsingaporeteachers.moe.gov.sg/professional-excellence/professional-recognition.

严厉处罚的案例，以下介绍两起近期著名的关于教师师德问责的案例。

案例一：2017 年 3 月 5 日，新加坡一名代课的中学教师，在课堂上与学生发生纠纷，使用粗鲁的语言，并对学生大声喊叫的一段视频被传到网上。后经学校对视频中学生及教师进行询问之后，该视频中的教师和学生都认识到自身的错误，同时学校与家长紧密合作为学生提供了必要的援助。虽然双方都对自己的行为有所悔悟并道歉，但是该名教师已经被开除，不再被学校继续聘用了①。

案例二：33 岁的小学三年级教师杜涛在新加坡担任教师期间，因为与 13 岁的女学生的聊天内容具有猥亵性，同时还准备对该名女学生实施性侵犯而被警方抓捕，虽然被警方及时予以制止，但是副检察长认为杜涛这种不断与女学生接触并发送猥亵信息的情况，应当对其判决 21 个月的监禁。尽管杜涛的律师表示，杜涛已经失业了一段时间，家里还有一个新生的儿子，并在教学生涯中取得过辉煌的成绩，希望法院能对杜涛从宽判决为 18 个月。但是在区域法院法官判决时提出该教师利用女学生的幼稚及教师职业的影响力来侵害学生的这种道德腐败行为已经造成了严重的影响，有必要作出威慑性判决，这种行为必须受到法律的严格制裁。但该法官同时指出，没有明确的证据表明杜涛已经对受害者实施侵犯。他还表示杜涛的教师职业可能会导致一些公众的不满，但是这不会成为加重刑罚的因素。最终，杜涛被判入狱 21 个月。新加坡规定骚扰任何 14 岁以下的未成年的最高刑罚是五年有期徒刑、罚款和鞭刑，而对于未成年人的性侵犯，可能被判入狱十年，并被罚款②。

（二）新加坡中小学师德问责的特点

从上述关于问责的案件中，我们可以清晰地看到新加坡对中小学教师要求严格以及对教师师德问责的决心，这些案件的处理过程无不体现着新加坡教师师德问责制度的特性。

一是问责理念先进，主体多样。新加坡是多民族的国家，各个民族有自己不同的信仰和价值观念，为了更好地协调民族问题以及国家的统一和稳定，新加坡尤其强调道德教育的重要性以及统一的价值观的指导作用。因此建国以来，新加坡的每次教育改革都对教师的品德和职业道德进行了严格的要求、规范、监督及评价，要求教师必须有较高的道德素养和认知，必须致力于维护国家统一和民族团结，尊重各民族不同的文化，对学生进行有差别的教育。在这种文化氛围中，国家和社会各界包括学生家长、学校、校群督导以及公众舆论和新闻媒体都有意识地参与到对教师师德的监督和问责过程中，在发现教师出现师德问题时，会第一时间予以关注并进行追责，多样的参与、监督问责主体对于新加坡教师师德问责形成良好的舆论监督，提升了问责的公开性和公平性。

---

① Relief Teacher Who Hurled Vulgarities at Student no Longer Employed by Secondary School [EB/OL]. http://www. straitstimes. com/singapore/relief-teacher-who-hurled-vulgarities-at-student-no-longer-emloyed-by-secondary.

② Former Primary School Teacher Jailed 21 Months for Sexually Assaulting 12-year-old girl[EB/OL]. (2016-02-15) [2017-04-10]. http://www. straitstimes. com/singapore/courts-crime/former-primary-school-teacher-jailed-21-months-for-sexually-assaulting-12? login=true.

二是问责制度完善，程序公平。新加坡有关中小学教师师德问责的配套制度建设较为完善，包括对职前教师的价值理念培养、在职教师的专业知识技能和道德观念培训、教师自主发展多种选择路径的提供以及对教师教学行为的评价、救济和惩戒制度都具有新加坡独有的特色，共同构成了新加坡对中小学教师完善的问责制度体系，在对教师的思维观念及行为进行指导、规范和惩戒的同时，更确保了教师的整体质量和有效性发展。同时，新加坡中小学教师问责程序公平，问责过程并没有因为教师身份而宽容或者变本加厉，从杜涛的案件中我们可以看出法律的判决并没有因为杜涛之前的工作成就而对其姑息纵容，也并没有因为公众对其行为的强烈不满而加重对其的刑罚判决，而是维持了客观公正的原判。此外，诸如校长在对教师的行为表现做出评价之后，需要教师本人进行签字核实才能生效，如果有异议可以上报教育部进行再次审核和处理，这不仅保障了问责主体在问责过程中更加公正透明，还保障了教师的基本的救济权利。在新加坡，虽然教师的地位和威望相当高，但是教师并不享有法外特权，在触犯法律之后依旧会按照法律规定的程序，公平公正地裁决。

三是问责惩戒点低，处罚力度大。新加坡对于教师师德问责的惩戒点非常低，由上述案例可见，即便是教师与学生发生口角冲突并没有构成犯罪这种在我国司空见惯的行为，教师也要受到严厉的问责制裁，甚至被学校予以开除。这种低惩戒点的处罚方式迫使教师不得不以一名优秀教师的评价标准严格要求自己，对整个教师行业的道德氛围都起到了很好的警示作用。同时教师一旦发生违法犯罪行为也要接受十分严厉的惩罚，不仅会严格按照公务员程序对教师进行行政处罚，被学校解聘，还从政治、经济以及肉体上对其进行严厉的制裁，即便是对学生大声斥责也会遭受学校的辞退，而这些惩罚更使教师名誉受损，对教师的影响是最为深刻的。

四、评价及启示

虽然新加坡中小学教师师德问责的制度体系比较健全，对教师们的行为进行了全面有效的规范，使国家整体的教师师德水平有了很大的提升。但是不难看出其中仍存在一些不可避免的弊端。在经济全球化、劳动力转型和经济转型的背景下，公民、媒体、家长和学生的意识往往都聚焦在以竞争为重点的考试结果上①。而传统评估的学生考试成绩仍然是教师工作绩效和学校成效的关键指标。例如，新加坡普遍频繁的分流制度，造成学生考试竞争激烈，教师工作压力大，外加新加坡教师职能的多样性和被大量社会活动和复杂的培训内容占用的教学时间，教师的工作时间和工作量大，义务加班成为教师的基本职责和生活的一部分，使教师们工作负担重，精神紧张、压力大，容易导致对工作的焦虑和倦怠现象，难以确保教师在教学过程中完全处于以较高的道德标准要求自己的状态；同时严格的评价体系和问责机制虽然有利于管理，却同样增加了教师的教学压力，使教师不能全身心投入到教学过程中，也不利于教师的多样化发展；此外，过于严苛的惩罚力度，导致教师在工作期间对自己的言行举止十分小心谨慎，过分担心自身行为、话语触犯同学，引起同

---

① Kim Koh，Allan Luke. Authentic and Conventional Assessment in Singapore Schools：An Empirical Study of Teacher Assignments and Student Work［J］. Assessment in Education：Principles，Policy&Practice，2009，16(3)：291-318.

学的不满，造成学生对自己的差评或者引起家长对自己的投诉。因此，纵使教师的待遇十分的优厚，每年都还会有大量的新加坡教师离开自己的职位，导致新加坡教师的整体波动较大，稳定性较差。

在全面分析了新加坡中小学教师师德问责的相关内容之后，我国应当从整体国情出发借鉴其有效之处，以推动我国中小学教师师德问责制的发展。

（一）重视国民道德教育的重要性

新加坡的国民素质高，在全世界都享有盛名，这在很大程度上得益于新加坡是一个多元文化共存的国家，自建国以来就十分重视公民伦理道德的建设，而学校承载了国家的整体精神文明建设，新加坡政府一直把加强学校的道德教育作为提升国家整体道德水平的重要措施。而在教师的培养过程中，又非常重视新型教师道德素养的培育和信念的树立。我国是世界人口大国，国民整体素质直接关系到我国在国际中的形象和地位，因此我国更应当规范化培养公民尤其在中小学阶段的基本道德素养，包括最基本的交往的礼貌、礼节、仪表举止、教学礼仪等行为规范，使学生的思想道德建设走向规范化和制度化。这不仅要求提升当代公民所应有的基本文化素质，更是对教师们的独特要求，以尽量从根本上杜绝道德失范，尤其是教书育人的教师职业中不道德现象的发生。

（二）完善问责相关的法律和制度建设

我国应当明确教师在教学以及生活中的行为，细化教师法规定的教师行为准则、职业道德的基本内容，对教师的各项行为都进行明文规定，包括对教师应当做什么不应该做什么有细致的规定，并且对教师在教学过程中的师德问题和师德问责的相关内容加以归类和清晰界定，以确保在实施问责的过程中做到有严格的问责程序和法律标准作为依据，为提高问责的执行效力提供有效的保障，同时完善问责相关的配套制度。首先，加强对教师入职的素养考核。我国在教师资格认证和获取的过程中不仅应注重教师基础教育知识的成绩，在考核的过程中更应当严把道德关，尽量录取道德品质好、思想觉悟高、责任心强的教师来加入教师行列，进而尽量从根本上杜绝教师师德失范等问题。其次，建立全面的培训机制，提供多样化的培训方案。在对教师的基本知识技能进行培训的同时，更应当注重根据不同阶段教师的心理健康需求来对教师思想道德方面以及社会关系处理方面进行培养，加强师德在教师培训中的比重，进而提升教师对职业道德的重视和遵守程度，使教师得到全面发展。再次，为教师提供个性化的职业发展道路和晋升路径选择，让不同特质、能力的教师在自己的职业生涯发展中可以获得充分施展才能的机会。提升教师的福利待遇和社会地位，减轻教师工作压力，提升教师的工作满意度和工作信心，使教师能够全身心投入教育工作，同时对于教师的失范行为应当给予严惩，让教师对自己在教学过程中的言行举止进行理性思考和选择，更加不能忽视教师的基本救济和辩护的权利。

（三）建立入职和评价标准相结合的教师进出机制

首先，在我国现有的教育制度和教师培养机制的基础上，提高师范生的入学门槛并提升其入职水平，确保进入教师行业的师范生思想觉悟高、道德素养好、专业技能优，而对于非师范专业的考生，在其考取相应科目的教师资格证时，应当像新加坡一样设立明确、清晰的各科目笔试和面试评价标准，只有在符合相应科目教授标准以及相应的道德指标后才可获取资格证书。其次，制定内外部相结合的评价机制。由于行为的复杂性，客观的评价指标难以实现全覆盖，因此考绩者的主观判断在考绩过程中是十分必要的，这就要求我们的内部评估人员及领导应该在使用评估制度方面有足够的能力和经验，以便他们能够本着以人为本的原则进行有效的评估，提高评估的可靠性，公正地对教师行为作出合理评价。此外，任何评估过程中的不公正和不公平感都会引起被评估方的负面回应，导致评估制度的失败。为了确保公开性、公平性和有效性，我国对教师的评价制度可以引入第三方评价机构参与并监督教师评价的标准和过程，从而建立更容易被人接受的公平的评估系统。最后，一个好的评价制度和指标的制定不仅要有评价主体的参与，在评价过程中更应当要求评价客体即教师们的广泛参与，才能体现评估标准和制度的合理性和有效性。

（四）加大问责处罚的力度

教师作为教育工作者，其信仰、价值观在指导实践中发挥了典范和榜样作用，对学生的学习产生了深远的影响，尤其是作为中小学教师，所面对的是国家的未成年人，教师的不当、失范行为就应当受到严厉处罚。新加坡对教师师德失范的惩罚力度大，对教师行为起到了很好的警戒作用。我国应当在考虑公民的基本人性以及对教师道德疏导的基础上，完善相关的处罚规定，对教师的行为起到很好的警戒和规范作用，建立包括行政处罚、法律处罚以及精神处罚等多种惩处手段相结合的师德问责处罚体系，使教师师德的高尚性成为标志、教师师德的重要性深入人心、教师师德处罚的严厉性成为共识，将行为失范问题扼杀在教师的思想萌芽中。

综上所述，新加坡历来重视对国家公职人员道德情操的培养，教师作为公务员的一个重要组成部分，已形成完整的包括规范化的教师准入和发展机制、多元化的问责主体参与制度、完备的教师师德评价内容、人性化的教师师德评价方式，以及科学的教师师德惩戒制度在内的中小学教师师德问责制度设计。整个教师师德问责的过程充分体现了新加坡中小学教师师德问责理念先进、主体多样、制度完善、程序公平，以及问责惩戒点低、处罚力度大等特点。在借鉴新加坡先进的问责制的基础上，我国应当重视国民道德教育的重要性，完善中小学教师师德问责的法律和制度建设，加强对教师师德问责的严厉度，建立教师准入及评价标准相结合的完善的教师进出机制，以保障我国师德水平的整体提升。

第七章　中国港台及大陆地区中小学师德问责制

第一节　香港地区中小学师德问责制述评

一、香港地区中小学师德问责制产生及发展

教师是立德树人的实践者，良好的教师职业道德不仅可以提高教学水平，而且对学生身心的发展、品德的塑造具有重要的影响。人社部和教育部联合印发的《关于做好 2017 年度中小学教师职称评审工作的通知》指出："要坚持把师德放在中小学教师评价的首位，通过个人述职、考核测评、征求学生和学生家长意见等方式全面考察教师的职业操守，师德有问题的实行'一票否决制'。"①由此可以看出国家对于中小学教师师德的重视程度，但是我国的中小学师德问责制还处于初级阶段，需要进一步发展和完善。香港是中西方文化的交融之地，其教育水平较高，教育问责体系比较完善。在中小学师德问责制方面，香港的发展相对成熟，经过长期、持续的教育改革形成了以校内问责为主、校外问责为辅的问责机制。通过对香港的师德问责制的发展历程、制度体系、问责特点进行研究，总结其经验和教训，对于大陆中小学师德问责的建设和完善具有重要的学习和借鉴意义。

1997 年，香港教育统筹委员会（以下简称教统会）发布《第七号报告书》，对改善学校管理和提高学校表现提出了各种建议，明确提出建立质素保证架构，通过逐步推行校本管理保证学校本身的质素，在校外质素保证方面引入总体视学模式。报告书的发布转变了学校被问责的传统问责方式，开启了学校问责与外部问责相结合的教育问责模式。质素保证视学推动了香港教育问责体系的完善，但仍以外部问责为主，需要消耗大量的人力、物力、财力资源，未能促进学校的长远改进和提高。为了进一步完善香港的教育问责体系，教统会在听取社会各界意见和多次讨论的基础上，发布了《香港学校表现指标 2002》

---

① 中华人民共和国教育部．关于做好 2017 年度中小学教师职称评审工作的通知[EB/OL]．http://www.moe.gov.cn/srcsite/A10/s7030/201706/t20170622_307714.html.

(以下简称《指标 2002》)①。

2003—2004 年,香港教育局制订了《学校发展与问责架构》,强调以学校自我评估为主,以视学和校外评核为辅,推动学校进行自评②。学校通过"策划—推行—评估"的自评循环,促进自我问责和完善。同时,《指标 2002》应用于全港公立中小学及特殊学校,初步建立了以学校自评为主、校外评核为辅的学校发展与问责架构。

2007 年,香港教育局在《指标 2002》的基础上进行修订形成了《香港学校表现指标 2008》(以下简称《指标 2008》)。《指标 2008》主要从管理与组织、学与教、校风及学生支援、学生表现四个范畴为学校的自评工作提供例证,每个范畴又包含详细的指标,让学校能更客观地评估工作表现。《指标 2008》的推出标志着香港学校自评辅以外评的教育问责模式最终确立。

二、香港地区中小学师德问责制的相关法律规范

香港的教育法律比较完善,具有系统性和完整性的特点,主要包括《教育条例》《教育规例》《中学资助则例》《小学资助则例》等法律文件。除此之外,《防止受贿条例》在教师收受利益方面做出了严格的规定。

(一)《教育条例》

《教育条例》是有关监督和管制学校及校内教学的法律,对学生事务、人事管理、校舍及安全事宜等方面做了详细的规定。例如,《教育条例》第 73～78 条规定:教育局常任秘书长可发出教学令,规定学生定时到指定的中学或小学就学;《教育条例》第 87(3)条规定,任何人士如未经注册成为检定教员或准用教员而在学校任教,即属违法。聘用或准许其任教的人士亦属违法。《教育条例》对于教师人事管理的相关规定,从制度准入方面提高了香港中小学教师的师德水平,为中小学师德问责提供了法律依据。

(二)《教育规例》

《教育规例》是香港教育法律体系中另一重要的法律文件,是对《教育条例》的补充和细化,对教师资格和条件做了详细的规定。在学生事务方面,《教育规例》第 58 条规定教师不得向学生施行体罚。在财务方面,《教育规例》第 66(2)条规定学校校董或校内教师未经教育局常任秘书长书面批准,不得向学生收取任何费用(不适用于设有法团校董会的学校)。同时,《教育规例》规定未成为检定教员或准用教员而在学校任教属于违法。

(三)《中学资助则例》与《小学资助则例》

《中学资助则例》和《小学资助则例》是中小学校办学的依据。在实行校本管理之后,中小学校拥有了更多的人事权、财权以及相关的决策权,但仍需按照政府的规定及《资助则例》办学。《资助则例》是香港政府对小学教育投资分配的法律规定,对教师的入职条件、语文能力和体育教学资格等方面做了明确的规定。例如,《小学资助则例》第 57 条规

① 王璐,王琳琳. 香港特别行政区教育评估体系探析[J]. 比较教育研究,2016,38(5):56-62.

② 郑宏宇,司林波,彭建交. 香港教育问责制探析[J]. 教育评论,2010(4):102-104.

定:校董会在有充分理由的情况下才可以解雇教师,在教师严重违反职责和被判犯有刑事罪时有权解雇教师。《资助则例》对中小学教师在任教的过程中出现师德问题的处理做出了规定,为中小学师德问责制的惩戒环节提供了有力支撑。

(四)《防止贿赂条例》

《防止贿赂条例》不属于教育法律的一种,但关系到中小学教师的清正廉洁,其第 9 条对于中小学教师收受利益做出了严格的规定:凡学校教员未经校董会批准而因工作关系索取和接受利益,均属违法。学校在未得到校董会批准前不得收受任何利益。学校教员因工作关系收受利益要征询校长的意见,校长得到校董会的授权后才可以批准有关的收受利益的申请,校长也可以将收受利益的申请交予校董会决定。香港对于教师收受利益的严格规定从一定程度减少了教师受贿行为的发生,强化了教师自我问责的意识。

三、香港地区中小学师德问责制主体的构成

香港中小学师德问责的主体既包括学校内部问责主体又包括以香港教育局、中小学学生家长、廉政公署为主的外部问责主体。多元的问责主体有效地保障了香港中小学师德问责的专业性、透明性和公正性。

1. 香港教育局

教育局是香港地区的教育主管部门,在学校的人事管理上负有以下主要职责:批核资助学校的人员编制;制定所有教学人员和专责人员的入职和晋升条件。同时,香港教育局于 1998 年公布了教师评估的表现指标,经过不断发展和完善,相继发布了《指标 2002》《指标 2008》等文件,为学校自我评估提供帮助。香港教育局除了对评估指标做出明确的解释和说明,还标明了各项指标在评估过程中需要注意的关键性问题,为学校评估提供“学校自我评估工具及数据”小册子、学校表现评量等工具。此外,教育局在 2005 年建立了“学校发展与问责”数据电子平台,有效地提升了数据收集、汇报的效率,减轻了教师处理数据的工作负担。总之,香港教育局在师德问责过程中的主要任务是为学校开展自我评估提供外部保障,引导学校建立符合校情的自评机制。

2. 中小学校

1997 年,教统会根据“学校管理新措施”的精神,建议实行校本管理。自 1999 年起,香港政府推出多种新措施配合学校实施校本管理。所谓校本管理是指教育局把人事管理、财政以及设计和推行课程等事宜的决策权下放给学校。实行校本管理,使学校在管理和运用资源时更具问责性①。校董会是学校教职员的雇主,在实行校本管理之后在人事上享有更大的自主权,承担更大的责任,学校是内部问责的主体,通过内部问责,发现学校在管理与组织、学与教、校风及学生支援、学生表现四个方面存在的问题,分析现阶段学校各项工作的实际成效和存在的问题,明确学校发展需要改革的地方,从而采取切实可行的措施。学校自我评估是一种内部质量保障的机制,通过自我评估强调学校发展与问责精神,促进学校教育教学质量的提高,营造学校质量自我评估、学校发展自我负责的文化,推

---

① 香港特别行政区政府教育局.学校行政手册[EB/OL]. http://www.edb.gov.hk/sc/sch-admin/regulations/sch-admin-guide/index.html.

动中小学师德问责制的不断完善和发展①。

3. 学生家长

1991 年，教统会发布了《学校管理措施》，提出家长应参与学校教育工作，并鼓励学校成立家长教师会；1997 年《第七号报告书》要求引入家长管理学校，确立家长在学校管理中的角色。家长作为学校的服务对象，承担的责任包括认识学校的评估方法和探讨其他与子女教育有关的事宜。家长作为学校的共同决策者，可以就学校的表现发表意见，并就学校的管理提出建议。家长有权对教职员的不良表现向校方进行投诉，校董会负责调查相关投诉和进行跟进工作。学校的发展和教育质量的提高离不开学生家长的支持，同时，学生家长自身也对学校给予了极大的关注，尤其是对学生健康成长有重要影响的中小学教师师德方面。因此，学生家长作为教育利益的相关者，有权利和义务对中小学教师师德进行监督，是中小学师德问责制的主体之一。

4. 廉政公署

香港廉政公署是香港地区的反贪机构，依据《防止贿赂条例》第 9 条，廉政公署对教师的利益收受违反条例的行为进行处理和起诉。廉政公署通过不同的活动，例如互动话剧、个人及专业道德讲座等把廉洁信息传递给广大学生。廉政公署与教育局合作举办专题防贪讲座，向学校提供防贪咨询服务，协助学校在日常运行中注入合适的内部监控措施。廉政公署从一定程度促进教师保持廉洁、遵守职业道德，在师德问责机制中具有预防、监督、惩戒和教育的作用。

四、香港地区中小学师德问责制度设计

香港中小学师德问责制在职业培养和师德评价方面有较为严格的规定。而在中小学教师纪律处分方面，香港公立中小学的教师属于公务员，对于教师的惩戒依公务员有关条例进行，学校也会根据教师的违法违纪情况做出一定的处理。

1. 中小学教师职业培养制度

(1)中小学教师的职前培养

香港教师的职前培养主要在香港大学、香港中文大学、香港浸会大学、香港公开大学和香港教育大学这 5 所高等院校进行②。这 5 所大学在教师教育方面提供学士学位课程和教育文凭课程，课程内容主要包括通识教育、学科专业教育、教育理论和技能、教育实习 4 个方面。由于院校特色不同，对教师培养的侧重点也不同。教师的职前培养主要有两种途径：一是完成四年制学士学位课程，获得教育学士学位，具备担任教师的资格。二是具有学士学位且学位的学科与即将选修的课程有关的大学毕业生，完成一年全日制的教育文凭课程，掌握成为教师所需的知识、技能和态度，明确教师的责任和义务，具备在香港担任教师的资格。香港教师职前培养的课程设置包括教育理论课、教育技能课、教育实践课、教育活动课和隐性教育课 5 大部分，课程设置全面。同时，学生还要完成不少于 8 周的实习，才有注册成为教师的资格。总之，无论在哪所院校参加职前培养，都需要掌握专业课程知识，具备担任教师的能力，完成各种考试考核和教学实习，才能具有成为检定教

① 邢利红.学校自我评估：来自香港的实践经验与启示[J].教育导刊，2011(12)：39-42.

② 刘璇璇.香港中小学教师资格制度的历史、特点与启示[J].教师教育研究，2017，29(3)：93-99.

师的资格。

(2)中小学教师注册及聘任资格

《教育条例》规定,未注册成为检定教员或准用教员的不得在中小学学校任教,没有取得任教资格而在学校任教,则属违法。检定教员是具备《教育条例》下认可的教学资格(即香港的教师证书或学位教师教育文凭或证书)的香港永久性居民(非永久居民须持有香港入境事务处签发的证明文件);准用教员则是只持有学历(即没有接受师资培训及未具备教学资格),在受雇一所学校后,由该校校监申请成为该校的准用教员,经香港教育局批准可以在指定学校教授指定科目的人。需要注意的是准用教员在离开许可证所指定学校后,准用教员许可证将会自动取消。《2004年教育(杂项修订)条例》对中小学准用教员的最低学历作了明确的规定:必须具有高级文凭或副学士学位或同等学力[①]。准用教员全职修读一年或入职雇佣学校在职修读取得教育证书或教育文凭后,才能申请注册为检定教员。同时,香港教育局非常重视教师的道德操守,对于严重违法违纪的教师,教育局会拒绝其注册申请或撤销注册资格[②]。香港教职员的聘任具有严格的规定,香港中小学优先聘任已受训的教师,在聘任的过程中学校会仔细审阅申请者的资历文件,包括其教师注册证书及前任雇主发出的服务证明书。香港教育局还颁布了"性罪行定罪记录查核"机制通函并应用于教师聘任的过程中。教师的注册资格一经取消,将不得在学校任教或担任其他非教学职务,除非得到教育局常任秘书长的书面批准,被取消或拒绝注册教师的人士不得进入或逗留任何学校。具体聘任流程如图7.1所示:

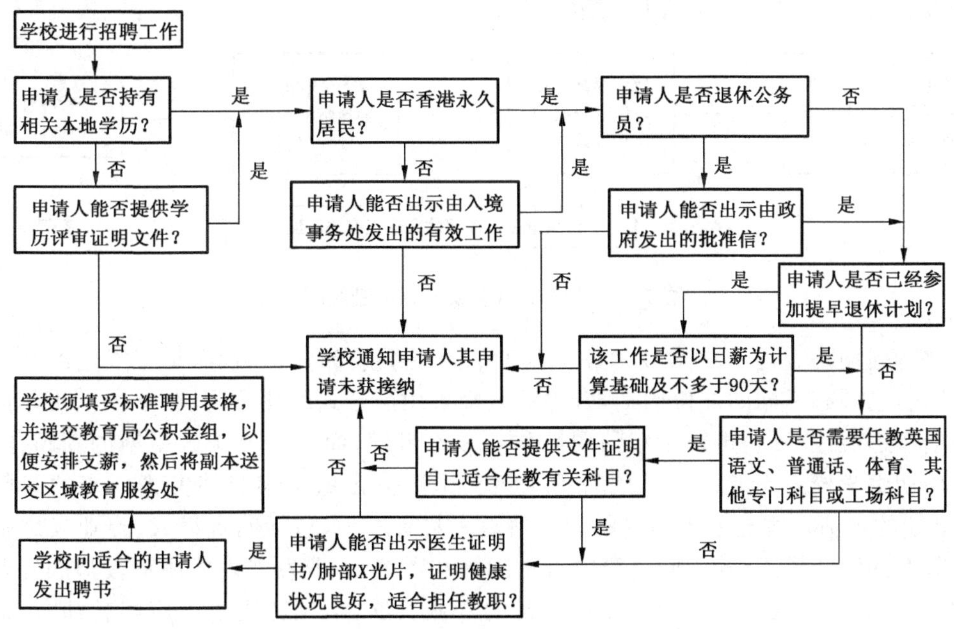

图7.1　香港中小学教师聘任流程图

① 敖洁.香港教师职业的准入要求及教师教育概述[J].当代教育论坛,2009(2):116-117.

② 李秀娟.香港教师教育的特点与优势[J].当代教育科学,2013(1):25-27.

(3)中小学教师的在职培养

香港设有教师及校长专业发展委员会,负责推动校长及教师在不同教学专业阶段的发展。新入职的教师会有教师入职启导计划小册子和入职启导工具帮助教师适应教学工作。在教师的持续发展方面,师训会于 2003 年发布了《教师专业能力理念架构及教师持续专业发展》,并经不断完善,2009 年发布了第三份报告①。香港教育主管部门、学校和教师本人都非常重视师资培训,经过不断完善,已经形成了比较全面的教师在职培养制度,包括校长和教师的在职培养两方面。新入职的校长要完成两年的专业发展计划。任职超过两年(包括两年)的校长,需要每年参加持续专业发展活动,且每年参加活动的时间不少于 50 小时,每三年不少于 150 小时。对于不具备学位资格也没有接受师资培训的普通教师,香港《教育条例》规定:必须修满"在职教师培训课程"。中小学教师 3 年内要完成 150 小时的进修或教研学习,有 5 年以上教学经验的教师必须参加由香港教育大学主办的 8 周带薪进修学习。同时,对在职教师专业方面的培养也有明确的要求。经过在职培养,教师自身素质和教学水平不断提高,责任意识增强,不断适应教育教学发展的需要。

2. 中小学教师师德评价制度

(1)评价周期

香港中小学教师的师德问责制是建立在完整的中小学教师评价制度的基础之上的,中小学校具有完善的建立中小学教师评价制度的步骤②,如图 7.2 所示。经过相应程序建立的中小学教师评价制度具有完整的制度结构,包括评价周期、甄选评价者、评价范围、评价方法、评价报告和专业发展的跟进六个步骤。

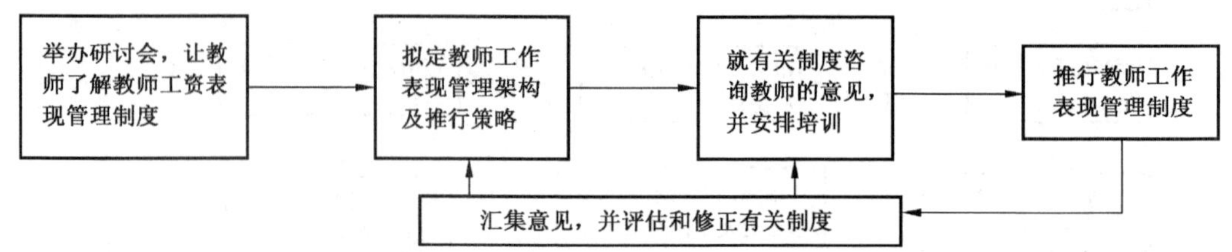

图 7.2 香港中小学教师评价制度的步骤

评价周期是香港中小学教师评价制度的重要组成部分,一般为 1 年或连续 2 年。资历不同的老师有不同的评价周期,资深的教师采用混合式的评价周期,学校以 1 年或 2 年的周期作进展性考绩,再以 1 年的周期作考核性考绩,而对于处于试用期的新聘任教师,评估周期由学校另作考虑。学校为了减轻工作量会在每学年交替安排一半的老师接受 1 年周期的评估。香港中小学教师的评估模式共有三种,包括问责模式、专业发展模式和二者兼有的混合模式,其中问责模式着重问责和考核,专业发展模式注重教师的专业发展和改进,混合模式既强调问责又注重教师的专业发展,不仅适用于试用期教师,也适用于具有 3～5 年教学经验的教师和资深教师,如图 7.3 所示。香港教师的评估周期为师德问责提供了周期保障,有助于及时发现师德问题并进行改正。

① 田小红,徐尹倩.香港中小学教师评价制度的构成与特点[J].湖南教育,2013(12):50-51.

② 香港特别行政区政府教育局.教师工作表现管理.[EB/OL].http://www.edb.gov.hk/sc/sch-admin/sbm/sbm-forms-references/staff-appraisal-system/index.html.

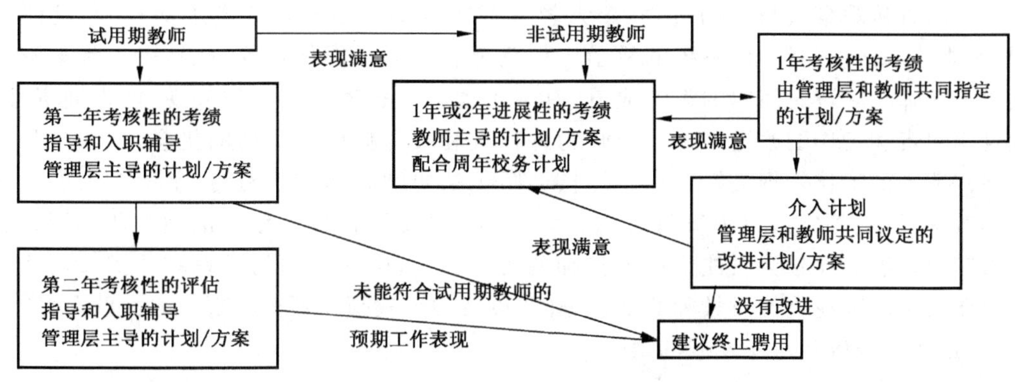

图 7.3　香港中小学教师的评估模式

(2)甄选评价者和评价范围

香港中小学校的评估包括自评和外评，自评的主体有教师、家长、学生和专责人员（特殊学校）。与自评不同的是，外评人员的确定更加谨慎，所需任职资格更高。外评在教育局邀请的专家学者的指导下进行，具有更高的透明度和专业性。香港教育局规定，外评人员需要获得大学本科及以上学历，具有不少于 4 年的教学经验，已接受师资培训和视学人员培训。同时，评核人员的选择是根据学校选择的评估模式而定的，重视问责的评估模式选择比受评人职级高的人员担任评核员，例如：小学文凭教师由副校长及助理教席评核；副校长及助理教席则由校长评核。重视专业发展的评估模式则根据评估的内容和范围选择评估人员。而兼顾模式则根据学校的实际需要、客观的发展阶段以及老师的职责选择评核人员。由此可以看出，香港中小学在师德问责的过程中对于问责主体的选择具有一定的灵活性，更能全面、真实地反映中小学教师的师德状况。

评价范围与学校的发展目标相一致，主要包括教师教学和有关教学的职责、非教学的职责以及教师的专业和个人能力三个方面。每个教师都有一份职责说明书，规定了老师的责任和义务，在制定评价范围时以其为参考依据，但更多的是与学校的发展目标相一致，例如：学校以提高学生的道德水平为教学重点，则评价范围应包括教师在德育教育的表现，把师德作为在评价周期内对老师考察的重点。香港中小学校在进行自我评估时依据明确、客观的评价标准。评价指标是建立在评价范围基础之上的，包含若干具体表现指标的一种协助评估的工具。指标的制定是专业性极强的过程，对于不同教龄、职位和科目的老师评价指标也有所不同，评价指标既包括适用于所有教师的核心指标，也包括根据不同的工作范围和科组制定的指标，并根据校情等实际情况定期进行检讨和改进。评价指标的制定和实行充分体现了中小学师德问责制的以学校问责为主和动态问责的特性，正是有了客观、准确和不断改进的评价指标，才使得香港的中小学师德问责更具实证性和科学性。

(3)评价方法

评价方法主要包括收集资料和进行评核会晤两个方面。收集资料包括自我评核、观课、个人教学资料匣、其他表现资料和审核教学计划、教案以及习作/试卷的评阅五个方面。其中自我评核是教师主动反思自己的教学表现、成果和需要改进的地方，这有助于教师积极参与到评核过程，增强自我问责的意识，主动承担自我改进和成长的责任；观课即在教室内直接观察教与学的过程;个人教学资料匣则包括教师的学术著作、行动研究计划、专业培训活动的记录、系统的教学工作反思和教学制作材料等方面,个人教学资料匣反映了教师在一段时间内的教学成就,有利于动态了解教师的工作表现,增强问责性,促进自我问责和工作的改进。评核会晤为评核人和教师提供了对话的机会,让双方就教师在评核期内的工作表现交换意见。评核会晤包括协助教师进行检讨、了解教师的教学潜质和教学风格、拟定改进方案等方面。评核会晤依据不同的考绩目的而有所不同,例如:注重专业发展的评核会晤注重根据教师的工作表现,引发教师的反思和改进。而注重问责的评核会晤则注重检讨教师的受评范围,以及加强教师在师德表现等方面的问责。

(4)评价报告和专业发展的跟进

评价报告是系统地记录教师的工作表现,包括教师的个人学历、从事教育工作的经验、以往进修的记录、评核记录、评核会晤记录等方面。考核和问责的评价制度包括申诉程序,教师在评核会晤结束以后在指定期间(例如四周之内)就评价结果进行申诉。专业发展的跟进作为评价制度的一环,是中小学教师根据评核会晤时商定的目标和方案进行专业发展的活动,有助于促进教师专业的发展,促进表现欠佳的教师进行改进。教师会通过参加在职进修或研讨会、进行旁观学习或接受指导、参与校内专责小组等活动来获得改进和提高。学校允许表现欠佳的教师在合理的时间段内做出改善,倘若教师在介入计划或跟进行动中仍然没有改善其工作表现,学校则会向教师发出警告或拒发每月增薪。教师在合理的时间段内仍然没有做出改进,学校则会考虑终止聘用该教师。

3. 中小学教师的纪律惩戒

香港对中小学教师的纪律、品行及诚信等方面都有明确的规定,其行为受教育法规及公务员有关条例的约束,对于中小学教师的惩戒依严格的法律程序进行。根据《雇佣条例》及《资助则例》,校董会可以根据教师的工作表现,视乎情况采取纪律处分。

学校对教师的处理按是否属于在刑事范围内区别采取的处理办法。处置非刑事性质的教师行为的程序需要六个步骤:第一步学校考虑教师违纪行为的严重性、向所属地区的学校发展组报告、按照既定的校本程序和机制采取适当行动;第二步召开校董会/法团校董会会议,以商讨调查结果及需要采取何种种类的纪律行动;第三步听取有关教师的陈述;第四步学校如果收到陈述,必须成立上诉小组对有关个案独立复核,复核结果应提交校董会/法团校董会并由其作出决定,如果学校没有收到陈述,那么可以直接进行第五步;第五步,把结果连同调查报告及纪律处分的决定呈报所属地区的学校发展组,供教育局考虑是否有必要做出进一步行动(包括重新审查有关教师的教师注册资格)。

而对于负有刑事责任的教师的处理则更为严重,学校首先采取通知所属地区的学校发展组有关怀疑个案、尽快向警方/廉政公署举报有关怀疑个案、暂停相关教师的正常职务等行动。如果裁定该教师有罪,教师合约仍然有效,学校要召开紧急校董会/法团校董会会议,以考虑需要采取的纪律行动。如果裁定无罪,学校也要召开会议,考虑应否让有关教师复职和是否有需要进行任何内部调查。而警方/廉政公署最终认为无须进一步行动进行内部调查后,学校召开会议,以决定是否有需要采取纪律行动。无论裁定结果是否有罪以及警方/廉政公署认为的无须进一步行动,都要通知所属地区的学校发展组有关法庭的裁决结果和详情,供教育局考虑做出进一步行动。

不管教师是否负有刑事责任,如果教师有失德行为,教育局会在其个案结束后,按事

件的性质和严重性，参考法庭文件或相关的调查报告后，重新审查有关教师的注册资格：包括考虑取消其注册教师的资格，向其发出谴责信、警告信或劝喻信。香港中小学教师的师德惩戒环节是师德问责制的重要组成部分，对于预防教师失德行为的发生具有预防和震慑的作用。

五、香港地区中小学师德问责制的特点

（一）问责主体多元化

香港学校自评的主体包括学校领导、教师和学生，校外评核的主体包括教育行政官员、督学、专家学者、教师、家长及其他专业人士[①]。由此可以看出，香港中小学师德问责的主体具有多元化的特点。多元问责主体的参与增强了问责的科学性、透明性和权威性，有利于学校借助社会各界人士的专业技能或知识，为学校决策与发展提供意见或建议。同时，多元的问责主体增强了社会对学校的了解和认同，有效提高了香港中小学师德问责的水平，促进了中小学师德问责制的完善。

（二）问责对象的专业自主化

香港的中小学师德问责制以自我问责为主，由此可以看出师德问责的重心在学校，而教师作为学校的主体，在政策、制度的制定过程中拥有更多的专业自主权。与大陆相比，香港在师德评价指标的制定过程中专业性突出，教师既是问责的客体，也是问责过程的主动参与者。教师受专业文化的影响，主动参与问责指标的制定，许多教育政策和制度的提出都是源于教师的教学实践，教师在教学的过程中积累了丰富的经验，对于师德有很深的体悟，通过对师德问题进行反思，提出教师群体自愿接受的规范。香港的教师协会众多，教师在教师协会中表达自己对师德规范以及学校发展等问题的体悟，与教育专业人士讨论形成提案并将修正后的提案上报教育局。同时，教育局会有专职负责的官员通过相应的程序对这些提案进行处理和反馈。这一自下而上的师德规范生成过程充分体现了教师的专业自主权，使教师能够充分发挥专业所长，主动参与到师德问责制度的制定过程中。

（三）问责具有程序化与民主特点

香港中小学对教师评价的周期和范围做了明确的规定，各种程序的存在以及客观、明确的评价指标体现了问责过程的规范性、合理性，减少了教师对评价的恐惧和抵触情绪，增强了教师对学校的归属感和责任感。香港教育评估的主体众多，在外评人员的选择上更体现出香港教育问责的民主特点。外评人员不完全由政府指定，也不仅仅局限于专家学者，凡是关心中小学发展的香港各界人士且符合一定的资格都可以申请成为外评人员。社会群体的参与增强了评估的透明度，有利于发现问题，促进学校不断改进和完善。

六、评价及启示

香港自回归以来，在原有的教育制度基础上不断进行改革，问责体系不断完善，完成

---

① 吴金财．香港中小学校教育教学表现评估之述评[J]．教育测量与评价，2010(3)：28-31．

了从外部问责为主的被动问责向以内部问责为主、外部问责为辅的主动自我问责的转变，形成了具有问责主体专业和多元、问责内容全面、问责方式科学的问责模式，在预防师德问题出现、促进教师积极履行师德规范的过程中发挥了重要的作用。总结其经验教训，香港的师德问责制度存在着评估指标的制定及评估工具的选择不符合校情的情况，以及评估结果滥用阻碍学校发展等问题。虽然香港的师德问责制存在诸多不足，但也有许多值得我们学习和借鉴的地方，其经验和启示主要有以下四个方面。

（一）加强非师范生的职前培养

香港非师范生获得准用教员的资格后，需要全职修读一年或入职雇佣学校在职修读取得教育证书或教育文凭，才能申请注册为检定教员，即正式的人民教师。而大陆对于教师的任职资格仅限于获得教师资格证，只要通过了教师资格考试就可以成为正式的教师。非师范生与师范生相比缺少专业培训，尤其在涉及教师道德培养方面需要加强。与香港相比，大陆的教师职前培养缺少一个环节，存在重视考试忽视专业培养的现象。虽然非师范生还要接受在职培养，但教师职业素养的培育和教育专业知识的掌握需要较长的时间。因此大陆要加强非师范生的职前培养，只有通过系统的师范教育，提高教师的准入标准，完善中小学教师资格注册和聘任环节，才能推动中小学师德问责制的完善和发展，不断提高教师整体的道德水平。

（二）加强师德评价手段的实证性和科学性

师德评价是师德问责制的重要一环。作为师德问责的依据，师德评价有助于提高中小学教师的道德水平，而科学、实证的评价指标会提高师德评价的说服力和权威性。实证的方法和科学的测评手段是提高评估认同度和权威性的重要因素①。大陆的师德评价多依靠经验做出判断，缺少详细、科学的量化指标。与香港的师德评价相比，大陆的师德评价社会认同感低、权威性不足。究其原因，主要有三个方面：一是师德评价的方法单一，评价内容不深入；二是师德评价的主观性强，评价大多依据经验做出，缺少实证性；三是师德评价缺少科学的评估工具作为依据。因此，要加强师德评价手段的实证性和科学性，制定明确客观的评价指标，从而增强师德问责的透明度和客观性。

（三）在师德问责过程中重视发挥学校的作用

从香港以学校自评为主、校外评核为辅的问责模式中可以看出，学校在中小学师德问责制中发挥着重要的作用。首先，学校自评在整个评估活动中占的比重大于外评，有助于学校自身发现问题，改进不足。以学校自我问责为主，使得学校的主体地位得到保证，促进了学校自我主动问责，发现不足，通过制定符合校情的长远规划，实现持续的良性运转。其次，在教育提供的科学评估工具的使用上，学校具有自主性。学校在教育局的引导下根据校情制定评价指标，通过教育局提供的评估工具收集各种信息，了解自身发展状况并确定改进的方向。因此，完善大陆的中小学师德问责制，要发挥学校的主体作用。学校可以根据发展和老师自身的需要定期开展师德培训，加强在职教师的师德教育。学校要有针

---

① 华山鹰.香港教育评估：基于实证和科学测评的评价体系[J].教育导刊，2010(3)：56-58.

对性地开展老师的师德培养工作，了解老师的思想道德状态，加强师德监督，既要发挥好问责的作用，又要做好师德问题的预防工作。

(四)提高教育主管部门的问责服务水平

教育主管部门是组织教学活动、开展教学服务的机构，是中小学师德问责制的主体。教育主管部门在对问责对象进行问责的同时，也应该审视自身在中小学师德问责制建设中发挥的作用。教育主管部门的问责不仅仅是一种自上到下的检查，而更应该体现教育服务的精神，进一步提高管理与服务水平，以促进中小学师德问责制的完善为目标。教育主管部门可以借鉴香港师德问责制的实践经验并从以下两个方面提升问责服务水平：一方面，制定科学的师德评估工具，对师德评价指标进行细化，提供科学的师德评价报告。另一方面，建设专业化的师德问责队伍，组织多领域专家共同参与，加强相关专业领域人员的培养、培训。

综上所述，香港中小学师德问责制采用的是学校问责为主、校外问责为辅的问责模式，该模式包含了多种评估方法和切实可行的评估工具，具有问责主体多元化、问责对象专业自主化、问责过程程序化和民主化的特点。通过总结香港中小学师德问责制的成功经验，从加强非师范生职前培养、加强问责手段的实证性和科学性、重视学校问责和提高教育主管部门的问责水平四方面为大陆中小学师德问责制提供启示和借鉴，以促进教育问责体系的完善和教学质量的提高。

第二节 台湾地区中小学师德问责制述评

在全球教育改革的大背景下，世界各国的教育发展展现出较为突出的“以人为本”的特点，开始更为注重青少年尤其是处于基础教育中的中小学生的个性化发展。中小学学生大部分时间在学校度过，学校是仅次于家庭的“社会课堂”，教师便是中小学学生成长的关键影响主体，起着隐性德育的影响作用。在大多数国家和地区，公办学校的教师都属于基层公务人员，教师在教育工作上具有一定的自由裁量权，这就使得“师德”的作用更为凸显，教师的教育教学甚至眼神、行为动作等细节都可以对中小学生的一生产生极为深刻的影响。因此，教师的专业化程度及社会道德、职业道德等方面的考核、评估及问责显得尤为重要。台湾地区中小学基础教育发展已经形成了自己的特色，并且取得了很大的成就，这得益于其完善的教育问责制，尤其是中小学师德考评(问责)制。

一、台湾地区中小学师德问责制的产生与发展

“问责”一词是一个外来语，源于 Accountability，我国对 Accountability 的翻译主要有两种：绩效责任和问责制。香港和大陆学者多译为问责制，台湾学者则多译为绩效责任；香港和大陆所称的师德问责制，在台湾地区称为“师德考评制”①。

台湾地区的教育问责制(也称为“考评制”)最早发端于 20 世纪 90 年代初，台湾学者刘庆仁较早引进西方尤其是美国的师德问责制思想，分别在 1990 年和 1991 年发表《介绍

① 司林波，郑宏宇.教育问责制国际比较研究[M].沈阳：辽宁大学出版社，2010.

美国教育改革发展趋势》《德州绩效责任经验》两篇文章，这引起了台湾地区对"教育问责"的关注与研究。自此以后引发了吴青山、黄美芳、陈正义、吴政达、黄俊杰、叶连祺等学者对于台湾教育问责制多方面、多层次的深入系统研究。

台湾地区中小学师德问责制产生及发展过程主要分为三个时期：

第一个时期是道德规范时期。这一时期台湾地区的中小学教师师德考评及绩效问责主要以中华传统文明道德规范为主，主要倡导礼义廉耻、仁爱、忠孝、信义等传统的伦理观念，对教师群体以及全体台湾地区民众进行约束，缺乏相关专门针对师德的法律法规、公共政策。

第二个时期是行政规范时期。这一时期是台湾中小学师德问责制的初步发展时期，以台湾地区政府行政部门为主导的师德问责制问责主体，开始出台相关的行政政策，运用一定的行政方法，基于台湾中小学当时所产生的突出的师德问题进行相应约束与规范。

第三个时期是法律规范时期，也是台湾中小学师德问责的高速、科学发展时期，这一时期师德问责标准由"传统伦理性规范"转为"政策法规法治化规范"。法律规范时期也经历了萌芽、确立及调整等多个阶段的不断发展，使得台湾的中小学师德问责制法治化发展越来越适合本地区的实际情况，使得师德考评、问责更为完善与全面。

二、台湾地区中小学师德问责制的相关法律规范

台湾地区重视法律法规对师德问责制度的保障。近年来，台湾地区在教育相关立法及公共政策法规中充分体现了对教师在师德责任方面的约束和监督。这是台湾中小学师德考评制建立和实行的重要依据和保障，体现了法制化、科学化的原则。

1.《师范教育法》

师范教育是教师培育的关键环节，对教师师德的正面积极塑造与形成起着极为重要的作用，台湾地区十分重视突出师范教育在国民学校教育中的地位，于1979年颁布了《师范教育法》，以法律的形式确立了一元化师范学校培育国民中小学师资政策①。

2.《师资培育法》

1992年，台湾教育部门修正《师范教育法》，主要产生了以下四方面的改革与发展：一是师资培育渠道由单一的一元化转为多元化，从原先的全部师资由师范学校培育，逐步发展为在各大综合类高校设置专门的"师范学院""师范学系"；二是建立教师资格检定制度，并分为初检和复检两步骤；三是明确规定逐步建立健全教师实习和教师在职进修制度，以加强预备教师的培养与促进全职教师的教育水平提升；四是由原先的全公费师范教育改为"公费与自费并行"。经酝酿、修改及多方审核后的新法令《师资培育法》于1994年颁布，从一元化、计划式的师范教育走向了多元化、储备制的师资培育，原公费分派制的师资培育被个人自费为主甄选制的师资培育所取代。《师资培育法》颁布后，各大学校纷纷设置教育中心，培育的科类分为幼稚园、国民小学、中等学校、特殊教育学校四类，中等学校又分为普通学科与职业学科②。2002年修订后的《师资培育法》更加明确了师范教育的重

① 庞瑶.台湾地区师范教育制度的嬗变与思考[J].华北水利水电大学学报(社会科学版),2016(12):100-103.

② 刘晓娣.我国台湾地区师范教育转型探析[D].曲阜:曲阜师范大学,2014.

心，指出师资培养不仅要强调教学知识技能的培育，更要加强民主品德精神之陶冶。

3.《教育改革总咨询报告书》

1994 年 9 月 12 日，由台湾“行政院”筹组的“教育改革审议委员会”（简称教改会）正式成立。时任“中央研究院”院长的李远哲召集了 31 位部会首长、教育专业人士，投入 6000 万元新台币，于 1996 年向“行政院”提交了篇幅达 20 万字的《教育改革总咨询报告书》。总咨询报告书正式确定了台湾教改的五大方向，其中一项特别专门强调要提升师资素质、专业能力，改变原有的师生关系观念，转变师资培育形式，师资来源更为多元，同时为教师进修提供多种途径。总咨询报告对于台湾地区 20 世纪 90 年代的原有教育进行了一定程度的调整及革新，更为重视教师资源的来源与发展，对于本地区的教育发展尤其是基础中小学教育起到了一定的推动作用①。

4.《教师法》

台湾地区《教师法》于 1995 年正式颁布，是台湾地区专门针对教师的权力与义务进行规范性指导的法律，既保护了广大教师职业团体所应享有的相关权力，与此同时也通过法律法规的形式规定了教师资格的认定、教师行为的合法性标准、对教师专业性及道德伦理等方面的要求。

2009 年 11 月第一次修法：其中专门有一项“不适任教师”条款，“不适任教师”的条文立法及修正显示了教师与学生权力关系的一定转变，台湾地区由原先传统教育中的“教师主导”转为更为重视教育中“学生”主体性地位。其中，不适任教师的不检行为是最为台湾地区民众所不能接受的，这些行为包括：性侵害、性骚扰、体罚、霸凌等。中小学教师的“不检行为”对中小学学生身心健康造成了极大的侵害，产生了难以逆转的不良影响，甚至对于一些中小学生的一生造成“灾难性”的深刻影响。

修订后的台湾地区《教师法》第 14 项条文中指出：“教师聘任后除有下列各款之一者外，不得解聘、停聘或不续聘；第六条、行为不检有损师道，经有关机关查证属实；第八条、教学不力或不能胜任工作，有具体事实或违反聘约情节重大；第九条、经学校性别平等教育委员会调查确认有性侵害行为属实。”（选自台湾地区《教师法》）

5.《教师专业发展评鉴参考标准》

《教师专业发展评鉴参考标准》（以下简称《参考标准》）2006 年由台湾“教育部”正式颁布，是台湾地区较为具有代表性，使用范围较广的指标体系，《参考标准》将评鉴分为四方面内容：一是教师的课程设计及教学，二是班级经营与辅导，三是研究发展与进修，四是敬业精神与态度②，具体内容见表 7.1。

---

① 施明发，台湾地区处理不适任教师法制化过程的历史分析（1948—2013）（中）[J]. 教师教育论坛，2017(30)：24-26.

② 熊贤君，程力. 我国台湾中小学教师评鉴的指标分析及其启示[J]. 教育理论与实践，2017(14)：25-27.

表 7.1 台湾地区教师评鉴体系表

评价层面	课程与设计	班级经营与辅导	研究发展与进修	敬业精神与态度
具体指标	1. 展现课程设计能力 2. 研拟适切的教学计划 3. 精熟任教学科领域知识 4. 清楚呈现教材内容 5. 运用有效教学技巧 6. 善于运用学习评量 7. 应用良好沟通技巧	1. 建立有助于学习的班级常规 2. 营造积极的班级学习氛围 3. 促进师生沟通和合作 4. 落实学生辅导工作	1. 参与教学研究工作 2. 研发教材 3. 教法或教具,参与校内外教师进行研习 4. 反思教学并寻求专业成长	1. 信守教育专业伦理规范,愿意投入时间与精力 2. 奉献教育社群,建立与学校同事 3. 家长及社区良好的合作关系

三、台湾地区中小学师德问责主体构成

台湾地区中小学师德问责主体既包括来自政府和社会相关教育民间团体等的内部问责,也包括学生、家长和媒体等外部问责,主要分为"中央"层面的"考试院""监察院""教育部"、地方教育委员会、中小学校长和校务会、家长委员会、社会舆论五大主体。问责主体多元化是确保台湾中小学师德问责公平、公正的有力保障。

(一)"中央"层面

(1)"考试院"与"监察院":台湾现有的政治制度建构在孙中山先生提出的"五权宪法"构想之上,在立法权、行政权、司法权三权分立基础上,考试权与监察权成为具有台湾地区特色五权的重要组成部分。掌握五权的五院各有分工,拥有权力相当,各机关相互制约平衡。

"考试院":"考试权"作为五权中的一权,为台湾的"考试院"掌握。台湾地区的教师属于公务员,台湾的"考试院"不仅仅作为负责公务员考试的机关,同时,"考试院"可以视作一个独立的人事管理机构,对于公务人员的选拔任用、职位的确定与升降等事项起着十分关键的作用。

"监察院":"监察权"作为治权之一,由监察院掌握。"监察院"是台湾地区最高的监察机关,性质是台湾地区的"准司法机构",职权包括:调查权、纠正权、纠举权等,当地方公务人员违法失职时,对其行为进行纠正与纠举,送由其主管单位管理。

(2)台湾地区"教育部":作为行政机关专门负责教育工作的部门,是中小学教育及教师师德问责的最直接政府行政部门。

(二)地方教育委员会、其他民间教育团体

台湾的各区域地方自身享有一定的教育师德问责权,地方教育委员会、教师评审委员会及其他民间教育团体等对于中小学教育进行深入的跟踪、了解、调查,对该所辖区域内部的各个中小学进行一定的监督工作。密切关注中小学教师的职业品德和业务能力问题。基于各个中小学的自身办学特点,在委员会、团体中进行讨论,并将建议呈递给各中小学。

（三）中小学校长、学校事务专门委员会（校务会）

20世纪末，台湾的中小学校长任用方式由原先的行政机关“官派”方式改为“遴选”方式，校长任期一般采用4年任期制，校长的职能也逐渐转化为服务性，而不仅仅是一种权力①。校长是学校行政工作的最高领导者，校长以进入课堂听课、面谈等方式深入了解教师的工作状况，校长根据校务会及地方委员会多方意见，建立健全教师师德评估的“自评表”，根据“自评表”的结果和实际考察进行综合评价，最后将考评的最终结果进行公开并反馈。

学校的重大事务均由专门的委员会讨论审议：中小学每名教师的初聘、续聘、长期聘任、解聘、聘约等项目均由各中小学校所设置的事务专门委员会或由专门负责教师伦理道德、专业素质评估的校内教师委员会讨论审查。

（四）家长委员会（“家长会”）

家长委员会简称“家长会”，是一个促进中小学学生父母与学校密切接触，不断完善学校教育全面发展，热心参与教育推广实施的组织。台湾中小学学生的父母很自豪能够成为“家长会”中的一员，台湾各中小学的“家长会”在中小学学校师德问责工作中发挥着积极作用。“家长会”有以下两方面的特征：一是广大中小学学生家长对学校及校内教育极为关心且积极参与，家长代表对学校工作的参与程度很高，在“师德问责”多元主体系统运行中发挥了非常重要的作用。家长定期参加学校会议，参与重大的学校决策，主动帮助学校开展各种教育活动，并提供一些资助，“家长会”是学校多项重要事务的坚强后援，尤其在“师德问责”中发挥着十分突出的作用。部分学校的“家长会”成立了志愿服务团，家长十分踊跃地加入志愿服务团，参加爱心行动，义务为学校做事。例如：到学校当义工，到校门附近义务维持交通等。家长们把参加爱心活动完全当作自己的责任，自觉自愿、尽心尽力，对学校的教育工作产生很大帮助②。二是学校组织、自愿成立，具有多元化特点，各个学校的“家长会”都具有其各自的特色。

（五）社会民众与社会舆论

台湾地区的民主化发展程度较高，政治参与广泛，民众对公共事务尤其是教育事业的发展极为重视，是中小学师德问责主体的重要组成部分之一，部分台湾民众主动积极参与重大教育政策的制定；多元线上线下多媒体渠道，对中小学教育问题极为敏感，对台湾地区中小学师德相关问题极为关注，有极其敏锐的“政治文化嗅觉”，全方位对中小学教育问题关注，同时对突出问题进行跟踪性报道。

四、台湾地区中小学师德问责制度设计

台湾地区中小学教育十分重视以人为本，把每位学生放置心中，基于每一所学校、每个学生的发展特点，制定独特的多元化教育模式。这同时也是对于中小学教师的高能力

① 张济洲.近年来台湾中小学教育改革动向及问题[J].教育导刊，2008(3):23-26.

② 林红.当前台湾中小学教育的若干特点[J].教育评论，2003(5):3-6.

要求，尤其在专业素养和道德品质方面。所以台湾地区十分重视对于中小学师德的考评问责制度设计与建设，不断完善中小学教师资格制度及研修制度，评鉴、甄选制度，奖励与惩戒制度，并且重视保障体系的建设。

（一）中小学教师资格制度及研修制度

台湾中小学教师的准入门槛较高，想要在台湾成为一名中小学教师，取得教师资格证书是必要前提。与此同时，还需要通过具有各校特色的教师任用考试。近年来，台湾地区中小学师资来源在学历方面呈现出逐渐上升的趋势，大部分新入职教师学历是硕士甚至是博士，有的中小学校甚至专门对应聘教师的学历起点进行了相应的要求，进一步提高了中小学教师的入职门槛。

台湾社会也将提高师资学历至硕士程度作为一项重要方案推行，要求大学开设教育硕士班，鼓励各高校师资培养单位推动教育硕士课程建设，以增强教师自身的教学与科研能力。

为提高师资水平，台湾地区把培养高质量、师德优良的教师作为振兴基础教育发展的重要举措。相关的法律政策规定，教师须不断加强研修、提高修养；并要求教育行政部门等多机构部门积极配合教师研修的完成。台湾地区中小学教师的研修主要包括新任教师的入职研修和在职教师研修两个阶段。与此同时，台湾地区提高了中小学教师资格的评鉴标准，将教育实习纳入职前师资教育课程，实现了职前职后教育一体化，鼓励在职教师进修，以建立“制度化的专业发展及评鉴模式①”。

（二）评鉴、甄选制度

台湾教师岗位管理主要依据一年一次的评鉴。根据评鉴的结果，校长可以解聘、续聘、复聘和不续聘教师。评鉴不合格，校长可以解聘该教师。如果某位教师遭到投诉，校长会先对该教师进行停聘，该教师只拿一半的薪水，并交由督学部门进行调查，如若经调查投诉不成立，校长将对该教师进行续聘，对所保留的一半薪水进行补发；如果核实投诉成立，教师将被校长解聘，所保留的工资不再补发。

中小学教师数量根据当年的中小学学生数量决定，核定的教师可能有所增减。若当年原所在学校减少教师数量，那么未被续聘的教师可以选择其他学校；如果学生数量增加，教师不足，相关管理部门将成立教师甄选委员会，对教师进行甄选，经甄选通过的教师将由该学校校长发放聘书。教育主管部门、甄选委员会公开甄选教师的做法，受到教师和社会的广泛认可。

（三）奖励与惩戒制度

在奖励方面，政府每年投资教育比例一般占政府预算35%及以上，并有逐渐上升趋势。采用奖励机制可以激励教师专业精神，提升服务热忱。所以，教师自主进修、研习，积极参与评鉴，与时俱进地投入到教师培训中。

---

① 庞瑶.台湾地区师范教育制度的嬗变与思考[J].华北水利水电大学学报(社会科学版),2016(12):100-103.

在惩戒方面，台湾的教师问责惩戒十分严厉。基于"公务员惩戒权"基础，中小学教师有违法、不当及其他失职行为，由相关"教师管理委员会"、司法、监察机关介入审查，并最终做出相应行为的决议，经多项合法程序交由惩戒人所在学校予以执行相应惩戒。

（四）保障体系建设

台湾中小学教师高标准准入的同时享有高地位和高待遇。台湾教师属于政府公务员系列，待遇略高于普通公务员（公务员的工资处于台湾地区社会的中上等水平）。在教师退休后，退休金及相关福利均处于社会较高水平。

在职教师受到社会的尊重敬爱，在台湾地区成为一名中小学教师十分令人羡慕，教师职业一直为很多台湾民众所向往。相对于其他职业而言，教师职业较为稳定，物质与精神双方面需求获得了较好的满足与保障。

五、台湾地区中小学师德问责制的特点

（一）目标管理方法运用

台湾中小学师德问责制将提升中小学教师师德水平定为最终实现目标，将中小学师德问责分为不同的实施阶段及实施内容，分层、分级进行阶段化管理。在问责制中十分重视师德考评结果，以教师群体的"自我管理"与"自我控制"为主导，将教师内部"自评（内评）"与"外评"相结合，多层次、多角度提高师德问责工作的效率，增强广大教师的专业化水平，促进中小学教师的知识文化素质与伦理道德修养的全面提升。

（二）中小学师德问责系统化

台湾的中小学教育十分重视发挥整体性的系统化原则。在中小学师德问责制中，综合性的系统化特点有所凸显。台湾地区民众在政治方面、文化方面社会参与度较高，台湾地区的中小学教育领域被社会极大地关注，良好宽松的社会环境为教育改革及中小学师德问责制的建立与实施形成较为优质的舆论环境。各方面的师德问责配套政策正在逐渐完善，相应法规的出台全面推进了师德问责制多环节的实施与开展。

（三）多元化、弹性化、包容性

将一定的市场化手段介入量化考评之中，注重公平与效率的动态平衡，问责手段丰富，问责主体多元（利益诉求来源多样化），将内部自评及外部测评相结合，在政策的制定上广泛吸收多方的意见及建议，具有一定的公共政策包容性；部分公共政策留给执行者一定的自由权，有一定的伸缩性；在纵向教育发展上，台湾的中小学师德问责注重与高等教育问责的一体化、关联化。

（四）层次性、配套性

台湾地区师德问责制的推进具有循序渐进、逐步推进的特点，分阶段、分层次的逐层递进。台湾地区对中小学教师师德问责采用了较为配套的相关法案，如：《性侵害犯罪防治法》《交通管理办法》《建筑物公共安全技术规则》《消防机关受理安全》《性骚扰防治法》

等条例，对师德的惩戒提供配套的法律支撑。

六、评价及启示

近年来，台湾地区已经初步形成具有多元问责主体的中小学师德问责体系，多方共同参与到中小学教育政策制定中，全面完善中小学教师师德问责制的进一步发展，从而促进台湾地区中小学基础教育水平的进一步提升。与此同时，台湾地区将市场化的相关因素介入到公共事务中，中小学师德问责制中也呈现出一定的市场化特点。虽然台湾地区的中小学师德问责制相对较为成熟，但还是存在一定的不足。

首先，法律法规还存在一定的不足。法律法规是师德问责制效用发挥的前提，台湾地区对师德问责制方面的法律法规在不断地完善，但教育方面立法尤其是中小学师德问责立法在时效方面存在一定的滞后性。

其次，单一市场化手段适当介入师德问责体系中。近年来，市场原则在教育领域的应用(教育市场化)成为世界各国、各地区教育政策的主流，台湾地区也将市场化手段介入于中小学教师师德的问责体系中。但是这些市场化的应用在具有绩效优势的同时也存在一定的不足：首先，市场原则在教育中的应用，导致了以市场标准为基础的考评以及基于此的审计和问责伦理。但令人遗憾的是，它忽视了对于教师专业精神的讨论，促使教师的专业性走向“技术理性”。其次，在教育市场化的条件下，注重能力本位的教师专业化，导致教师专业化的主要因素无法量化和计量。再次，教育市场化导致教师的教育目的、课程、考试等方面受到一定功利化损害，教师间的技术合作与交流减少。另外，在教育市场化的条件下，教师的社会政治素养可能弱化。

最后，“榜样”力量缺失。在组织中，“榜样”“先进代表”等“标杆”对于一个组织的进步与发展起到了十分突出的作用，台湾地区的中小学师德问责制建设中并没有对“榜样”树立及宣传、学习加以重视，在中小学教师组织群体中缺失“教师师德偶像”建设。

台湾地区中小学师德问责制对中国大陆师德问责制建设具有积极启发意义。

(一)建立健全中小学师德问责法律法规、政策体系

我国大陆地区的师德问责制起步较晚，法律法规方面还存在一定的不足。近几年在逐步完善相关法律法规的建设，促进了中小学师德问责制的进一步发展。2017 年 9 月 25 日，中央发文指出：“要改进各级各类教师管理机制，严格中小学教师的资格准入，切实提高教师待遇，完善中小学教师的绩效工资制度，确保教师工资不低于或高于当地公务员平均工资水平。”

台湾中小学师德问责程序较为明确、规范，循序渐进分层次、分阶段展开考评及问责，但问责考评的相关评估指标和技术工具有待进一步的具体细化及完善，可操作性有待于进一步的调整及提升。因此，对于师德问责程序及具体问责评估工具应进行不断的革新、调整及进步提升，建立科学的中小学师德问责考评指标体系与专门评估部门。

(二)政府宏观调控与市场化手段有效结合

中小学师德问责光靠市场的方法存在一定缺陷，监管不力，自由化程度高，易致失控情况发生。但是也不可一味采取政府行政机关的全面监管、把控，这易导致“僵化模式”的

产生。文化教育领域与经济领域是相通的，文化教育领域，尤其是本书所讨论的“师德问责制”领域，更需要政府的“宏观调控”与市场机制两方相结合，在相互交融、灵活的方式中，得以创新式的发展。实事求是选择适合本地区实际的发展道路，宏观调控与市场两只看不见的手相握，共同结合介入至教育领域发展中。

（三）健全和强化中小学师德多元问责主体

台湾地区中小学师德问责主体多元，主体不仅来自于教育部门、地方教育委员会、学校校长、校务会等本体问责主体，也包含学生、家长及社会媒体舆论等异体问责主体，内评与外评相结合，广泛吸收多方对于中小学师德问责的建议及意见，使中小学师德问责制建设更为科学性、民主性。多元问责主体的建立也对我国大陆的问责制建设具有一定的借鉴作用。

（四）引入目标管理方法，建设更为系统、多元的中小学师德问责制

台湾地区中小学师德问责引入了目标管理方法，先确定提升中小学教师师德水平的最终实现目标，将目标分层次地进行阶段化管理；与此同时，中小学师德问责制的建设过程中，配套性措施的建设也是十分重要的一部分，可以将多元、弹性创新的新方法、新思想介入我国大陆中小学教师师德问责体系中，促使中小学师德问责制的进步与发展。

（五）积极榜样的力量

台湾地区的中小学师德问责及其他国家及地区的师德问责制建设中都没有对“榜样”的力量加以重视，然而“优质的榜样”“典例”对于教育事业建设尤其是教师队伍的成长起着极为重要的作用。所以，应较为主动积极地发挥榜样的力量，树立起优质师德教师典型，发挥榜样在教师团体中的“光环效应”（也称“晕轮效应”）和“同辈效应”作用，将竞争机制引入到中小学师德考评当中，推进多数教师向榜样靠近，甚至超越榜样，成就新的榜样。

综上所述，目前台湾地区已经形成了行政机关问责、地方教育委员会问责、校长问责以及家长会问责、社会舆论问责等多元化、相对完善的师德问责体系，并且建立了中小学教师资格认证和研修制度、考评制度及惩戒制度等全面配套的中小学师德考评保障体系。台湾地区在师德考评中引入了目标管理方法，具有系统化、多元化、层次化、弹性化等特点。借鉴和吸取台湾地区中小学师德问责制建设的经验，对我国大陆地区中小学师德问责制的完善具有参考作用。

第三节　中国大陆地区中小学师德问责制建设

一、中国大陆中小学师德问责制的发展历程

一直以来，我国对教师职业一向重视。“致天下之治者在人才，成天下之才者在教化，教化之所本者在学校”，由此可见，我国从古代就开始重视教师，并形成了尊师重教的优良传统。但是受到历史发展的局限，我国教师专业化发展和师德问责制一直没有形成完善的系统。从近代开始，逐渐出现倡导教师师德发展重要性的提法。最早可以追溯到梁启

超的《论师范》，不仅提出了兴学的重要性，同时提出重视师范生品德的培养。中国最初的师范教育是模仿日本，随后以借鉴美国为主。1977年教育部颁布了《关于加强中小学在职教师培训工作的意见》，就中小学在职教师的进修学习作出了指导意见，要求尽快提高中小学教师的教育教学水平。直至1978年，我国教师专业发展才步入缓慢恢复阶段，师德问责制度的建设也随之有所建树。

在中国，2006年新颁布的《中华人民共和国义务教育法》从更为微观的角度对义务教育领域的各项关系进行了调整，并首次引入问责制，为追究包括教师在内的相关机构和人员的责任提供了法律依据。在涉及教师的条款中，明确了教师的责任和义务，并规定了教师在义务教育中所应该做的和禁止做的事情，甚至包括一些很具体的事项。学校或者教师在义务教育工作中违反教育法、教师法规的，依照教育法、教师法的有关规定处罚。我国在推进师德建设法治方面做了很多努力，《中小学教师职业道德规范》的印发，明确提出中小学教师的师德要求；为了师德机制更加完善，教育部印发《关于建立健全中小学师德建设长效机制的意见》，将中小学师德问责设为常态化建设；在处理教师不当行为方面，出台了一些法律法规文件，包括《中小学教师违反职业道德行为处理办法》《严禁教师违规收受学生及家长礼品礼金等行为的规定》《严禁中小学校和在职中小学教师有偿补课的规定》等，明确提出何种行为属于不当行为，并提出了对不当行为应采取的相应惩罚措施。

目前，我国各省市均按照教育部《关于建立健全中小学师德建设长效机制的意见》构建了本省市的中小学教师师德考核办法或中小学校教师监督测评办法。虽然很多实施办法的纲领性更强一些，实施细节和实施程序上还有所欠缺，但是从中小学师德问责建设的形势上看，正处于建设高峰期。

二、中小学师德问责制度的主要法律法规

（一）教育法

《中华人民共和国义务教育法》是1986年4月颁布的，在2006年6月根据修改意见进行了修订，分为总则、学生、学校、教师、教育教学、经费保障、法律责任和附则共八章内容。其中，对教师提出，教师应当为人师表、忠诚于人民。教师在教育教学中应当平等对待学生，关注学生的个体差异，因材施教，促进学生的充分发展。教师应当尊重学生的人格，不得歧视学生，不得对学生实施体罚、变相体罚或者其他侮辱人格尊严，不得侵犯学生合法权益。可见，教师师德在教育法中具有明确的指示说明。

（二）教师职业道德规范

2008年，教育部会同中国教科文卫体工会全国委员会修订印发了《中小学教师职业道德规范》，明确中小学教师爱国守法、爱岗敬业、关爱学生、教书育人、为人师表、终身学习的师德要求。2013年9月，教育部印发《关于建立健全中小学师德建设长效机制的意见》，建立健全教育、宣传、考核、监督与奖惩相结合的中小学师德建设长效机制，明确将包括幼儿园教师在内的中小学教师师德教育纳入教师教育课程体系，创新师德教育内容、模式和方法，结合教育教学、社会实践活动开展师德教育，切实增强师德教育效果。

（三）专业标准

2012年2月10日，教育部下发《关于印发〈幼儿园教师专业标准（试行）〉〈小学教师专业标准（试行）〉〈中学教师专业标准（试行）〉的通知》。三个《专业标准》是国家对合格教师的基本专业要求，是教师开展教育教学活动的基本规范，是引领教师专业发展的基本准则，是教师培养、准入、培训、考核等工作的重要依据。在专业标准中提出，教师应以“师德为先、学生为本、能力为重、终身学习”为原则，需要具有良好的职业道德，并掌握系统的专业知识和专业技能。

（四）违反职业道德的法规

2014年，教育部印发《中小学教师违反职业道德行为处理办法》，划出中小学教师十种禁行行为，并明确违规处理办法。2014年7月，教育部印发《严禁教师违规收受学生及家长礼品礼金等行为的规定》，严明教师不得收受礼品礼金等“六条禁令”。对违规违纪的，发现一起查处一起，对典型案件点名道姓公开通报，情节严重的依法依规给予开除、撤销教师资格等处分，涉嫌犯罪的，依法移送司法机关处理。

三、中小学师德问责制度的建设

从目前来看，我国中小学师德问责制度的设计主要包括教师准入制度、评价制度、惩处制度、保障制度和培养制度，从制度构成上看已经比较完善，但是从各项制度的设置上看还显得很粗糙，很多实施细则和实施程序并没有完善。

（一）准入制度

对于准入制度，主要包括中小学师范生的培养和教师资格证书获得。中小学教师必须具备特有的素质和教育教学能力，这也正是教师准入政策所要求的。起点的提高，也就是说教师入职标准的提高，对教育水平的提高起着非常重要的作用。最早有关教师资格制度的法制规范在《教师法》第三章“资格和任用”部分作了详细的说明。规定了具备教师资格的认定机构、对象及条件、过渡办法、教师资格的取消等。《教师资格条例》出台后，促使教师资格的认定工作逐渐走上法制化的轨道。在教师资格制度中，对品行有所要求但是品德鉴定没有真正落到实处。

（二）评价和惩处制度

根据教育部印发的《关于建立健全中小学师德建设长效机制的意见》，要求建立健全各省市教育、宣传、考核、监督与奖惩相结合的中小学师德建设长效机制。目前为止，我国各省市基本上都颁发了各自的师德建设长效机制。由于各省市构建的评价惩处制度不同，现以江西省和江苏省为例进行说明。

江西省教育厅2013年12月出台江西省中小学教师与师德考核办法和江西省中小学校师德建设工作监督测评办法。其中师德考核办法的提出是以学校为单位，分学年实施，分级管理，统一登记，由学校主管教育行政部门制定具体的实施细则，要求强化考核结果的运用。在监督测评办法中，指出主管教育行政部门要指导学校及时加强和改进师德建设的政策和措施，建立健全师德年度评议指导、师德问题报告制度、师德状况定期调查分析制度和师德舆情快速反应制度，构建学校、教师、学生、家长和社会广泛参与的师德监督体系。从具体的考核办法和监测办法上看，还是以行政指导为主，方针政策规划为主，具体的考核方法和监测方法并没有规范化、系统化提出。

江苏省在《江苏省中长期教育改革和发展规划纲要（2010—2020年）》中提出要“强化基础教育评价检测工作”“强化教师职业道德，建立对学术不端行为监督、查处机制”。江苏省制定了教师违规行为细则，对教师的9种行为进行处分，包括在教育教学活动中遇突发事件，不履行保护学生人身安全职责的，在教育教学活动和学生管理、评价中不公平公正对待学生，产生明显负面影响的，等等。在问责主体上，可分为以上级教育主管部门、学校校长及领导者为主体的同体问责，还包括学生家长、社会公众和新闻媒体等的异体问责。但异体问责权力的行使还是要通过上级教育行政部门和学校职能的发挥。学生家长若发现存在教师违规行为，需要向学校和教育主管部门举报，新闻媒体需要通过对教师违规行为的曝光来促使教育部门启动对教师的问责。问责标准上，《中小学教师专业标准》从专业理念与师德、专业知识和专业能力对教师的责任和素质提出了基本要求。在对教师问责时，这几个方面也是界定教师责任的依据。问责程序上，主要包括问责缘起、调查核实、处理或制裁、申请复核几个环节。

通过对江西省和江苏省所制定的制度进行比较，发现江苏省制定的评价和惩戒制度更加详细，更具有操作性。

（三）培养制度

教师培训政策在教师任用政策中占有重要地位。从建设学习型社会的角度来看，可持续地更新教学人力资源比提供新的教学人力资源显得更为重要。随着教师培养制度的不断完善和中小学师资水平的逐步提高，中小学教师培训政策也日趋完善。2002年2月，教育部在《关于“十五”期间教师教育改革与发展的意见》中提出，要努力培养具有创新精神和实践能力的高素质教师。这表明，我国的中小学教师培训开始由重视教师知识的掌握逐步转向重视能力的提高，特别是把提高教师实施素质教育的能力和创新能力作为培训的重点。中小学教师师德培训主要通过师范阶段教育、学历培训教育、继续教育等多项培训措施并举。师范生培养必须开设师德教育课程，信任教师岗前培训，开设师德教育专题，在职教师培训中把师德教育作为重要内容，计入培训学分。虽然我国的培训制度在不断完善，但是落实效果差、培训内容重复、培训考核不完善等问题还大量存在。

（四）保障制度

师德建设保障制度为师德问责制度发展保驾护航，教育部提出要建立师德建设领导责任制度，主要负责人是师德建设工作第一人，充分发挥教育工会等教师行业组织在师德建设中的积极作用，加强正确舆论导向作用，大力树立和宣传优先教师先进典型，营造浓厚的尊师重教社会氛围。

第三部分

比较篇

第八章　中小学师德问责制的国际比较

相对于发展中国家，西方发达国家的中小学师德问责制发展比较健全。尽管健全的师德问责制表现形式不同，但是健全的制度体系和有效的运行机制是欧美发达国家师德问责制的共同点。通过对美国、加拿大、澳大利亚、新西兰、英国、法国、德国7个国家的中小学师德问责制进行比较，得出西方主要发达国家中小学问责制的发展模式、特点和运行机制及对中国的启示。通过对日本、韩国、新加坡、中国香港和中国台湾5个国家和地区的中小学师德问责制的对比，得出亚洲主要国家和地区的中小学师德问责制的产生背景、问责运行模式、问责制的特点。在此基础上，通过比较欧、美、澳、亚四大洲的主要国家和地区中小学师德问责制的异同，提出国际中小学师德问责制的差异点和共同点。

第一节　西方主要发达国家中小学师德问责制比较

一、中小学师德问责制的法律法规比较

从西方主要发达国家中小学师德问责制的发展历程中可以发现，美国在20世纪50年代开始进行教育改革，教育师德问责制度开始逐步完善。随后加拿大、英国、法国、德国和澳大利亚均在20世纪80年代至90年代逐步完成教育改革。其中在中小学师德问责制的发展中，相关法规法律的构建是师德问责制度依据，通过比较各国在中小学师德问责方面的法律规范，来分析各国对中小学师德问责制构建的侧重点和问责制度的完善度。

如表8.1所示，西方主要发达国家对中小学师德问责的法律法规建设都十分重视，并且构建得比较完善，成为其他国家建设中小学师德问责的榜样。相对于其他国家而言，美国相关立法年限最早，立法涉及面相对广泛，而英国的中小学师德问责法规更新周期最短，注重各项法律法规在细节上的完善。加拿大在中小学师德问责的问责权限划分最清晰和明确，法国和德国的法制化程度也很高。在这些法律法规中，美国师德建设责任重在各州，通过签订协议促进州际师德建设合作，具体描述了教师在教育教学过程中的应作为和不应作为，描述对象除了教师和学生间关系外，还包括教师间师德关系。倡导不让一个

孩子掉队,注重在教育特殊儿童时教师的师德配备。英国在中小学师德问责方面的法律法规不仅有上层道德理想和道德原则,而且还有详尽的道德规则,并以道德规则为主,形成以约束功能为主,激励引导功能为辅的行为规范。英国在法规方面注重不断完善和更新细节。在教师行为中罗列了一个相对详尽的清单,规定了道德底线和道德规则,制定了可操作性较强的具有约束力的指令。在修订上均呈现动态完善状态,修订频率很高,细节修订很完善。在实施层面上,虽然立法机构不同,但是均由国家集中推行,为中小学师德问责提供了一个全国性的规范标准。法国中小学师德问责的相关法律法规均由议会制定,立法权归属中央,且法国教师具有公务员身份,在遵守公务员法的同时遵守教师指导法。对中小学教师师德从知识、技能和态度三方面进行要求,其中在态度方面表现最明确。德国中小学师德问责的法律法规主要立法权在各州议会,但联邦政府具有一定权限的立法权,各州法规重在对本州师德问责制度进行规范,联邦政府重在建设联邦与各州之间的协调与咨询工作。澳大利亚近几年推动教育改革的力度较大,在提升中小学教师专业发展及师德问责方面,联邦政府以及各个州都出台了相应的标准及举措,且成效良好。澳大利亚的中小学师德问责法规是美国和英国的中和,既有各州独立的法规制度,也有洲际之间合作的政策,同美国相类似,澳大利亚教师专业标准的设定大多也是由教育行会组织起来。澳大利亚各州在明确核心价值的基础上制定了《教师行为准则》并进一步细化了教师伦理准则的内涵,指明了中小学师德问责的价值向导。

表 8.1　西方主要发达国家中小学师德问责制法律比较

国家	美国	加拿大	英国	法国	德国	澳大利亚
指导性法规	《初等和中等教育法案》(1965年)、《不让一个孩子掉队》(2002年)	《教育法》	《让孩子安全教育》	《基佐法》《公务员总章程》《哈比改革》	《基本法》《关于相互承认教师职务考试与任职资格的决议规定》	《澳大利亚教师专业标准》《澳大利亚初级教师教育计划的认证标准和程序》《澳大利亚校长和领导力概况专业标准》《澳大利亚教师绩效与发展框架》
实施性法规	《教育职业伦理规范》(1975年)、《有关特殊教育教师准备和资格的国际标准》	《教师职业法》《关于教师职业失当行为的报告》《教师职业道德标准》	《教师标准》《教师不当行为》《幼儿教师标准》	《教育指导法》《教师培训大学学院的教师培训管理手册》	《教师教育标准:教育科学》《职业教育法》	《教师专业伦理准则》《教师行为准则》《教学绩效评估》
特点	立法年限早,立法面广泛	立法权归各州和自治区,师德权责规定明确	立法更新快,法规制定详细	立法权归属中央,公务员制度	联邦集权与各州分权的立法机构	专业标准和评估标准相结合,立法面较广泛

二、中小学师德问责主体比较

在中小学师德问责主体方面，如表 8.2 所示，英国、法国、德国和澳大利亚的中央层面和州区层面的立法权限不同，但是在中小学师德问责过程中，具有中央层面和州区层面的问责主体。美国、加拿大没有中央层面的问责主体，但是在州和学区层面的问责主体具有相当完备的主体构成。

表 8.2　西方主要发达国家中小学师德问责主体比较

国家	美国	加拿大	英国	法国	德国	澳大利亚
中央层面	无	无	教育部、全国教学与领导学会	国民教育总督学、学区级别的学区督学	联邦政府	联邦政府教育部、澳大利亚教学标准与领导协会
州、学区层面	州政府、地方学区、教师教育认证组织	省教育部、省教师协会、省教师联合会、学区教育局和教育质量及问责办公室	当地议会	国民教育督学	州和地区政府、教育组织和学校等来自政府和相关教育部门	州政府
底层层面	学校、家长	学校、家长	学校和家长	学校及校长、家长	学校、学生和家长等	澳大利亚研究协会、澳大利亚教育学院、澳大利亚课程研究学会

三、中小学师德问责制度设计比较

如表 8.3 所示，可以看出美国、加拿大、英国、法国和德国的中小学师德问责制度大部分是由三部分构成，大部分由认证、评价和解聘或者惩戒制度构成，其中英国的评价制度中包括了解聘和惩戒制度，并在中小学师德培养上具有完整的制度体系。德国的中小学师德问责制度由四部分组成，将每个制度系统分得比较细化。

表 8.3　西方主要发达国家中小学师德问责制度比较

国家	美国	加拿大	英国	法国	德国	澳大利亚
组成 1	认证制度	认证制度	问责制度	准入制度	准入制度	准入机制
组成 2	评价制度	评价制度	评价制度	评价制度	培养制度	评价机制
组成 3	解聘制度	解聘制度	培养制度	惩戒制度	评价制度	—
组成 4	—	—	—	—	惩戒制度	—

美国中小学师德问责制度由认证制度、评价制度和解聘制度共同构成一个闭合回路。其中认证制度是世界上最早实行教师资格认证的国家，也是目前发达国家中教师认证制度较为成熟的国家。全国专业教学标准委员会（NBPTS）建立了严格的师德标准，促使教师资源认证并推动教师自主达到标准。教师资格认证至少分为两次，第一次即入职认证，除了要求达到初任教师的专业知识和素养外，还要求教师具有良好的个人品德，无犯罪行为和记录，并审查其职业道德水平，通过了八项标准要求后才能有资格获得相关证书。第二次认证是职中认证，除了审查在职者的年资和聘任情况外，也审查入职后的职业道德素养，并将认证结果和绩效挂钩。美国中小学师德问责的评价制度最突出的是其评价方式多样化，形成了以发展性评价为主，增值性评价、档案袋评价和同行评价为辅的格局，无论哪种评价方式，都强调教师和学生间相互促进发展的宗旨，注重教师师德在教学行为中的体现。美国中小学师德问责的解聘制度标准明确，以“是否不胜任、是否不道德、是否玩忽职守”作为评判教师是否达到解聘条件，可见在解聘标准中，师德评价占有重要作用。

加拿大中小学师德问责制度包括认证制度、评价制度和解聘制度。其中认证制度中，加拿大中小学教师要求具有双学士学位身份，通过层层把关，直接提高教师的师德水平。在评价制度中，加拿大有相对应的教师职业道德标准，而不是以教师标准作为统一的评价凭证。在安大略省教师职业道德标准中，设立了“关心、尊重、信任和正直”四个一级评价指标，可见在加拿大对教师的职业道德评价指标目标性和可操作性做得都很好。

英国问责制度和问责流程制定得很详尽，从举报阶段、调查阶段、正式调查阶段和结果答复阶段，都有详细的规定。审定的失德行为主要包括是否存在不可接受的职业行为、可能使行业声誉受损的行为、在任何时候被定罪的相关违法行为。在初步调查阶段，认定被举报者在问责过程中仍可能存在危害学生或者危害教学的行为，可以在正式调查之前就申请临时禁令，阻止被举报人在完成案件之前进行教学，保护学生和公众免受伤害。

英国绩效评估和师德密切挂钩，评估类型分为一般评估和能力评估。一般评估通过观察被评估者的课堂实践和其他责任，对比被评估者的评估目标。而能力评估主要针对在评估中认为教师的表现存在严重问题时，查找职业缺陷，提出改善教师表现的意见和时间表，再次监测、审查、考核绩效。英国的考核结果和绩效水平密切联系，薪酬绩效的文件中不仅对合格教师薪酬有所规定，对不合格教师也做了工资范围的细分。对评估不合格教师、不合格教师上升到合格教师都设定了对应的工资范围。

法国中小学师德问责制度和美国相似，由培养制度、评价制度和惩戒制度形成一个闭合回路。法国培养制度包括职前培养和职后培训两个阶段，其中对于职前培养并非是短期培训，而是通过国家教师资格后，还必须获得两年学习经历的教育学硕士，在教师入口就进行严把关，从根本上保证了教师师德水平的高起点。在此基础上还需要进行一年带薪实习并被评估合格后，才能获得教师上任资格，可见法国教师师德制度的关键在于教师准入制度的设定，从职前的理论学习到带薪实习，实现理论与实践相结合。另外法国中小学师德问责制度中的惩戒制度十分严格，一方面运用公务员职业道德要求教师，另一方面通过教师师德评价不断对中小学师德进行监督，谨防失德教师的出现，即便某些教师出现了不当行为，会有法制化的惩戒制度来进行处分。

德国中小学师德问责制主要涵盖了中小学教师资格证书的获取、教师职业道德培训、

教师师德评价以及教师失德纪律惩戒制度。从这些制度的构成上看,从教师准入制度到教师罚出制度形成一个横向的"出入"环节,从教师的准入到教师的培养和评价形成一个教师师德纵向"升级"的环路。德国是世界上最早实行中小学教师资格制度的国家,并且有效的、科学的准入资格制度建设一直是各国学习模仿的对象。同法国一样,德国教师亦属于公务员,具有不违法便永不解聘的优势。在德国中小学教师任用考试的基本条件中,明确表示道德高尚是一项基本条件。在德国想成为一名中小学教师,不仅要求获得国际统一考试的职业资格证书,并且还要求具有大学经历,并且分别规定了在教育科学和学科科学方面的课时要求,从而保证中小学教师不仅懂得专业知识,还懂得教育知识,可以将教师职业道德在教师专业化中科学体现。德国中小学教师师德评价标准分为教学能力领域、教育能力领域、评价能力领域和创新能力领域 4 个方面,并且分为 7 个等级的评价结果,其中教育能力领域和评价能力领域中主要对教师师德行为在与学生的关系、学校的关系、家长的关系等方面进行评价。同法国相同,德国中小学师德问责惩戒结果比较严厉,以此保障有效约束中小学教师的不正当行为。

在国家就业、教育与培训委员会、联邦议会、联邦教育拨款机构的引领下,澳大利亚各州及地区吸引了更多的利益相关者参与各级各类教师专业标准的开发,在区域间的沟通和协调下,逐步形成了具有一致性、协调性、针对性、多元性,层次丰富、类型多样的教师专业标准体系。中小学师德问责制度主要包括中小学师德问责制的事前防范机制、师德问责制的事中考察机制、师德问责制的事后纠偏机制,其中,事前防范机制主要解决中小学教师准入标准和程序等问题,属于准入机制,事中考察机制和事后纠偏机制都涵盖在评价机制内。

四、比较研究结果

首先,加拿大和美国的中小学师德问责制度构造相对相似。对于美国中小学师德问责制度的研究,美国相关立法年限最早,立法涉及面相对广泛。在这些法律法规中,美国师德建设责任重在各州,通过签订协议促进州际师德建设合作;在这些法规中具体描述了教师在教育教学过程中的应作为和不应作为;描述对象除了教师和学生间关系外,还包括教师间师德关系;倡导不让一个孩子掉队,注重在教育特殊儿童时教师的师德配备。美国在师德问责主体方面涵盖最全面,其中最重要的问责主体是州教育委员会和州教育厅,通过对中小学教师教学规范的全方位考核,将考核结果和财政拨款以及教师培训进修相联系,以此来行使问责权利。与其他国家不同的是,美国具有两大教师教育认证组织,即全美教师教育认证理事会(NCATE)和教师教育质量认证理事会(TEAC)。两大组织的认证标准和评价不同,其中 NCATE 注重对包括教师在内的整个教育机构进行认证和审核,TEAC 注重提高专业教师的职业道德素养。

其次,英国的中小学师德问责法规更新周期最短,注重各项法律法规在细节上的完善。英国在中小学师德问责方面的法律法规不仅有上层道德理想和道德原则,而且还有详尽的道德规则,并以道德规则为主,形成以约束功能为主、激励引导功能为辅的行为规范。英国在法规方面注重不断地完善和更新细节。在教师应当行为中罗列了一个相对详尽的清单,规定了道德底线和道德规则,制定了可操作性较强的具有约束力的指令。在修订上均呈现动态完善状态,修订频率很高,细节修订很完善。在实施层面上,虽然立法机构不同，但是均由国家集中推行，为中小学师德问责提供了一个全国性的规范标准。英国在问责主体中，英国教育部和全国教学与教学学会在师德问责中界定了各个主体问责范围和问责方式，本身也作为问责主体，是诸多问责主体的主导。在英国，全国教学与教学学会是英国教育部的一个下属机构，在问责程序中，具有十分重要的地位，是整个案件的问责主导者。

第三，对于法国和德国，两国的中小学师德问责制度最为相似。以法国为例，法国中小学师德问责的相关法律法规均是由议会制定，立法权归属中央，且法国教师具有公务员身份，在遵守公务员法的同时遵守教师指导法。对中小学教师师德从知识、技能和态度三方面进行要求，其中在态度方面表现最明确。在法国，中央级别的中小学师德问责机构是总督导部门，主要职能是对教育教学活动进行检查监督，对教师的考核评价进行宏观负责。学区督学和中小学校长是中小学师德问责的具体问责主体，对教师教学能力和教师教育行为进行双重监督。与其他国家不同，法国在家长这一问责主体方面进行了强调，并对家长参与学校事务、获取学校信息等方面进行了详细规定。

最后，对于澳大利亚，在中小学师德问责制度中，缺乏教师职业道德问责统一化，集中化，澳大利亚各州和各地区具有很高的自治性，这保证了师德问责制度的灵活性。在各州对教师行为准则的核心价值具有一致性，这为州际之间进行合作奠定了基础。澳大利亚的中小学师德问责制度是美国和英国的中和。同美国相类似，澳大利亚教师专业标准的设定大多也是由教育行会组织起来。同英国相类似，澳大利亚绩效评价很大部分是对教师师德的评价，并且评价结果跟绩效工资直接挂钩。

第二节 亚洲主要国家和地区中小学师德问责制比较

一、中小学师德问责制的法律法规比较

如表 8.4 所示，从对日本、韩国、新加坡、中国香港和中国台湾的中小学师德问责制的法律法规上来看，日本立法较早，立法比较全面，形成中央和地方合作立法的局面。其中日本、韩国的中小学教师都是实行公务员制度，在师德法规中，不仅对教学专业性行为进行规定，同时也对教师公务员身份进行限定。韩国中小学教师奉行的是先入职后培养的教师培养制度。

表 8.4 亚洲主要国家和地区中小学师德问责制的法律法规比较

国家和地区	日本	韩国	新加坡	中国香港	中国台湾
指导性法规	《教育基本法》《伦理纲要》	《教育公务员人事管理规定》	《好公民教师手册》《共同价值观白皮书》	《教育条例》	《师范教育法》《教育改革总咨询报告书》
实施性法规	《教育职员许可法》《教育公务员特立法》主要的教育行政法规	《提高教育公务员条例》《教师专业发展策略方案》《全国中小学教师评价制度》	《思考型学校：学习之邦》教师教育配套计划	《教育条例》《教育规例》《中学资助则例》《小学资助则例》	《师资培育法》《教师法》《教师专业发展评鉴参考标准》
特点	立法较早、立法全面、中央和地方合作立法	涵盖人员较全	教师教育体系比较完善	缺乏引导性的、纲领性的教育法规	问责法规尤其完善

二、中小学师德问责主体的比较

对于日本、韩国、新加坡、中国香港和中国台湾的中小学师德问责主体，均是呈现自上而下的问责主体结构，中央对地方的问责制度具有决定权，如表 8.5 所示。在这五个国家和地区中，日本的问责主体最为丰富，从中央到地方，再到学校内，全面覆盖。其他四个国家和地区的问责主体大同小异，行使的问责权利大小相当。

表 8.5　亚洲主要国家和地区中小学师德问责主体比较

国家和地区	日本	韩国	新加坡	中国香港	中国台湾
中央或州层面	文部科学省、教育职员养成审议会	中央教育刑侦部门	教育部		“中央层面”的“考试院”“监察院”“教育部”
地方	地方教育委员会、地方公共团体的长官	地方教育行政部门	教育部下属局、处	香港教育局、廉政公署	“地方教育委员会”
学校	校长	学校自治委员会、校长	校长、校区督导、学科部主任	中小学学校	学校事务专门委员会、校长
家长	家长教师联合会、家长和学生	家长、学生	家长、学生	学生家长	家长委员会
其他组织	媒体		教师本人		其他民间教育团体、社会民众与社会舆论

三、中小学师德问责制度设计比较

从亚洲主要国家和地区的中小学师德问责制度设计上看，如表 8.6 所示，中小学教师资格制度、中小学教师聘用制度、中小学教师师德培养制度、中小学教师师德评价制度是这五个国家和地区均具备的制度体系。可见，亚洲各主要国家和地区都在努力构建中小学师德问责制度，并且构建的体系大同小异。在中国台湾，针对中小学师德问责制度中，有一个保障体系建设制度，这为教师的物质需求解决了后顾之忧，提高教师精神的满足感，有助于教师师德的长效发展。

表 8.6　亚洲主要国家和地区中小学师德问责制度比较

国家和地区	日本	韩国	新加坡	中国香港	中国台湾
制度 1	中小学教师资格证书制度	招生与管理制度	规范化的教师准入和发展机制	中小学教师职业培养制度	中小学教师资格制度及研修制度
制度 2	中小学教师录用、研修制度	教师资格证书和聘任制度	多元的教师师德评价主体	中小学教师师德评价制度	评鉴、甄选制度

（续表）

国家和地区	日本	韩国	新加坡	中国香港	中国台湾
制度 3	中小学教师评价制度	初任教师培训和在职教师制度	完备的教师师德评价的内容	中小学教师的纪律惩戒制度	奖励与惩戒
制度 4	中小学教师惩戒制度	教师评价制度	人性化的教师师德评价方式		保障体系建设
制度 5			科学的教师师德惩戒制度		

对于日本，为了确保中小学师德问责制的有效运行，日本设计了一套中小学教师资格证书制度—中小学教师录用、研修制度—中小学教师评价制度—中小学教师惩戒制度的问责流程体系，以最大效能地发挥问责制的功能。日本是目前教师资格证书制度比较完善的国家之一。日本的教师资格证书制度主要包括以下两个方面内容：一是教师资格证书类型、等级和标准；二是教师资格证书更新机制，两者构成一体化的教师资格证书认证体系。日本教师录用制度比较严格，限制了失德人员的进入。日本的研修分为入职研修和在职研究两个阶段，为其配套了完善的研修法规和研修机制。目前日本中小学师德评价制度是和教师的绩效工资挂钩。根据评价结果，启用中小学师德问责的惩戒制度，不仅起到警告和威慑作用，还使中小学师德问责的法制化更加规范科学。

韩国具有完备的中小学师德问责制度，从严格独特的招生与管理制度开始，到初任教师教育培训，以及规范性的教师资格和聘任制度，可见聘任一个中小学教师需要两次资格审查一次培训项目，即便成为中小学教师后，还有完善的教师在职培训体系对教师师德进行培养。目前，韩国中小学教师评价制度是其教师评价的主要指导文件，评价主要对教学方面和与学生关系方面进行评价，根据评价结果，对教师给予不同支持，即评价成绩优秀的教师享受“带薪进修休假”奖励，评价成绩差的教师必须完成规定的学习课程辅导等措施。

新加坡历来重视对国家公职人员道德情操的培养，教师作为公务员的一个重要组成部分，已形成完整的包括规范化的教师准入和发展机制、多元化的问责主体参与制度、完备的教师师德评价内容、人性化的教师师德评价方式以及科学的教师师德惩戒制度在内的中小学教师师德问责制度设计。其中，新加坡对中小学教师的师德评价内容主要表现在三个方面：第一，在教师专业素养方面；第二，在教师的个人能力方面；第三，在教师的社会关系方面。可见其师德评价成立体式评价，再配上人性化的教师师德评价方式，采用强制排序绩效评价模式，将评价结果和绩效工资关联起来。

中国香港的中小学师德问责制度包括中小学教师职业培养制度、中小学教师师德评价制度和中小学教师的纪律惩戒制度。其中中小学教师职业培养制度包括中小学教师的职前培养、中小学教师注册及聘任资格、中小学教师的在职培养三部分。香港中小学教师师德评价制度具有规律的评价周期，并且最后形成的评价报告会直接影响教师的薪金水平。中小学教师的纪律惩戒是针对在纪律、品行及诚信方面做出违反规定的行为的教师。

中国台湾地区十分重视对于中小学师德的考评问责制度的设计与建设，不断地在完善中小学教师资格制度和研修制度和评价、甄选制度和奖励与惩戒制度。

第三节　国际中小学师德问责制的共性及差异分析

通过上文从法律法规建设、问责主体构成以及问责制度设计等方面对欧美亚澳等四大洲十几个国家和地区的比较分析，我们可以得出国际中小学师德问责制共性与差异的一般结论。

一、国际中小学师德问责制的共性分析

第一，对师德问责重视的程度上一致。无论是西方发达国家，还是亚洲国家，对中小学师德问责制均十分重视，皆认为中小学教师的师德问责制度的构建对于国家教育质量的提高十分重要。

第二，各国均不断地制定相关法律法规作为师德问责制度的问责依据。无论是联邦的法律还是各州各地区层面的法规，对于师德问责制度的建设上同样可以作为问责依据，有利于师德问责制度的不断完善。

第三，各国中小学师德问责制度均是由非系统化向系统化阶段发展。中小学师德问责制度受到教师专业化改革的推动，师德问责的内涵不断被明确提出，中小学师德问责也逐渐走向系统化建设中。

第四，各国设定的师德内涵均以“教师与学生关系”为核心，同时涉及“教师与教师关系、教师与家长关系、教师与教育管理者关系”。

第五，各国问责主体均包含学校校长和家长。学校作为师德问责制度的核心载体，是师德问责制度中重要的问责主体。在中小学学校中，校长具有超然地位，成为一般教师师德考核的优先问责主体。家长将学生委托到学校接受教育，作为委托方，对被委托人的教育问题具有最直接的问责权利，所以家长是师德问责中的最直接问责主体。

第六，中小学师德问责制度中一般包括教师资格制度、教师准入制度、教师培训制度和教师评价制度。教师资格制度和教师准入制度中，将师德考核和师德培养作为中小学教师的一个硬性指标，从根源上减少了失德人员进入教师体系。

二、国际中小学师德问责制的差异分析

第一，相关法律法规完善和修改的程度不同。通过观察西方发达国家，可以看出其有关中小学师德问责制的法律法规在不断地进行高频次、精细节的完善，表现最突出的是英国对法律法规的修改完善，而其他国家虽然意识到法律法规的重要性，但是在实践操作中仍有所滞后。

第二，在整个问责主体中，中小学校长具有问责双重身份，既作为问责者对校内教师进行师德问责，又作为被问责对象，接受上级教育部门和教育学会的调查。但各个国家的中小学校长的具体职责有所不同。美国中小学校长兼具督学人员任务，英国中小学校长在教师培训和教师考核中除了正常作为考核官外，还要参与考核目标的制订；法国中小学校长则仅有权向督学提出教师评价和奖惩的建议。

第三，各个国家的中小学师德问责制度的侧重点不同。英国对中小学教师的不正当行为的问责和问责程序完善的程度更加看重；对于法国和德国，中小学教师的准入制度均要求教师在入职前应到教育学院获得相对应的学时才能获得教师资格证书。

第四，西方发达国家的中小学师德问责制度相似性高于亚洲主要国家和地区的中小学师德问责制度。在比较西方发达国家的中小学师德问责制度中，发现美国和加拿大具有很高的相似性，法国和德国相似程度比较高，英国、美国、法国的中小学师德问责制度发展水平一致，因此可以认为西方发达国家的中小学师德问责制度相似性比较高。反观亚洲主要国家和地区的中小学师德问责制度相似度很低，说明亚洲主要国家和地区的中小学师德问责建设水平差距较大，所以呈现出较高的差异性。

第九章　中小学师德问责制的国内外比较

第一节　中国与欧美主要国家中小学师德问责制比较

通过比较欧美主要国家，即美国、加拿大、法国、德国和英国的中小学师德问责制度，不难发现中国大陆与这五个国家既存在相同的地方，也存在不同的地方。由于欧美各个国家的中小学师德问责制度的发展比较完善，因此具有很多值得中国大陆借鉴的地方。

一、中小学师德问责制的共性

第一，把师生关系作为师德问责的核心内容，注意关注学生的个性化需求和培养学生独立学习的能力。对比中外师德规范可以发现，中外师德规范均以教师对学生的责任为核心。美国的师德规范专门详细规定了教师对学生的责任，如竭尽所能开发学生潜能、保护学生身心健康和安全，引导学生自主学习、培养其独立学习能力以及不得有损学生人格，对学生信息保密等。英国的师德规范，无论对教师的专业素质要求还是对教师专业技能要求，均涉及教师对学生的责任，如积极发挥学生潜能，关心学生身心健康，进行个性化培养等。我国《中小学教师职业道德规范》在有关“爱岗敬业、关爱学生、教书育人”的规定中也均涉及教师对学生的责任。

第二，在师德问责中，注意把教师对师德规范的心理认同和外部的激励机制有机结合起来，通过问责促进教师职业道德的内化与养成，实现由他律向自律的转变，进而提高师德问责水平和效果。

第三，鼓励问责中问责主体的广泛参与，除了教育行政单位和教育组织学会，还广泛要求学校、教师、学生和家长，甚至是社会大众都可以成为师德问责的主体。

二、中小学师德问责制的差异性

第一，中小学师德规范和专业标准制定层次不同。基于对欧美发达国家的中小学师德规范和专业标准的解读，发现欧美发达国家的法律法规条款非常详尽，程序规定规范，相关师德规范的制定具有层次性，便于对教师整体与个体提出不同层次的职业道德要求。比如美国的《教育专业伦理规范》将师德分为师德理想、师德原则、师德规则三个层面的内容，其中师德规则层次最低，也最为具体详细，对教师行为提出了明确具体的要求，如不得利用与学生的专业关系牟取私利、不得有损学生人格和阻止学生接触不同观点等。欧美发达国家的师德规范以本国的法律对公民义务的规定为基础，是充分考虑教师职业的特点而制定的，因此，法律和社会基础坚定，实施起来社会认可度比较高，效果也比较好。而我国的师德规范则是从传统的伦理规范出发，与当下法律法规结合不够紧密或者缺乏法律基础，因而抽象空洞实施起来不易操作。

第二，各种教师的伦理关系规定不同。欧美发达国家对教师涉及的各种伦理关系，将教师处于何种地位、需要做到何种标准等描述得更加清晰。明确了教师所涉及的教师与学生、教师与家长、教师之间等多方面的关系的详细规定，特别是对教师与学生关系的规定，详细列举了教师的禁止性行为，特别具体详细，可操作性强。相比之下，我国师德规范的内容则相对笼统，抽象性、理想化描述较多，可操作性较弱，如 2008 年颁布的《中小学教师职业道德规范》包括“爱国守法、爱岗敬业、关爱学生、教书育人、为人师表、终身学习”六个方面内容，但均是抽象概括，全文仅几百字，而且将师德要求和政治要求结合在一起，使得师德规范更加抽象。

第三，对教师准入资格要求不同。欧美发达国家的教师准入资格强调教师专业伦理的专业技术基础。教师专业伦理必须以专业知识、专业技术作为支撑条件。美国的中小学教师都要求学士以上学位而且要有相应的教师资格证书，同时也重视对教师的各种培训，促进教师的可持续发展。由于美国严格执行教师资格准入制度，教师的基本素质普遍较高。我国的中小学首先应该加强选拔教师的力度和高度，对教师资格的认定要从严，要尽量做到严把教师入口关，从源头上解决目前教师队伍中存在的一些道德滑坡现象，并通过经常组织教师培训、交流学习，强化专业伦理，提高专业技能。

第四，考核体系不同。欧美发达国家对教师的各种考核体系相对完善，无论是从考核标准上，还是从考核程序、考核方法以及涉及的考核人员上，都有清晰的、周期性的、可持续发展的考核体系。而目前我国的考核体系更多的表现在教师的教学效果的考核上，在教师师德方面的考核还没有完全渗透到教学过程中。

第五，问责结果不同。欧美发达国家对于教师不当行为的问责结果异常严厉，教师一旦踩上师德红线，就有面临被辞退的危险，有的甚至终身丧失教师资格。尤其是法国、德国的教师不仅具有教师职能，还兼有公务员的身份，在对教师的失德行为和不当行为的问责结果上要求很严苛。我国在问责结果中一般模糊表述为四类，甚至对于触犯了刑法的教师失德行为的处罚程度也不如欧美发达国家严重。

第二节　中国与大洋洲主要国家中小学师德问责制比较

通过比较大洋洲的澳大利亚和新西兰的中小学师德问责制度，不难发现中国大陆与这两个国家之间既存在相同的地方，也存在不同的地方。因各国国情文化、总体教育情况与教师队伍建设的背景不同而存在一定差异。

一、中小学师德问责制的共性

1."学生为本"是问责的核心

三国的教师专业标准都要求教师必须秉承"热爱学生，尊重学生"的理念，即以"学生为本"的理念。我国《中小学教师专业标准（试行）》明确将"学生为本"作为贯穿《专业标准》的基本理念之一，指出"尊重学生权益，以学生为主体，充分调动和发挥学生的主动性；遵循学生的发展规律，提供适合的教育，保障学生快乐全面健康地成长"。在《中小学教师职业道德规范》指出教师首先必须具备良好的职业道德，热爱自己的事业，热爱学生，尊重学生。澳大利亚的教师专业标准要求教师充分了解自己所教的学生，学生的需求作为教师教学计划的基础，充分体现"学习者为中心"的观念。新西兰的《教师专业标准》也强调与学习者建立伦理的、尊重的、积极的和协作的专业关系。在《注册教师职业道德规范》中，提出高职业素养的教师首先要热爱自己的事业，热爱学生，尊重学生，适应学生，引导学生，关注学生的个性发展，这是教师具备良好师德的基础条件。

2.目标与理念的一致性

我国《中小学教师职业道德规范》要求教师"爱国守法、爱岗敬业、关爱学生、教书育人、为人师表、终身学习"，对中小学教师师德的评价和问责旨在提高教师的专业素养，规范教师行为，促进教育教学能力提高为目标。澳大利亚对中小学教师进行师德问责的目的在于：(1)促进教师专业发展及专业素养，提高学生的学习成绩；(2)通过合理的绩效评估，鼓励教师专业学习和成长；(3)明确教师需要改进和培训的方面；(4)为公众提供对教师问责的机会。新西兰对中小学教师进行师德问责的目的在于：努力为学生提供最高水平的专业服务，并让这项复杂的专业工作是教师在与同行、学生及其家长（监护人）和家人，以及更广泛的社会成员的合作中完成。教师应该尽其所能地维持、提高职业标准。因此，从对教师进行评价的目的来说，我国和澳大利亚、新西兰教师师德问责的目标和理念是一致的，那就是提高教师的专业素养，促进教育教学能力的提高。

3.创建良好的学习环境

我国的《中小学教师专业标准》从教师所面对的工作实际出发，从观察了解儿童、利用环境、提供适宜引导与支持等方面提出了明确的能力要求，以激发学生的主动性、创造性，引导学生在良好的学习环境中获得多方面的发展为目的。澳大利亚《全国教师专业标准》在专业实践方面要求教师"实现有效教学与学习的规划；创建并保持和支持安全的学习环境；评价、反馈并报告学生的学习情况"。新西兰在幼儿教师专业标准中则从"实现有效教学与学习的规划；创建并保持和支持安全的学习环境；评价、反馈并报告学生的学习情况"几方面要求教师的专业实践能力。因此，三国在中小学教师师德问责中都体现了对教师为学生创建良好的学习环境的要求。

二、中小学师德问责制的差异

1.问责主体的单一与多元

我国教师师德问责的主体主要是上级教育主管部门和校长，是对教师的上问下责，因此是一种垂直的问责模式。而澳大利亚和新西兰的问责主体分为三个层次，即政府法律框架内的教师问责，教师专业组织的问责以及学生、家长和媒体等社会力量对教师师德的问责。澳大利亚教师师德问责制度的实践表明，要提高问责的有效性，需要多元化、多层次的问责方式同时发挥作用。不仅要发挥政府和教育部的作用，还需社会各界人士的共同努力。需要有管理者、教师、学生、家长及其教育当局，来帮助教师师德规范的养成与遵守。澳大利亚问责体系中，教师专业组织发挥着至关重要的作用。新西兰教师协会既不从属于某些社会团体或个人，也不受控于某个学校或者是某个政府部门。与政府直接组织认证相比，教师协会这种独立自治的中介组织能够避免政府直接介入可能带来的弊端，如官僚主义和垄断等，而且其提供的认证结果能为政府决策和教师教育质量保障提供服务，在师德问责制的保障体系中发挥举足轻重的作用。新西兰教师协会实现了教师的全面管理、专业管理，是中小学教师管理模式的重大改革。另外，公众参与已经成为澳洲实施有效师德问责的重要组成部分。中小学教育有赖于公众的信任，如果能够得到家长群体，甚至整个社区的支持，学校将会得到很快的发展。

2.问责标准的差异性

我国教师的评价标准没有区别对待不同阶段的教师。传统的标准明显带有早期“科学管理”的倾向。教师评价必须按照教育部门制定的标准来实施，忽略了学校的具体情况以及教师的实际需求，很少考虑到学校的情况和教师的实际状况和需求。教师评价要尊重不同教师的个性和特殊需要，尊重教师的个性、能力倾向和兴趣等。澳大利亚和新西兰的区分性指标体系强调新入职教师和经验型教师在评价指标数量上的差异，对新入职教师进行评价时，除了普适性的指标外，还可根据每位教师发展上的差异，由校长与学校董事会协商决定每次评价的重点。主要是根据新入职教师的个人情况，来决定他们的发展速度。

3.问责程序的闭塞与公开

我国对教师的问责基本上都是在教育系统内部进行，公众很少参与其中，教育行政部门和学校对教师的问责结果也很少对外界公布，除非是对社会造成十分不良影响的事件。与我国不同的是，澳大利亚和新西兰各地的教师问责尽管在实施方式上存在差异，但是为了更好地促进学生的发展，改善学校的办学条件，教育部门本着向公众负责的态度，每年都会向社会汇报本地区的教育教学及师德情况。向公众汇报评价结果就是向不同的教育利益相关者，尤其是学校董事会和省主管部门进行汇报。各省将教师评估报告及时发布到教育部的网站，以获得公众的反馈信息。

总之，澳大利亚和新西兰的中小学师德问责有其独特性：第一，注重教师职业道德的规范建设，以保证教师在职业道德习惯养成上和社会对教师道德行为评价上有规可依，有章可循。第二，注重把教师职业道德规范同教师个体的需求和特征结合起来。第三，注意划分师德规范的结构层次以便实施操作。教师职业的特殊性决定了师德规范既要有理想性，又要有现实性，因此，澳大利亚和新西兰比较注重区分师德规范的不同层次，以对教师整体与个体提出不同层次的职业道德要求。第四，把师生关系作为教师职业道德的核心内容。第五，强调教师职业道德的内化与养成。第六，从心理学的角度进行师德研究，把教师的心理认同和外部的激励机制等结合起来以提高师德水平。古语有云：“他山之石，可以攻玉。”立足于中国视角，当前澳大利亚和新西兰师德问责中普遍注重和强调的理念，一定意义已经对我国的教师师德问责产生影响和启示。

第三节　中国大陆与亚洲主要国家和地区中小学师德问责制比较

通过比较亚洲主要国家和地区，即日本、韩国、新加坡、中国香港和中国台湾的中小学师德问责制度，不难发现中国大陆与这五个国家和地区既存在相同的地方，也存在不同的地方。由于亚洲各个国家和地区的中小学师德问责制度的发展不够均衡，故各个国家和地区对中小学师德问责制度建设的侧重点不同，表现为中国大陆与亚洲主要国家和地区中小学师德问责制度差异点要高于相同点。

一、中小学师德问责制的共性

第一，中国大陆与亚洲其他主要国家和地区一样将教师师德发展作为教师专业化改革的一个重要内容。无论是中国的学者还是亚洲其他国家和地区的学者，在提出中小学教师职业道德建设时，均认为这是促进教师专业化发展的一部分，是提高教育治理的关键内容。

第二，中国大陆与亚洲其他主要国家和地区一样具有丰富的问责主体结构。从中央层面开始，到各州各地方，以及到学校和家长层面都体现出中小学师德问责主体的全覆盖性。

第三，中国大陆与亚洲其他主要国家和地区一样在中小学师德问责制度的组成部分方面，一般都是有教师资格证书制度、教师准入制度、教师评价制度。教师资格证书制度是成为一名中小学教师的第一道门槛。

第四，通过对亚洲其他主要国家和地区的中小学师德问责制度的特点进行比较，这五个国家和地区都表明建设中小学师德问责制度应不断完善中小学师德问责考评指标体系。中小学师德问责的考评指标体系是一个非单一化、系统化的指标体系，需要在实践过程中不断检验，并且根据时代的变化因时制宜地变化。

二、中小学师德问责制的差异性

第一，中国大陆与亚洲其他主要国家和地区在中小学师德问责方面的法律法规建设还存在不小的差距。日本出台的《教育职员许可法》《教育公务员特立法》以及相配套的其他主要教育行政法规，对教师、教育工作者以及公务员身份的教师职业道德都在法律法规层面进行规范。日本各项法律立法时间较早，已经很好地经过实践验证其效果，随着不断地将立法涉及面扩大，能够对中小学各类教育人员制定出相对应的师德问责方面的规范。

第二，中国大陆与亚洲其他主要国家和地区在中小学师德问责方面的问责主体权利大小不同。在中国台湾地区，由“中央”层面的“考试院”“检察院”和“教育部”共同行使“中央”级别的问责权利，在中国香港，除了香港教育局外，廉政公署同样对教师师德问责具有问责的权利，但是在中国大陆，一般除了教育部和各地方的教育处外，没有第三方和自发的教育组织学会有直接问责教育部门的权利。

第三，中国大陆与亚洲其他主要国家和地区在中小学师德问责制度方面，存在着教师身份不同的状态。在新加坡，要想成为一名教师必须先进入资格审查后，再进校进行教育方面的学习，我国中小学教师的准入制度正好与此相反，只有获得教育学历才能进入资格审查。

第四，中国大陆与亚洲其他主要国家和地区在中小学师德问责制度的特点方面，存在较多不同点。韩国和新加坡的中小学师德问责结果比较严厉，中国香港和中国台湾在地域上很近，在文化上同根同源，但在中小学师德问责制度的特点上几乎完全不同。

第四节　国内外中小学师德问责制的共性及差异分析

通过上文对中国与欧美亚澳等四大洲十几个主要国家和地区的比较分析，我们可以发现中外之间在法律法规建设、问责主体构成以及问责制度设计等方面存在共性与差异。

一、在相关法律法规上的共性及差异

(1)共性。无论是中国还是国外对中小学师德问责制的法律法规建设都处于不断完善的阶段。国内外将中小学师德问责从教师的准入制度、教师的资格获得制度、教师的评价制度等方面进行完善。

(2)差异性。相比而言，国外发达国家在中小学师德问责的相关法律法规上已经比较完善，欧美的主要国家比亚洲主要国家和地区的法律法规更加完善。欧美国家的法律法规建设已经进入到细节完善阶段，而我国仍还处于建设初期，刚刚把整个中小学师德问责制的相关法律法规的大框架搭建起来，但是每项法律法规还保留在理想层面，可操作性不高，细节不够完善，仍然需要经过很长一段时间来进行不断的完善和实践。

二、在问责主体上的共性及差异

(1)共性。我国和其他国家，在中小学师德问责主体上，基本上都形成了从中央一级到州市一级，再到学校。其中在问责主体中，校长在各个国家的师德问责中，几乎都具有双重身份，既要作为考察者对教师的师德进行考评，也要作为被考察者被上一级教育机构或者其他组织进行师德水平考核。

(2)差异性。在中小学师德问责主体上，覆盖范围几乎相同，但是覆盖到的问责主体的问责权利不同，像法国等国家都是由州行使最高问责权利，而我国则是由教育部统一行使最高问责权利。并且问责主体的法律意识不同，我国很多家长的问责法律意识不强，对教师的失德行为或者不正当行为鉴别程度较低，不能很好地行使问责权利。

三、在问责制度设计上的共性及差异

(1)共性。我国和国外其他国家，在中小学师德问责制度上，几乎都形成了教师资格证书制度、教师准入制度、教师培训制度、教师评价制度等体系，在整个问责制度的框架构建中，基本上实现框架主体结构完整。

(2)差异性。在中小学师德问责制度中，涉及很多子系统，根据国家和地区的实际情况，构建切合实际的问责制度是一个有困难的工程。国外发达国家的中小学师德问责制度，虽然在整体框架中相类似，但是在具体的制度构建和制度实施过程中，有很多截然不同的规定。比如新加坡是先申请入职中小学教师职业，再进行相关的知识技能和道德修养的培训，而我国是先获得有关教师的知识能力的凭证，才有资格进行申报入职中小学教师职业。同样在新加坡，中小学教师很可能因为对学生大声喊叫就被开除，这种师德惩戒的严厉性在我国很少存在。

第四部分

结论篇

4

第十章 中小学师德问责制比较研究的主要结论

通过对美国、加拿大、英国、法国、德国、澳大利亚、新西兰、日本、韩国、新加坡以及中国香港和台湾地区中小学师德问责制的考察，基于国际比较和中外比较两个视角，我们充分获得了国际和国内外中小学师德问责制在法律法规、问责主体以及问责制度设计方面的共性与差异。基于共性特征的类型学分析，可以提炼归纳出国际中小学师德问责制的基本模式，以及该模式下的共性特征，而这些共性特征正是中小学师德问责制发展与演进的一般规律。在建构中国中小学师德问责制的过程中，应该充分借鉴国际中小学师德问责制的一般规律，并在兼顾本土化特点的基础上，探索富有中国特色的中小学师德问责模式及其运行机制。

第一节 中小学师德问责制发展的基本模式及特点

中小学师德问责制的发展是随着中小学教育发展和教师专业化发展而发展的，这是由各国教育行政管理的特点决定的。教育行政管理等级和部门不同，势必会造成该国中小学师德问责相关法律法规的颁发单位和实施部门不同，体现不同的中小学师德问责法律形式。同时，因为教育行政管理部门在中小学师德问责过程中的权限不同，也会产生不同类型的师德问责主体，继而影响不同制度模式的中小学师德问责制度。根据中小学师德问责制的表现形式，依据教育行政管理类型的划分，可以将中小学师德问责制的基本模式划分为三类。

一、集权模式的中小学师德问责制

普通意义上的中央集权制国家，在教育行政管理方面的主要表现是中央政府都设有庞大有力的中央教育行政管理机关，中央政府把办好各级各类教育看成是国家的事业。力求建立一套科学的管理制度和从中央到地方完整的教育行政管理体系。实施中央集权并不意味着本该属于下级职责的范围，都由中央来承担，行政体制实行统一领导分级管理。符合这一描述特征的中小学师德问责制的国家有法国、日本、新加坡等。这些国家和地区的中小学师德问责制具有以下共同特点：

第一，最高一级的问责主体是中央层面的政府组织部门，具有设计整个中小学师德问责制度的功能。师德问责制中的教师准入制度、教师培训制度、教师考核制度、教师惩戒制度等都会受到中央层面的政府组织部门的调控，甚至直接由中央部门发布相关制度体系。

第二，问责主体多样化，层次性高。由于最上一级的问责主体是中央部门，其次是各地区和各州，再次是学校的校长和管理人员，然后是教师、家长、学生，或者还有第三方教育组织结构进行监督，从这些问责主体的关系上看，层次分明，责任清晰，问责全面。

第三，问责结果严厉。由于中小学师德问责的制度设计和法律法规均是由中央统一颁发，为了制度的高效性和法律的集权性，在对中小学教师失德行为进行问责时，会偏向采用较严格的问责结果进行约束。在这些国家中，尤其以新加坡的问责程度最严重，甚至教师与学生发生口角，都会受到离职的问责结果。

第四，问责程序规范完整，实施流畅。为保证中小学教师的失德行为得到应有惩罚，中央集权制的中小学师德问责程序规范完整，程序间需要衔接的部门实施流畅，从举报阶段、调查阶段、审核阶段以及答复阶段，都会详细规定好每个阶段的问责程序、问责主体和问责方式。中央集权制的问责多形成闭合回路，不仅会让举报者和被举报者获悉处理结果，也会将问责结果公布于众形成社会监督制度。

二、自治模式的中小学师德问责制

地方自治制的国家在教育行政管理方面的特点主要表现在教育管理的实际权力不在中央政府，而在州政府。多样化是实行地方分权制的特点，具有地方自治制的中小学师德问责制的国家有美国、加拿大、澳大利亚等。

在中小学师德问责制比较中，可以发现美国、加拿大和澳大利亚具有以下共同特点：

第一，中小学师德问责制度的制定权和管理权在于各州。美国《宪法》规定，美国的教育责任在于各州，同样中小学师德问责制的制定权和管理权也在各州，各州会根据自己的教育特点和教育目的，设立具有本州特点的中小学师德问责制度，州与州之间通过签订协议促进州际合作。

第二，通常会形成州级和国家通用级别的教师标准或教师师德问责制度。州层面的教师标准和教师问责制度一般由州级部门进行制定和颁布，在本州内具有效力。国家层面的教师标准或教师师德问责制度一般是由教育组织协会制定，具有一定的公共认可度，可以作为州际间相互流动的凭证。在美国中小学教师资格认证机构是各州教育行政部门，各州中小学教师认证不尽相同，因此美国的教师认证制度至少包含两次认证，其中一次是由全国专业教学标准委员会制定的，教师们自愿申请认证，以此作为州层面教师资格认证的重要补充。

第三，在中小学师德问责制中，教师评价制度呈现多元化现象。各州和地方的教育发展程度不同，基于联邦政府对教育理念的规定，各州教师评价的具体实施措施具有极大的自由度，这就会形成多元化的制度体系，有利于制度优化，促进制度不断完善。

第四，各种教育组织协会在中小学师德问责制中作用重大。地方自治制的中小学师德问责制度为了能够在全国范围内有规模地展开，并且能够做到互通有无，就需要教育组

织协会形成牵线搭桥作用，增加州际之间的信息畅通性，标准之间的统一性，以及资源共享性，保障了中小学师德问责制的协调性和可持续性。

三、集权和自治相结合模式的中小学师德问责制

很多国家和地区既不实行严苛的中央集权，又不享有相当大的地方自主权力，这些国家是介于二者之间，实行中央集权和地方自治相结合。根据这样的特点，发现具有中央集权和地方自治相结合式的中小学师德问责制国家有德国、英国、新西兰和韩国。

德国也是联邦制国家，但是它实行分权制，形成中央集权和地方分权并存制。英国在教育部层面制定教师行为标准的同时，要求地方参照执行。新西兰中小学师德问责制度形成了中央集权和中小学自治并举的制度。韩国是美国和日本的混合式，形成中央集权和分层管理相结合的制度。这些国家在中小学师德问责制中都体现了以下特点：

第一，形成国家层面和地方层面相互推动的问责制度模式。以新西兰为例，在国家层面，新西兰中小学师德问责有相应的法案确保其实施，并由全国性的相关机构开发教师发展项目以推进全国范围内的中小学师德的建设。同时，在学校层面上，很多中小学都设有专门负责师德管理的机构，以配合全国性教师师德问责的实施。

第二，问责主体的多元性和协调性。以韩国为例，教育部作为主管教育的最高行政部门，负责制定针对教师的全国统一的规章计划；地方教育委员会作为主管地方教育的执行机关，根据地方实际特点，负责地方教育公务员的监督管理；此外学生、家长、同事等非权力主体的积极参与体现了民主监督的落实，将问责主体形成一个整体有效的系统，相互配合、相辅相成，共同推动师德问责体系的健全与发展。

第三，问责制度设计和问责实施有机统一。中央集权和地方自治相结合，在中小学师德问责制度中相互分工相互配合，一般而言中央集权会在问责制度的设计上提出总体思路和规划，在具体的问责实施过程中，则一般由具有地方自治的部门来规划。顶层设计和底层实施形成了中小学师德问责制度设计和实施的有机统一。

第二节　国外及中国港台地区中小学师德问责制对中国大陆的启示

通过第一节对三类中小学师德问责制的基本模式的分析，可以发现中国大陆和港台地区的中小学师德问责制拥有自身的特点，中国大陆地区更接近于集权模式，地方教育行政管理部门在师德监督和问责中扮演主导角色，学校的自主权有限；而中国香港、台湾地区虽然在全区域层面也制定教师的行为标准，但学校拥有更多的自主权，承担更多的问责功能，特别是香港学校在自我问责中扮演十分重要的角色。

根据前面对四大洲 12 个国家和地区中小学师德问责制的述评与比较，表 10.1 列出了这 12 个国家和地区在师德问责制建设方面的重要特点和经验。虽然每个国家和地区的问责制度有其本身的特点，但是从表中可以发现问责主体的多元性、问责程序的全程性、问责结果的严厉性是这些国家和地区中小学师德问责制的共有特点。

表 10.1 国外及中国港台地区中小学师德问责制对中国大陆的启示

国家	启示内容			
美国	建设健全的中小学师德法律法规	实现中小学师德问责观念的转变	完善中小学师德评价考核体系	建立师德问责的责任追究机制
加拿大	问责主体多元化	问责程序的全程性	问责结果的严肃性	管理标准的动态发展性
英国	健全问责立法	细化问责规范	师德培养纳入教师培训全过程	师德与绩效评价结果全面挂钩
法国	加快建设适合我国国情的师德问责制度	严把入口关，提高我国师范生录用标准		
德国	提高我国师范生录用标准	健全问责多元主体参评体系	健全教育监督制度	健全师德奖惩机制
澳大利亚	制定紧随时代发展的师德问责政策	提高教师选拔标准，多渠道选拔优秀人才	设立具有层次性的评价标准	强化多方参与合作的教师师德问责发展模式
新西兰	建立健全多元问责机制	发扬民主管理精神、提高教师的决策参与程度	问责过程刚柔并济、以师为本	提高教师入职门槛
日本	建立完善的中小学师德问责相关的法律法规且保持与时俱进，及时修订	健全和强化中小学师德异体多元问责主体	完善科学的中小学师德问责考评指标体系与评估部门	积极推进师德问责文化建设
韩国	建设健全多元问责主体参与评价体系	重视中小学师德问责法律法规建设	完善科学合理的绩效考核与监管机制	转变师德问责观念，提高教师专业化水平
新加坡	重视国民道德教育的重要性	完善问责相关的法律和制度建设	建立入职和评价标准相结合的教师进出机制	加大问责处罚的力度
中国香港	加强非师范生的职前培养	加强师德评价手段的实证性和科学性	在师德问责过程中重视发挥学校的作用	提高教育主管部门的问责服务水平
中国台湾	建立健全中小学师德问责法律法规、政策体系	政府宏观调控与市场化手段共同结合	健全和强化中小学师德多元问责主体	引入目标管理方法，建设更为系统、多元的中小学师德问责制

从表 10.1 可以看出各个国家和地区在中小学师德问责制建设方面的经验既有共性，也有差异，基于这些共性和差异特征，联系中国大陆的实际情况，我们认为国内外的经验对中国大陆建设富有中国特色的中小学师德问责制有如下几方面的启发意义：

第一，健全中小学师德问责方面的法律法规。健全完善的法制环境是教师师德问责有效执行的保障。制定教师师德问责制的法律法规是实施教师问责制度的首要前提条件。对教师的师德问责依据什么标准进行追究，对待不同地域的教师，应怎样根据不同的

问责缘由做出不同的处理结果，被问责的教师辞职后应何去何从等，这些问题都需要制定相关的法律规定，使教师师德问责制法律化、规范化。目前我国在中小学师德问责方面的法律法规还在积极建设过程中，数量虽然增多，但是法律法规的细节性表现和可操作性比较低，所以在健全法律法规不应单单以建设数量为标准，要以建设的质量为标杆。同时在保障我国建设中小学师德问责制的同时要重视相关法律法规的及时补充完善和修订。

2008 年，我国颁布了《中小学教师职业道德规范》，其中对于中小学师德作出明确规定。2013 年 9 月 2 日和 9 月 29 日，我国教育部针对中小学师德建设提出了相关的建设长效机制，出台了《关于建立健全中小学师德建设长效机制的意见》。但在现实中，保障师德落到实处的考评制度、监督制度和问责制度建设则一直不被重视，直到 2014 年 1 月教育部颁布并实施了中小学教师违反职业道德行为处理办法，师德问责才从一种临时的应急措施转变为一种制度性责任追究，但这一办法仍然只是一种原则性的规定，还需要进一步推动细化、明确、可操作性强的实施细则的出台。为达到这一目的，首先，改变过去师德问责法律法规对责任的规定过于抽象，缺乏操作性和针对性的弊病；注重责任条款与义务性规范的协调统一，设定承担责任的范围、责任判断标准，为保证责任主体承担相应的责任提供依据。其次，根据需要制定新的法律法规。例如，制定具体可行的《中小学教师职业道德问责实施细则》，对教师问责的诸种事项进行全面具体的规范，来作为学校日常工作问责的依据，增强问责的操作性。从问责主体来说，既要明确教育部门、校长等主体的同体问责的权力和义务，更要突出家长、社会公众等异体问责主体在问责监督的权限和方式等方面的权利。从问责客体来说，要对教师等各个责任主体的权力和责任加以明确。从问责内容上来说，要对《中小学教师职业道德规范》等规范性文件中的“严重情节”“重大”事件或社会影响等关键性词句的模糊性界定更加具体化，或者至少应该做出列举性的法律解释以消除歧义。需要注意的是，制定教师问责制的各项内容都要遵循法律，做到有章可循。

第二，要加强和丰富中小学师德问责主体，形成一个全方位、全覆盖的问责监督主体结构，从不同方面对中小学师德失范行为进行监督问责。目前，我国各级教育行政管理部门在中小学师德问责中发挥着核心作用，应该尽快推进由目前的问责主体一元化向问责主体多元化转变，应充分将道德责任与职业责任相统一。在现有问责机制基础上，充分发挥非权力监督与问责主体的作用，形成统一长效的监督与问责机制。首先，应该进一步加强学校的问责意识，落实自我问责权。学校是监督教育工作者的第一责任人，一旦教职工发生师德失范行为，学校如果不能发挥问责和落实作用，则学校也应该承担领导责任，主要负责人应该被问责。其次，学校既是问责主体，也是问责客体，应该充分发挥教育管理部门、社会媒体、学生及家长以及教职工等主体对学校办学行为的监督作用，能否有效落实各级部门和社会对教师教育教学行为的标准要求，也是评价学校落实师德问责制的重要评价指标。再次，要突破教师本位的文化桎梏，培养以生为本的问责文化，作为问责客体的教师，要加强自我约束，形成强烈的问责自觉性。最后，要培养教育消费者参与问责意识与专业技能，通过对学校和教师的监督、质询等活动，严防失范行为的发生。

第三，完善中小学师德评价考核体系。细化问责规范、建立有层次的师德问责评估标准，能够让中小学教师深刻体会到师德问责的作用和功能。由于学校教师的教学科目、所教年级以及教师的专业发展阶段等都不尽相同，所以对不同教师的评价就应该有所差别，针对不同的教师确定差异性评价，以便能为教师师德的提高提出有效的建议。然而，我国在进行教师绩效评价时并不考虑教师之间的差异，因此建议进行教师绩效考核时不能以偏概全，要考虑差异，对不同的教师进行针对性的考核。我国教师绩效评价的改革方向是针对不同情况的教师采用有针对性的评价标准，分别对待、分层评价，从而使新老教师都能得到合理有效的评价。公平公正的评价会激发教师的工作热情，从而为我国师德质量的提高打下基础。

第四，提高我国中小学教师的准入制度。加强教师培训制度的完善，提高教师录用标准，注重新入中小学教师的师德培训，为中小学教师优选和优培做好准备。首先在岗前教育阶段，实习教师在进行教学实践中，由督导团对其日常课程和课后交流进行观察，对教师的岗前师德教育从细微处入手。其次，在教师的在职培训中，采取实践反思，将失德行为的典型案例进行情景教学反思，将教学日常行为和长期行为习惯结合分析，增强师德培训教育效果。最后，注重教师师德的自我意识提高，在注重教师自主性发展的同时，加强教师责任感的培养，将师德培训转化为自我提高，形成师德的自主培训。

第五，要建立师德问责的责任追究机制、明确违反师德责任归属和惩罚措施，健全师德奖惩机制，将师德与绩效评价全面挂钩。目前，我国师德表彰多是精神鼓励和少量的绩效奖励，且由于师德表彰仅仅对部分优秀教师有所体现，使得师德在绩效评价中表现出片面化的特点。在失德行为惩戒中，处分、降低职务等级和开除等处罚大多是行政处分，绩效在失德惩戒中的作用也比较微小。因此，要想提高师德问责的效果，必须实现师德表现与绩效评价的全面挂钩。首先，对于师德表彰要细化表彰等级，设定相应的绩效奖励办法作为表彰的主要形式，将师德与教师切身利益相挂钩，增强师德教育的规范作用。其次，在绩效评价中，除了列出一般或者轻微失德行为的惩戒办法，还要列出对于失德行为补救或者改善后的绩效对应标准，给予轻微失德行为改善和弥补的空间。再次，要规范师德考核和师德激励措施，针对目前形式大于内容的局面，要明确提出考核要求、考核流程，并根据考核结果兑现师德激励措施。最后，加强师德保障，将领导者监督检查结果与绩效评价相结合，充分发挥领导者的师德监管职能。

参考文献

图书报告类：

[1] 张军学，曹永川．国晓华．中小学教师师德素养提升 80 讲[M]．重庆：西南师范大学出版社，2017.

[2] 小彼得・C 穆雷尔，玛丽・迪茨，莎伦・费曼-纳姆塞，等．中小学教师职业道德培训手册：师德的定义、养成与评估[M]．麦丽斯，译．北京：中国青年出版社，2016.

[3] 蔡辰梅．小学大爱：小学教师师德案例读本[M]．上海：华东师范大学出版社，2016.

[4] 杨春茂．中小学教师职业道德修养[M]．北京：中国科学文化音像出版社，2016.

[5] 伍洪杏．行政问责的伦理研究[M]．北京：中国社会科学出版社，2016.

[6] 马修・桑格，理查德・奥斯古索普．师德教育培训手册[M]．刘玉琼，译．北京：中国青年出版社，2015.

[7] 包金玲．去行政化：日本教育行政地方分权改革[M]．重庆：西南师范大学出版社，2015.

[8] 田辉．日本基础教育[M]．上海：同济大学出版社，2015.

[9] 林崇德．师魂——教师大计、师德为本[M]．北京：高等教育出版社，2014.

[10] 刘新科．外国教育史[M]．武汉：武汉出版社，2012.

[11] 肖远军．中小学教师绩效管理[M]．杭州：浙江大学出版社，2014.

[12] 全国师德教育研究课题组．师德突出问题典型案例评析(小学教师读本)[M]．北京：北京师范大学出版社，2014.

[13] 杨春茂．师德典型案例评析：师德修养与师德建设典型案例评析[M]．北京：首都师范大学出版社，2014.

[14] 黄蓉生．教师职业道德新论[M]．北京：人民教育出版社，2014.

[15] 司林波．学术问责制研究[M]．秦皇岛：燕山大学出版社，2013.

[16] 李春秋，王引兰．中小学教师师德修养读本[M]．北京：北京师范大学出版社，2013.

[17] 任华文．优秀班主任的 50 条建议[M]．北京：中国青年出版社，2012.

[18] 韩玲，王晗．师德修养与教师专业化发展[M]．天津：天津教育出版社，2012.

[19] 李春秋,王引兰.中小学教师职业道德修养[M].北京:北京师范大学出版社,2012.
[20] 中小学教师通识培训教材编写组.中小学教师职业道德研修读本[M].北京:高等教育出版社,2012.
[21] 司林波,郑宏宇.教育问责制国际比较研究[M].沈阳:辽宁大学出版社,2010.
[22] 王淑娟.美国公立院校的州问责制[M].北京:知识产权出版社,2010.
[23] 黄新宪.台湾教育的历史转型[M].上海:上海人民出版社,2010.
[24] 梁伯琦,赫连素贞.陶行知教育思想基础[M].杭州:浙江大学出版社,2010.
[25] 邢永富,吕秋芳.高等学校教师职业道德修养[M].北京:首都师范大学出版社,2010.
[26] 祝怀新.面向现代化:澳大利亚高等教育研究[M].杭州:浙江大学出版社,2009.
[27] 孙明娟.俄罗斯高等学校评估政策研究[M].哈尔滨:黑龙江大学出版社,2009.
[28] 周德义.新时期中小学教师职业道德教程[M].北京:开明出版社,2009.
[29] 张仁贤.中小学教师职业道德规范培训读本[M].北京:中国轻工业出版社,2009.
[30] 赵国柱,陈旭光.教育理念变革中的师德建设[M].天津:天津教育出版社,2009.
[31] 王毓珣,王颖.教师新师德六项修炼[M].重庆:西南师范大学出版社,2009.
[32] 黄建如.比较高等教育——国际高等教育体系变革比较研究[M].北京:社会科学文献出版社,2008.
[33] 西蒙·马金森.澳大利亚教育与公共政策[M].严慧仙,洪淼,译.杭州:浙江大学出版社,2007.
[34] 郑晓齐.亚太地区高等教育质量保障体系研究[M].北京:北京航空航天大学出版社,2007.
[35] 张彦通.欧洲地区高等教育质量保障体系研究[M].北京:北京航空航天大学出版社,2007.
[36] 洛克.教育漫话[M].杨汉麟,译.北京:人民教育出版社,2007.
[37] 雅基·西蒙,热拉尔·勒萨热.法国国民教育的组织与管理[M].安延,译.北京:教育科学出版社,2007.
[38] 吴青山,黄美芳,徐纬平.教育绩效责任研究[M].北京:九州出版社,2006.
[39] 许新海.澳中教育与课程跨文化比较[M].福州:福建教育出版社,2006.
[40] 贝磊,古鼎仪.香港和澳门的教育:从比较角度看延续与变化[M].北京:人民教育出版社,2006.
[41] 达林-哈蒙.美国教师专业发展学校[M].王晓华,等译.北京:中国轻工业出版社,2006.
[42] 吕达,周满生.当代外国教育改革著名文献[M].北京:人民教育出版社,2004.
[43] 王荣德.教师师德教育论[M].北京:科学出版社,2004.
[44] 张民选.比较初等教育[M].北京:中央广播电视大学出版社,2004.
[45] 陈永明.国际师范教育改革比较研究[M].北京:人民教育出版社,2003.
[46] 李玉年,姚树银.中小学教师管理[M].北京:档案出版社,2003.
[47] 邱自莉.当代美国中小学教育绩效责任探析[M].广州:中山大学出版社,2003.
[48] 吴清山,林天佑.教育小辞书[M].台北:五南图书出版公司,2003.

[49] 贺国庆.德国和美国大学的发达史[M].北京:人民教育出版社,2003.

[50] 中华人民共和国教育部国际合作与交流司.世界62各国家教育概况[M].北京:首都师范大学出版社,2001.

[51] 弗兰斯·F范福格特.国际高等教育政策比较研究[M].王承绪,等译.杭州:浙江教育出版社,2001.

[52] 埃德蒙·金.别国的学校和我们的学校[M].王承旭,等译.北京:人民教育出版社,2001.

[53] 王宇博.澳大利亚——在移植中再造[M].成都:四川人民出版社,2000.

[54] 王承绪.比较教育学史[M].北京:人民教育出版社,1999.

[55] 张宝泉.美、苏、英、德、法高等学校管理比较[M].长春:东北师范大学出版社,1998.

[56] 顾明远.教育大辞典[M].上海:上海教育出版社,1998.

[57] 顾明远,梁忠义.世界教育大系——法国教育[M].吉林:吉林教育出版社,1998.

[58] 陈永明.现代教师论[M].上海:上海教育出版社,1997.

[59] 博伊德,金合.西方教育史[M].任宝祥,吴元训,译.北京:人民教育出版社,1985.

[60] 常道直.教育制度改进论[M].南京:正中书局,1942.

[61] Castner D J,Gornik R,Henderson J G,et al. Teachers and Administrators as Lead Professionals for Democratic Ethics:From Course Design to Collaborative Journeys of Becoming[C]//Michael Uljens,Rose Ylimaki. Bridging Educational Leadership, Curriculum Theory and Didaktik. Springer,2017:333-361.

[62] Zakaria N S,Warren J,Bakar A R. Counseling Ethics Education for Enhanced Professional Identity and Development: Guidance and Counseling Teachers Lifelong Learning Acquisition Empowered[C]//Ismail Hussein Amzat, Nena P Valdez. Teacher Empowerment Toward Professional Development and Practices. Springer, 2017:153-166.

[63] Murris K. School Ethics with Student Teachers in South Africa:An Innovative Educational Intervention[C]//Helen E Lees,Nel Noddings. The Palgrave International Handbook of Alternative Education. Palgrave Macmillan,2016:195-209.

[64] Higgins. The Good Life of Teaching :An Ethics of Professional Practice[M]. Hoboken:Wiley-Blackwell,2011.

[65] Love A W. The 2007 APS Code in Relation to Professional Ethics Education[C]// Alfred Allan,Love A W. Ethical Practice in Psychology:Reflections from the creators of the APS Code of Ethics. John Wiley & Sons,Ltd,2010:93-102.

[66] Tirri K. Teacher Values Underlying Professional Ethics[C]//Terence Lovat,Ron Toomey,Neville Clement. International Research Handbook on Values Education and Student Wellbeing. Springer,2010:153-161.

[67] Mabagala S. Professional Ethics in Education[M]. Saarbrücken:LAMBERT Academic Publishing,2013.

[68] Benjamin B E,Sohnenmoe C. The Ethics of Touch: The Hands-on Practitioner′s Guide to Creating a Professional,Safe and Enduring Practice[M]. Tucson:Sohnen-

Moe Associates, Inc. ,2003.

[69] Currie J, Richard Deangelis, Boer H D. Globalizing Practices and University Responses: European and Anglo-American Differences [M]. Westport: Greenwood Publishing Group,2003.

[70] Lello J. Accountability in Practice[M]. London:Cassell,2003.

[71] Williamson M. School Accountability:An Assessment by the Koret Task Force on K-12 Education[M] . Hoover:Hoover Institution Press,2002.

[72] Laura S,Brian M. etc. Make Sense of Test-Based Accountability in Education[M]. Santa Monica:Rand,2002.

[73] Paul T. Hill,Robin J. Lake with Mary Beth Celio. Charter Schools and Accountability in Public Education[M]. Washington D C:Brookings Institution Press,2002.

[74] Guy D M,Carmichael D R,Lach LA. The CPA's Guide to Professional Ethics[M]. Hoboken:John Wiley & Sons,Inc. ,2001.

[75] Carr D. Professionalism and Ethics in Teaching[M]. London:Routledge,2000.

[76] Kenneth L. etc. Education Accountability: The State of the Art [M]. Gutersloh: Bertelsmann Foundation Publishers,1999.

[77] Schwarz G, Alberts J. Teacher Lore and Professional Development for School Reform[M]. Westport,CT:Bergin & Garvey. 1998.

[78] Kelsey. J. The New Zealand Experiment: A World Modelfor Structural Adjustment? [M]. Auckland:Auckland University Press,1997.

[79] Peter Cuttance,Grant Haman. The Politics of Accountability in Australian Education [M]. Thousand Oaks:Corwin Press,1997.

[80] Madsen J. Private and Public School Partnerships:Sharing Lessons About Decentralization [M]. London:Falmer Press,1996.

[81] Louis, Karen S, et al. Professionalism and Community: Perspectives on Reforming Urban Schools [M]. Thousand Oaks:Corwin Press,1995.

[82] White D C. Effect of Moderating Factors on Professional Ethics Knowledge of Teachers of Computer Courses in Higher Education[M]. Miami: Florida International University,1995.

[83] Howe K R,Miramontes O B. The Ethics of Special Education. Professional Ethics in Education Series. [M]. New York: Teachers College Press,1992.

[84] Marginson S. Education and Public Policy in Australia [M]. Melbourne:Cambridge University Press,1993.

[85] Robert B Wagner. Accountability in Education:A Philosophical Inquiry [M]. London:Routledge,1989.

[86] Kotler P R,Andreasen A R. Strategic Marketing for Non-profit Organizations [M]. New York:Pearson Education Limited,1987.

[87] M Kogan. Education Accountability:An Analytic Overview[M]. London:Hutchinson,1986.

[88] Graver Straling. Managing the Public Sector [M]. Chicago: The Dorsey Press,1986.

[89] Finch J. Education as Social Policy[M]. London:Longman,1984.

[90] Alan Barcan. A History of Australian Education [M]. New York:Oxford University Press,1980.

[91] Pace C R. Measuring Outcomes of Colleges:Fifty Years of Findings and Recommendations for the Future [M]. SanFrancisco:Jossey-Bass,1979.

[92] Peter Sheldrake,R Linke. Accountability in Higher Education[M]. Sydney:Allen and Unwin Ltd,1979.

[93] P R Chippendale,P V Wilkes. Accountability in Education [M]. Queensland:University of Queensland Press,1977.

[94] David E,Aubray J. Accountability in Education[M]. America:Mason & Lipscomb Publishers Inc. ,1974.

[95] Hugh Heclo. Modern Social Politic in Britain and Sweden:From Relief to Income Maintenance [M]. New Heaven:Yale University Press,1974.

[96] Leon Lessinger & Associates. Accountability:SystemsPlanning in Education[M]. Homewood:ETC Publication,1973.

[97] Arthur V Olson,Joe A Richardson. Accountability:Curricular Applications[M]. Scranton:IEP,1972.

[98] The Council of the Ontario College of Teachers. Safety in Learning Environments: A Shared Responsibility[R]. Toronto:Ontario College of Teachers,2013.

[99] Ontario College of Teachers. Resolving Complaints[R]. Toronto:Ontario College of Teachers,2006.

[100] Martin Trow. Trust,Markets and Accountability in Higher Education:A Comparative Perspective[R]. Center for Studies in Higher Educationuniversity of california,berkeley,1996.

论文资料类:

[1] 乔花云,司林波.英国中小学师德问责制述评[J].上海教育科研,2018(9):51-54,77.

[2] 司林波,彭鑫.德国中小学教育问责制述评及启示[J].中小学教师培训,2018(7):74-78.

[3] 乔花云,吴振其.日本中小学师德问责制述评及启示[J].现代中小学教育,2018,34(10):85-91.

[4] 司林波,朱旭.香港中小学师德问责制:内容、特点及启示[J].西华大学学报(哲学社会科学版),2018,37(4):93-100.

[5] 乔花云,刘畅.新加坡中小学师德问责制的内容、特点及启示[J].中小学教师培训,2018(1):73-78.

[6] 王楠,乔花云.加拿大安大略省中小学师德问责制的内容、特点及启示[J].现代教育科学,2018(3):145-149,156.

[7] 张萍.论新时代教师职业伦理精神的培育[J].教育理论与实践,2018,38(8):29-31.

[8] 张玉杰,姜浩,杨启迪.顶岗实习对师范生教师职业道德的影响与对策分析[J].河北师范大学学报(教育科学版),2018,20(1):114-118.
[9] 张紫薇,冯典.韦伯“天职观”与我国教师专业伦理精神之审视[J].现代教育科学,2018(3):11-16.
[10] 孙炳海.中小学教师职业道德行为的心理学研究[J].教育科学研究,2018(3):93-96.
[11] 乔花云,聂晓云.韩国中小学师德问责制内容、特点及启示[J].教学与管理,2017(34):80-83.
[12] 王楠,乔花云.法国中小学师德问责制的内容、特点及启示[J].教学与管理,2017(4):79-82.
[13] 廖志诚.由职业道德走向专业伦理——美国教师专业伦理建设对我国的启示[J].教师发展研究,2017,1(4):38-43.
[14] 董吉贺,王录平,寻海燕.教师专业伦理:从“要我道德”走向“我要道德”[J].中国德育,2017(20):11-14.
[15] 朱水萍.基于教师伦理视域下的学校师德建设[J].中国德育,2017(17):32-36.
[16] 赵敏.教师制度伦理与教师个体道德辨析[J].岭南师范学院学报,2017,38(1):25-30.
[17] 邓易.教师职业规范的伦理困境及发展路径[J].教师教育论坛,2017,30(2):9-12.
[18] 郑宏宇.师德问责制的理论探讨[J].教学与管理,2017(30):11-13.
[19] 苗睿岚.处境危机:教师职业道德改进的制度陷阱[J].教育评论,2017(6):108-112.
[20] 刘璇璇.香港中小学教师资格制度的历史、特点与启示[J].教师教育研究,2017,29(3):93-99.
[21] 王蒙.小学教师专业道德发展的个案研究[D].济南:山东师范大学,2017.
[22] 刘思涵.基于师德成长的师德培养研究[D].长春:东北师范大学,2017.
[23] 张永丽.小学教师职业道德失范的实证研究[D].新乡:河南师范大学,2017.
[24] 吴卓蔓.中学新入职青年教师师德问题及提升研究[D].武汉:华中师范大学,2017.
[25] 李晓燕.中小学教师法律素养在法治教育中的师表作用及其实现[J].中国教育学刊,2018(3):7-10,21.
[26] 施明发,台湾地区处理不适任教师法制化过程的历史分析(1948—2013)(中)[J].教师教育论坛,2017(30):24-26.
[27] 熊贤君,程力.我国台湾中小学教师评鉴的指标分析及其启示[J].教育理论与实践,2017(14):25-27.
[28] 王萃萃,乔花云.澳大利亚中小学师德问责主体及其启示[J].教学与管理,2016(35):55-57.
[29] 徐芳芳,乔花云,司林波.美国中小学师德问责制述评[J].基础教育研究,2016(15):26-32.
[30] 聂火云,吴聪.中小学教师职业道德研究综述[J].宜春学院学报,2016,38(10):105-110.
[31] 张献伟.“师德”相关概念的辨析与思考[J].现代教育科学,2016(8):121-124.
[32] 王崇丽.中西文化背景下的教师职业道德养成比较研究[J].继续教育研究,2016

(3):113-115.

[33] 刘晓欧.国外教师职业道德规范建设的现状及启示[J].产业与科技论坛,2016,15(4):221-222.

[34] 周坤亮.论两种伦理理论视角下的教师专业伦理决策[J].全球教育展望,2016,45(12):102-113.

[35] 王晓莉,卢乃桂.实践中的教学专业伦理:教师的体认[J].教育发展研究,2016,36(12):59-64.

[36] 王艳飞.初中课堂管理伦理:现状、问题与对策[D].上海:上海师范大学,2016.

[37] 樊磊.美国《教育专业伦理规范》的长效性与实效性探究[D].锦州:渤海大学,2016.

[38] 李曼.幼儿园教师专业实践中的伦理困境研究[D].上海:华东师范大学,2016.

[39] 高宇.教师专业伦理规范探索[J].教育理论与实践,2016,36(7):48-50.

[40] 凌鹏飞.论教学决策的伦理向度[J].教育导刊,2016(2):19-22.

[41] 庞瑶.台湾地区师范教育制度的嬗变与思考[J].华北水利水电大学学报(社会科学版),2016(12):100-103.

[42] 刘江岳,田芬.德国教师教育专业课程体系的特点及启示[J].黑龙江高教研究,2016(9):56-59.

[43] 殷爽,陈欣.日本公立中小学教师评价制度改革:背景、内容与问题[J].外国教育研究,2016(5):53-68.

[44] 王璐,王琳琳.香港特别行政区教育评估体系探析[J].比较教育研究,2016,38(5):56-62.

[45] 刘敏,张自然.法国家长积极参与学校教育[N].中国妇女报,2015-03-05(B02).

[46] 赵敏,李薇.加拿大教师问责制的体系、特点及启示[J].教学与管理,2015(31):80-82.

[47] 王慧.美国中小学教师评价及奖惩[J].天津市教科院学报,2015(3):57-59,86.

[48] 乔花云.中、美、英三国中小学师德问责制比较研究[J].佳木斯大学社会科学学报,2015,33(5):167-169.

[49] 王中男.教师伦理道德:失范与复归——基于"个体·社会"框架的一种分析[J].教育理论与实践,2015,35(34):34-38.

[50] 邹平林,曾建平.道德思维与伦理思维:论教师职业规范的构建[J].井冈山大学学报(社会科学版),2015(1):25-32.

[51] 黄正平.加拿大安大略省的教师教育及其启示[J].教育评论,2015(1):48-51.

[52] 王凤秋,徐永美.法国职前教师教育发展及对我国的启示[J].黑龙江高教研究,2015(4):41-44.

[53] 刘娟.从教师虐童案看教师职业道德的养成[J].河套学院学报,2015,12(1):59-64,77.

[54] 安方琪.师范生专业伦理教育现状、问题与对策研究[D].上海:华东师范大学,2015.

[55] 任露铭.走向实践的师德教育[D].杭州:杭州师范大学,2015.

[56] 张杰.幼儿教师专业伦理困境研究[D].重庆:西南大学,2015.

[57] 易连云,李琰.略论建国后我国教师伦理的时代变迁——基于《中小学教师职业道德

规范》演变的分析[J]. 中小学德育,2014(1):6-10.
[58] 何云峰. 建立和完善教育伦理与教师道德之间的中介架构[J]. 探索与争鸣,2014(4):22-24.
[59] 朱水萍. 教师伦理的关系维度与价值范畴——基于89个访谈文本的质性分析[J]. 教育科学,2014,30(5):36-40.
[60] 朱水萍,高德胜. 教师伦理现状调查与问题反思——以江苏省城市初中教师为例[J]. 全球教育展望,2014,43(7):51-59.
[61] 喻冰洁. 中小学教师评价的伦理问题研究[D]. 长春:东北师范大学,2014.
[62] 姬生凯. NAEYC幼儿教师伦理操守准则与承诺声明的演进与启示[D]. 金华:浙江师范大学,2014.
[63] 刘畅. 法国教师教育的改革经验及其启示[J]. 内蒙古师范大学学报(教育科学版),2014,27(6):43-45.
[64] 陈莹,孙河川,郑弘. 法国中小学教师督导过程述评[J]. 世界教育信息,2014(24):47-50.
[65] 刘晓娣. 我国台湾地区师范教育转型探析[D]. 曲阜:曲阜师范大学,2014.
[66] 覃丽君. 德国教师教育研究[D]. 重庆:西南大学,2014.
[67] 李琰. 义务教育阶段教师专业实践中的伦理困境研究[D]. 重庆:西南大学,2014.
[68] 朱水萍. 教师伦理:现实样态与未来重构[D]. 南京:南京师范大学,2014.
[69] 唐一鹏. 法国教育督导制度的现状与特点研究[J]. 比较教育研究,2013(10):44-48.
[70] 田爱丽. 引领、规范和保障:澳大利亚教师职业道德建设考察与启示[J]. 比较教育研究,2013(6):52-56.
[71] 李硕,刘永福. 加拿大教师责任结构体系与管理制度分析——以安大略省为例[J]. 教育科学研究,2013(5):25-30.
[72] 朱水萍,高德胜. 教师伦理角色的缺位与回归[J]. 全球教育展望,2013,42(10):35-41.
[73] 朱水萍. 国外教师伦理教育例谈及启示[J]. 外国中小学教育,2013(10):55-59.
[74] 梅少波. 美国职前教师专业伦理教育途径研究[D]. 重庆:西南大学,2013.
[75] 苏启敏. 论教师专业道德的实践品格[J]. 教育研究,2013,34(11):119-128.
[76] 张建祥. 增强使命感,不断提升师德建设的规范化水平[J]. 中国高等教育,2013(21):11-14.
[77] 熊保林,汤劲松,路春娇. 青年教师职业道德修养提升的策略[J]. 教育探索,2013(10):90-91.
[78] 李婉婷. 对当前部分中小学教师职业道德行为失范的思考[J]. 长春教育学院学报,2013,29(13):115-116.
[79] 田爱丽. 引领、规范和保障:澳大利亚教师职业道德建设考察与启示[J]. 比较教育研究,2013,35(6):52-56.
[80] 黄正平. 当代教师核心价值观与教师职业道德[J]. 思想理论教育,2013(10):8-12.
[81] 王凯. 近年来我国师德观念发展的三大趋向[J]. 中国教育学刊,2013(1):49-52.
[82] 李秀娟. 香港教师教育的特点与优势[J]. 当代教育科学,2013(1):25-27.

[83] 田小红,徐尹倩.香港中小学教师评价制度的构成与特点[J].湖南教育,2013(12):50-51.

[84] 廖忠.司瑞琴.加拿大安大略省教师绩效评估制度述评[J].比较教育研究,2013(12):16-22.

[85] 李文婧.德国的教育督导制度探析[J].郑州师范教育,2013,2(3):15-18.

[86] 朱剑.《苏格兰职前教师教育标准》解读[J].外国教育研究,2013,40(7):92-101.

[87] 刘昊.美国学前教育发展中联邦和州政府的责任分化[J].外国教育研究,2013(7):45-50.

[88] 司林波,乔花云.网络学术问责的有效性及其限度分析[J].教育评论,2013(4):24-26.

[89] 司林波,乔花云.学术生态、学术民主与学术问责制[J].现代教育管理,2013(6):7-11.

[90] 司林波.学术问责制建设的三维视域——制度建设、体制优化与机制创新[J].学术论坛,2012,35(10):76-80.

[91] 司林波.学术自由、学术责任与学术问责制[J].教育评论,2012(3):3-5.

[92] 司林波.教育问责制发展的特点及趋势[J].燕山大学学报(哲学社会科学版),2012,13(2):127-130.

[93] 司林波,乔花云,柴翠红.教育问责制研究综述[J].上海教育科研,2012(1):5-9.

[94] 车丽娜.论教师职业道德发展中的自主责任意识[J].教育研究与实验,2012(5):12-16.

[95] 陶红,王英.论中职教师职业道德素养及其培养[J].中国职业技术教育,2012(28):76-78,91.

[96] 兰英.中美教师职业道德规范的文本分析及建议[J].西南大学学报(社会科学版),2012,38(5):56-61.

[97] 田爱丽.中国传统教师职业道德的时代价值研究[J].教师教育研究,2012,24(5):45-49.

[98] 李艳丽.教师职业道德的失范与重建[J].现代中小学教育,2012(6):53-56.

[99] 刘良华."中小学教师职业道德规范"的四个文本的比较[J].教育观察,2012,1(1):34-40.

[100] 王凤英.中小学教师职业情感研究[D].长春:东北师范大学,2012.

[101] 李敏,余慧珍.当代中美中小学教师职业道德的对比与反思[J].教学与管理,2012(6):158-160.

[102] 薛晓阳.教师职业道德建设的"专业化"及问题思考——关于教师职业道德建设的政策设计和文本分析[J].教师教育研究,2012,24(1):1-7.

[103] 刘学坤.台湾地区大学教师专业伦理建设现状与启示——以台湾10所大学的教师专业伦理守则为例[J].现代大学教育,2012(5):65-71.

[104] 傅淳华.论教师消极性伦理[J].教育发展研究,2012,32(4):57-60.

[105] 李敏,余慧珍.当代中美中小学教师职业道德的对比与反思[J].教学与管理,2012(6):158-160.

[106] 沈璿,栗洪武.教师专业伦理规范的制度化探析[J].陕西师范大学学报(哲学社会科学版),2012,41(1):27-30.
[107] 赵秀文."教师伦理"与"教师道德"之辨[J].教育观察,2012,1(2):26-28.
[108] 孙进.德国教师教育标准:背景·内容·特征[J].比较教育研究,2012,34(8):30-36.
[109] 李丹丹.基于师德建设视角的加拿大安大略省教师守则研究[D].武汉:华中师范大学,2012.
[110] 郑福明.发挥家长委员会在儿童教育中的作用:美国的经验与启示[J].中小学德育,2012(5):12-17.
[111] 邓凡.更大的自由和主导权——新加坡新"教师成长模式"及其启示[J].全球教育展望,2012(9):72-76,26.
[112] 沈璿.师道与师德合一:构建教师专业伦理制度的理性探索[D].西安:陕西师范大学,2012.
[113] 李春梅.美国教育专业伦理规范探析[D].重庆:西南大学,2012.
[114] 邢利红.学校自我评估:来自香港的实践经验与启示[J].教育导刊,2011(12):39-42.
[115] 张雷生,李迎迎.韩国中小学教员评价制度研究[J].世界教育信息,2011(3):50-54.
[116] 鲍传友,何岩.美法教育行政体制中的学区:比较与启示[J].国家教育行政学院学报,2011(6):89-95.
[117] 董向芸,沈亚平.问责制的理论基础和现实功能[J].河北大学学报(哲学社会科学版),2011,36(4):118-123.
[118] 郑宏宇,郭清秀.加拿大教育问责制度研究[J].当代教育科学,2011(15):49-52.
[119] 胡森.21世纪法国中小学教师专业能力标准探析[J].比较教育研究,2011(8):40-44.
[120] 郑婉.法国教师教育的改革现状及其借鉴[J].北京教育学院学报,2011,25(5):35-39.
[121] 司林波,孟卫东.教育问责制在中国的建构[J].中国行政管理,2011(6):24-27.
[122] 周兴国.作为制度设计的师德考核:困境与反思[J].中国教育学刊,2011(1):29-32.
[123] 董新良.中小学教师职业声望调查研究[J].教师教育研究,2011,23(6):56-61.
[124] 田爱丽.新时期教师职业道德建设的基点及相应策略[J].当代教育科学,2011(16):21-23.
[125] 田爱丽.教师职业道德建设中实践体验模式研究[J].中国教育学刊,2011(8):74-77.
[126] 李国庆,赵国金.西方教师职业道德发展研究及借鉴[J].高校教育管理,2011,5(5):51-55,60.
[127] 和学新,王文娟.师德修养是师德成长的本质追求[J].思想理论教育,2011(6):7-11.
[128] 刘洁.教师职业道德的失范和建设[J].中国成人教育,2011(4):26-28.
[129] 周兴国.作为制度设计的师德考核:困境与反思[J].中国教育学刊,2011(1):29-32.

[130] 王雅茹.幼儿园教师专业伦理的缺失与生成[D].金华:浙江师范大学,2011.
[131] 邹昌明.多元文化下美国教师专业伦理研究[D].重庆:西南大学,2011.
[132] 郑宏宇,司林波.美国教育问责模式述评[J].上海教育科研,2010(11):31-34.
[133] 郑宏宇,司林波,彭建交.香港教育问责制探析[J].教育评论,2010(4):102-104.
[134] 司林波,郑宏宇.教育问责制的理论探讨[J].教育理论与实践,2010,30(21):28-30.
[135] 朱倢.论现代经济视阈下幼儿教师的职业道德[J].现代教育科学,2010(12):38-39.
[136] 毛菊,杨淑芹.教师伦理理性的内涵及其培养[J].当代教育科学,2010(11):39-42.
[137] 吕炜.教师职业道德形象的审视与重塑[J].当代教师教育,2010,3(1):86-89.
[138] 毛菊,杨淑芹.教师伦理理性的内涵及其培养[J].当代教育科学,2010(11):39-42.
[139] 张宁娟.国外教师伦理研究新进展[J].中国德育,2010,5(4):55-59.
[140] 姜勇,陈妍.德国中小学教师教育管理制度改革述评[J].外国中小学教育,2010(2):6-10.
[141] 张俊.新加坡教师积极参加培训的制度保障和市场机制对我国的启示[J].外国中小学教育,2010(5):39-42.
[142] 徐磊.新加坡—中国中小学教师发展比较与思考[J].中小学教师培训,2010(2):61-64.
[143] 吴金财.香港中小学校教育教学表现评估之述评[J].教育测量与评价,2010(3):28-31.
[144] 华山鹰.香港教育评估:基于实证和科学测评的评价体系[J].教育导刊,2010(3):56-58.
[145] 刘小强,王德清.美国、日本中小学新教师录用制度的特征比较及启示[J].外国教育研究,2010(4):16-19.
[146] 赵琳琳,谌启标.德国教师培养面临的困境与变革趋势探析[J].北京教育学院学报,2009,23(1):81-84.
[147] 任强.教师教学伦理敏感性及其干预对策研究[D].温州:温州大学,2010.
[148] 韩玉.德育的关怀:迈向教师的意义世界[D].重庆:西南大学,2010.
[149] 敖洁.香港教师职业的准入要求及教师教育概述[J].当代教育论坛,2009(2):116-117.
[150] 许美德,李军.世界教师教育发展的历史比较[J].教育研究,2009(6):54-62.
[151] 赖秀龙.德国教育政策的制定及启示[J].现代教育管理,2009(11):113-115.
[152] 赵风波,邵兴江.立法引领教师专业发展——美国《不让一个孩子掉队》的教师专业发展内涵、措施及影响分析[J].比较教育研究,2009(5):82-86.
[153] 司林波.释义问责制[J].广东行政学院学报,2009,21(1):29-32.
[154] 程亮.规范·专业·实践:当代教师伦理研究的三种取向[J].教育发展研究,2009,28(12):71-76.
[155] 郅庭瑾,曹丽.美国教师伦理与职业道德教育的发展及启示[J].全球教育展望,2009,38(5):34-38.
[156] 朱宁波,刘丽娜.中小学教师职业道德现状的调查研究[J].教育科学,2009,25(6):37-41.

[157] 杜中兰,李天凤.我国中小学教师职业道德规范之变迁[J].现代教育科学,2009(8):39-41.
[158] 郅庭瑾,吴慧蕾.我国教师职业道德教育的发展与评价[J].中国教育学刊,2009(8):27-29.
[159] 王益富.论教师职业道德评价的标准——对汶川大地震师德现状的思考[J].教育学术月刊,2009(7):65-67.
[160] 李清雁.教师道德释义对师德建设的启示[J].教育学术月刊,2009(7):74-76.
[161] 姚彤.国外及中国港台地区教师职业道德规范的共性及启示[J].天津市教科院学报,2009(3):59-62.
[162] 胡珠楠.中小学教师职业道德规范历史沿革、比较分析与未来前瞻[J].天津市教科院学报,2009(3):63-66.
[163] 杨天茁,门杰.加强教师职业道德建设的重要性及策略研究[J].现代教育科学,2009(6):82,111.
[164] 郅庭瑾,曹丽.美国教师伦理与职业道德教育的发展及启示[J].全球教育展望,2009,38(5):34-38.
[165] 王颖.国外教师职业道德规范建设概况及启示[J].教学与管理,2009(13):78-80.
[166] 李敏."教师道德"与"教师职业道德"辨析[J].当代教育科学,2009(4):12-13,38.
[167] 冯婉桢.教师职业道德规范的边界[J].教师教育研究,2009,21(1):16-20.
[168] 杜中兰,李天凤.我国中小学教师职业道德规范之变迁[J].现代教育科学,2009(4):39-41.
[169] 朱宁波,刘丽娜.中小学教师职业道德现状的调查研究[J].教育科学,2009,25(6):37-41.
[170] 姚彤.国外及中国港台地区教师职业道德规范的共性及启示[J].天津市教科院学报,2009(3):59-62.
[171] 罗侃.新西兰教师资格认证制度及其对我国的启示[J].教学与管理,2008(8):78-80.
[172] 张济洲.近年来台湾中小学教育改革动向及问题[J].教育导刊,2008(3):23-26.
[173] 周晓峰.骑在道德围墙上的学校教师——教师的伦理世界[D].福州:福建师范大学,2009.
[174] 于永平.我国教师专业伦理建设研究[D].重庆:西南大学,2009.
[175] 邹顺康.论教师职业道德品质的培养[J].道德与文明,2008(3):78-81.
[176] 李敏,檀传宝.师德崇高性与底线师德[J].课程·教材·教法,2008(6):74-78.
[177] 谢长英,赖新华.浅谈教师职业道德建设[J].教育与职业,2008(12):138-139.
[178] 谷静.专业道德:教师职业道德的超越[J].教学与管理,2008(7):17-20.
[179] 何玉玲,袁桂林.美国教育督导的特征及其变革趋势[J].外国教育研究,2008(10):42-46.
[180] 谷静.专业道德:教师职业道德的超越[J].教学与管理,2008(7):17-20.
[181] 秦立霞.美国教师资格认证制度及其效应研究[D].西安:陕西师范大学,2008.
[182] 施永达.新西兰中小学教育的特点及其启示[J].外国中小学教育.2008(11):48-63.

[183] 潘小娟. 法国公务员纪律与惩戒制度研究[J]. 第一资源(辑刊),2008(2):210-226.
[184] 陈国仕. 加拿大教师教育质量保证体系研究[D]. 福州:福建师范大学,2008.
[185] 齐放. 日本中小学教师的管理机制及其启示[J]. 中小学教师培训,2007(10):59-62.
[186] 冀琳琳. 新加坡教师选拔标准和晋升制度[J]. 外国中小学教育,2007(2):43-46.
[187] 胡锋吉. 中小学教师解聘制度研究[J]. 教育科学,2007,23(6):21-24.
[188] 盛正发. 法国中小学教师入职的高标准与优待遇[J]. 教师教育研究,2007,19(4):76-77.
[189] 颜桂花. 加拿大中小学教师教育与资格制度[J]. 教师教育研究,2008,20(4):76-77.
[190] 徐祖胜. 美国公立中小学不合格教师的解聘机制及启示[J]. 青年教师,2007(7):43-45.
[191] 吴姗,洪明. 美国教师认证制度的新近变革——"美国优质教师证书委员会(ABCTE)"的理念与实践[J]. 外国中小学教育,2007(1):52-55.
[192] 孔祥沛. 论我国高等教育评估面临的十大挑战[J]. 辽宁教育研究,2007(2):97-99.
[193] 任金杰. 当代教师职业道德失范的成因分析[J]. 中国成人教育,2007(21):120-121.
[194] 周国华,刘贞华. 从美国人力资源管理协会的伦理标准看我国中小学教师职业道德规范[J]. 外国中小学教育,2007(5):24-27.
[195] 檀传宝. 教育劳动的特点与教师专业道德的特性[J]. 教育科学研究,2007(3):5-11.
[196] 徐文闻,张国良,马治国. 课堂师生互动:将教师职业道德融入其中[J]. 辽宁师范大学学报(社会科学版),2007(1):70-72.
[197] 张西方. 教师德性伦理及其建设[D]. 济南:山东师范大学,2007.
[198] 王玉玲. 中小学教师专业伦理缺失与重建研究[D]. 上海:华东师范大学,2007.
[199] 王建平. 德国教师教育的特点及启示[J]. 教学与管理,2007(7):76-78.
[200] 吴迪. 苏格兰职前教师教育课程鉴定与评估述评[J]. 徐州师范大学学报,2006(4):122-126.
[201] 姚晓菊,马宇. 每个特殊教育者必须知道什么——有关特殊教育教师准备和资格的国际标准[J]. 南京特教学院学报,2006(1):73-75.
[202] 杨彬. 美国中小学师资认证与聘任制度研究[J]. 天津市教科院学报,2006(4):57-60.
[203] 代小菊. 中美公立中小学教师解聘制度比较研究[J]. 世界教育信息,2006(7):39-40.
[204] 李玉芳. 法国中小学教师教育制度评价[J]. 辽宁教育研究,2006(7):90-92.
[205] 金铁洙,孙启林. 韩国教师资格证书制度及其对中国的启示[J]. 外国教育研究,2006(5):75-80.
[206] 查正和. 新西兰教育质量保障体系略论[J]. 教育发展研究,2006(12A):28-30.
[207] 李学农. 专业化概念下的教师职业道德建设[J]. 教育与职业,2006(32):48-49.
[208] 包金玲. 教师职业道德的传统与发展[J]. 国家教育行政学院学报,2006(6):32-34.
[209] 刘玉华. 新时期教师职业道德建设的思考[J]. 国家教育行政学院学报,2006(5):21-23.
[210] 冯莉. 中国教师职业道德行为调查分析[J]. 上海教育科研,2006(4):4-6.

[211] 申继亮,赵景欣.中小学教师职业道德的现实思考[J].北京师范大学学报(社会科学版),2006(1):48-55.
[212] 彭亚青,周振军.新时期教师职业道德的内涵分析[J].社会科学论坛,2006(1):120-123.
[213] 吕培.中国教育伦理权威失序问题[J].辽宁工程技术大学学报(社会科学版),2006(6):658-660.
[214] 张西方.教师制度伦理及其功能[J].山东师范大学学报(人文社会科学版),2006(4):154-157.
[215] 薛凌云.法国近现代教师教育发展研究[D].武昌:华中师范大学,2006.
[216] 李冰,黄天娥.论教师职业道德教育的特点和策略[J].河北师范大学学报(教育科学版),2005(5):92-95.
[217] 杨超有.教师专业化背景下的师德解读[J].广西师范大学学报(哲学社会科学版),2005(3):94-96.
[218] 左伟.我国教师职业道德建设所面临的问题与对策[J].社会科学战线,2005(3):235-237.
[219] 檀传宝.论教师"职业道德"向"专业道德"的观念转移[J].教育研究,2005(1):48-51.
[220] 谌启标.加拿大教师教育大学化的传统与变革[J].比较教育研究,2005(11):61-64.
[221] 徐廷福.教育的道德性提升与教师使命[J].现代教育科学,2004(9):11-13.
[222] 杨桂梅.日本PTA的经验及启示[J].日本问题研究,2004(2):39-41,54.
[223] 张西方.教师德性伦理的结构体系与运行机制[J].山东师范大学学报(人文社会科学版),2004(1):100-102.
[224] 傅维利,朱宁波.试论我国教师职业道德规范的基本体系和内容[J].中国教育学刊,2003(2):55-59.
[225] 傅维利,杨民.论新时期教师职业道德建设的重点[J].国家教育行政学院学报,2003(1):81-84.
[226] 林红,当前台湾中小学教育的若干特点[J].教育评论,2003(5):3-6.
[227] 黄崴,孟卫青.英、美、法、德、日中小学校教师法律地位的比较[J].比较教育研究,2002(6):11-15.
[228] 董小燕,顾建民.专业伦理教育与高校德育改革[J].教育科学,2001(2):43-45.
[229] 于永顺.我国中小学教师职业道德面临的主要问题及解决对策[J].教育科学,2001(1):18-22.
[230] 蔡永红.对教师绩效评估研究的回顾与反思[J].高等师范教育研究,2001(3):73-76.
[231] 傅维利.简论师德修养[J].中国教育学刊,2001(5):43-46.
[232] 方凌雁.论专业化视野下的教师职业道德[J].教育科学研究,2001(10):59-62.
[233] 张英涛.师德评价对教师职业道德建设的影响[J].学术交流,2001(3):131-133.
[234] 于永顺.我国中小学教师职业道德面临的主要问题及解决对策[J].教育科学,2001(1):18-22.

[235] 朱宁波,朱刚琴.中小学教师职业道德规范新论[J].教育科学,2001(1):23-25.

[236] 张桂春.国外教师职业道德建设的经验及启示[J].教育科学,2001(1):33-36.

[237] 胡忠仁.论师范生的师德教育[J].高等师范教育研究,2001(1):42-46.

[238] 胡洪伟,刘朋.论教师伦理道德的法律制约机制——中小学师德建设的法学思考[J].教学与管理,2001(18):30-33.

[239] 王卫东.教师职业信念问题初探[J].华东师范大学学报(教育科学版),2000(4):8-13.

[240] 金丽红.青年教师职业道德发展的规律及培育原则[J].教育科学,2000(3):55-58.

[241] 傅维利,张东娇.论教师职业道德形成与发展的基本规律[J].教育科学,1999(4):9-11,57.

[242] 杨民.日本教师的职业道德及培养[J].教育科学,1999(3):59-61.

[243] 高如峰.简论法国的教育法制[J].教育研究,1996(12):53-57.

[244] Si L B,Qiao H Y. Performance of Financial Expenditure in China's Basic Science and Math Education: Panel Data Analysis Based on CCR Model and BBC Model [J]. Eurasia Journal of Mathematics Science & Technology Education, 2017, 13 (8):5217-5224.

[245] Si L B,Qiao H Y,Li X W. Education Quality of Rural Preschool Education Institutions based on the NAEYC Evaluation Standard: an Empirical Study of 20 Kindergartens in Cang County of Hebei Province[J]Eurasia Journal of Mathematics Science & Technology Education. 2017,13(12):8295-8304.

[246] Fleischmann K R,Hui C,Wallace W A. The Societal Responsibilities of Computational Modelers: Human Values and Professional Codes of Ethics[J]. Journal of the Association for Information Science & Technology,2017,68(3):543-552.

[247] Lloyd-Hazlett J,Foster V A. Student Counselors' Moral,Intellectual,and Professional Ethical Identity Development [J]. Counseling & Values, 2017, 62 (1): 90-105.

[248] Cho E J,Han S Y,Shin H E. Early Childhood Teacher's Professional Ethics :The Code of Ethical Conduct [J]. Korean Journal of Child Studies, 2016, 37 (6): 185-200.

[249] Meijboom F L B,Stafleu F R. Farming Ethics in Practice: From Freedom to Professional Moral Autonomy for Farmers[J]. Agriculture & Human Values,2016, 33(2):403-414.

[250] Parandavar N,Rahmanian A,Jahromi Z B. A Study of the Relationship Between Nurses' Professional Self-Concept and Professional Ethics in Hospitals Affiliated to Jahrom University of Medical Sciences,Iran[J]. Global Journal of Health Science,2016,8(4):82-88.

[251] Hammersleyfletcher L. Value(s)-Driven Decision-Making: The Ethics Work of English Headteachers within Discourses of Constraint. [J]. Educational Management Administration & Leadership,2015,43(2):198-213.

[252] Oancea A. Teachers' Professional Knowledge and State-funded Teacher Education:A (hi)story of Critiques and Silences[J]. Oxford Review of Education,2014,40(4):497-519.

[253] Goh P S C,Wong K T. Beginning teachers' conceptions of competency:implications to educational policy and teacher education in Malaysia[J]. Educational Research for Policy & Practice,2014,13(1):65-79.

[254] Déirdre Smith. Fostering Collective Ethical Capacity within the Teaching Profession[J]. J Acad Ethics,2014(12):271-286.

[255] Wang Huabo. Research On The Lack Of Young College Teachers'Professional Ethics And Precautionary Measures[J]. International Journal of Technology Management,2014(6):26-28.

[256] Ametrano I M. Teaching Ethical Decision Making:Helping Students Reconcile Personal and Professional Values[J]. Journal of Counseling & Development,2014,92(2):154 161.

[257] Martin C. On the Educational Value of Philosophical Ethics for Teacher Education:The Practice of Ethical Inquiry as Liberal Education[J]. Curriculum Inquiry,2013,43(2):189-209.

[258] Matthew N Sanger a,Richard D Osguthorpe. Modeling as Moral Education:Documenting,Analyzing,and Addressing a Central Belief of Preservice Teachers[J]. Teaching and Teacher Education,2013(29):167-176.

[259] Daphnee Lee,Wing On Lee. A Professional Learning Community for the New Teacher Professionalism:The Case of a State-Led Initiative in Singapore Schools[J]. British Journal of Educational Studies,2013,61(4):435-451.

[260] Gong S,Chai X,Duan T,et al. Chinese Teachers' Emotion Regulation Goals and Strategies[J]. Psychology,2013,4(11):870-877.

[261] Kyounghye Seo. Lessons from Korea[J]. Educational Leadership,2012,70(3):75-78.

[262] Kim,Kyu Tae. A Multifocal Analysis of Korean Educational Policies on the Teaching Profession[J]. Journal of Sound & Vibration,2011,332(20):4927-4939.

[263] Mowday R T. Elevating the Dialogue on Professional Ethics to the Next Level:Reflections on the Experience of the Academy of Management[J]. Management & Organization Review,2011,7(3):505-509.

[264] Zhu C,Devos G,Li Y. Teacher Perceptions of School Culture and Their Organizational Commitment and Well-being in a Chinese School[J]. Asia Pacific Education Review,2011,12(2):319-328.

[265] Beynon A,Wright J. Policy Enactments in the UK Secondary School:Examining Policy,Practice and School Positioning[J]. Journal of Education Policy,2010,25(4):547-560.

[266] Xie J,Lin R,Jeng Y C,et al. How Different Personality Types are Related to Per-

ception of Professional Ethics[C]// Iet International Conference on Frontier Computing. Theory, Technologies and Applications. IET, 2010: 241-246.

[267] O'Toole B. Promoting Access to Oral Health Care: More Than Professional Ethics is Needed[J]. Journal of Dental Education, 2006, 70(11): 1217.

[268] Gunnel Colnerud. Teacher Ethics as a Research Problem: Syntheses Achieved and New Issues[J]. Teachers & Teaching, 2006, 12(3): 365-385.

[269] Ching Sing Chai, Myint Swe Khine, Timothy Teo. Epistemological beliefs on teaching and learning: a survey among pre-service teachers in Singapore[J]. Educational Media International, 2006, 43(4): 285-298.

[270] Jr S W. Teaching Business Ethics to Professional Engineers. [J]. Science & Engineering Ethics, 2004, 10(2): 337-342.

[271] Dean, Peter J. Customizing Codes of Ethics to Set Professional Standards[J]. Performance Improvement, 2010, 33(2): 36-45.

[272] Beynon A, Wright J. Policy enactments in the UK Secondary School: Examining Policy, Practice and school positioning[J]. Journal of Education Policy, 2010, 25 (4): 547-560.

[273] Canon H J, Brown R D. How to Think About Professional Ethics[J]. New Directions for Student Services, 2010, 1985(30): 81-87.

[274] Kim Koh, Allan Luke. Authentic and Conventional Assessment in Singapore Achools: an Empirical Study of Teacher Assignments and Student Work[J]. Assessment in Education: Principles, Policy& Practice, 2009, 16(3): 291-318.

[275] Paulina Phillips. Professional Development as a Critical Componenet of Continuing Teacher Quality[J]. Australian Journal of Teacher Education, 2008, 33(1): 1-9.

[276] George Odhiambo. Elusive Search for Quality Education: the Case of Quality Assurance and Teacher Accountability[J]. International Journal of Education Management, 2008, 22(5): 417-43.

[277] Andrews C J. From Professional Ethics to Technological Citizenship[C]// IEEE International Symposium on Electronics and the Environment. IEEE, 2006: 45-47.

[278] Ulrich W. Critical Pragmatism: A New Approach to Professional and Business Ethics[J]. Interdisciplinary Yearbook of Business Ethics, 2006(34): 53-86.

[279] Serafini F. Taking on the National Board for Professional Teaching Standards: Alignment, Recognition and Representation[J]. Current Issues in Education, 2005, 8 (21): 24.

[280] Angela F L Wong, Goh Kim Chuan. The Practicum in Teacher Training: a preliminary and qualitative assessment of the improved National Institute of Education-School Partnership Model in Singapore[J]. Asia-Pacific Journal of Teacher Education, 2002, 30(2): 402-416.

[281] Angela F L Wong, Goh Kim Chuan. The Practicum in Teacher Training: a preliminary and qualitative assessment of the improved National Institute of Education-

School Partnership Model in Singapore[J]. Asia-Pacific Journal of Teacher Education,2002,30(2):197-206.

[282] Oakley J,Cocking D. Virtue Ethics and Professional Roles:A virtue ethics approach to professional roles[J]. Nursing Philosophy,2001,7(2):106-107.

[283] Gary D. Fenstermacher. On the Concept of Manner and its Visibility in Teaching Practice[J]. Journal of Curriculum Studies,2001,33(6):639-653.

[284] Raymond Bourdoncle,Andre Robert. Primary and Secondary School Teachers in France:Changes in Identities and Professionalization[J]. Journal of Education Policy,2000,15(1):71-81.

[285] Fwa B. Agricultural and Food Ethics from Consumer Concerns to Professional Ethics. [J]. Italian Journal of Food Science,2000,12(4):395-401.

[286] GCarr D. Professional Education and Professional Ethics Right to Die or Duty to Live? [J]. Journal of Applied Philosophy,1999,16(1):33-46.

[287] Children Y,P-Mar V N. Using the NAEYC's Code of Ethics[J]. Young Children,1997,52(March):66-67.

[288] Colnerud G. Ethical Conflicts in Teaching[J]. Teaching & Teacher Education,1997,13(6):627-635.

[289] Wilkins D B. Redefining the "Professional" in Professional Ethics:An Interdisciplinary Approach to Teaching Professionalism[J]. Law & Contemporary Problems,1995,58(3/4):241-258.

[290] Hare R M. One Philosopher's Approach to Business and Professional Ethics[J]. Business & Professional Ethics Journal,1992,11(2):3-19.

[291] Lamb C S. Teaching Professional Ethics to Undergraduate Counseling Students [J]. Psychological Reports,1991,69(2):1215-1223.

[292] Nash R J. Three Conceptions of Ethics for Teacher Educators[J]. Journal of Teacher Education the Journal of Policy Practice & Research in Teacher Education,1991,42(3):163-172.

[293] Gillon R. Professional Ethics:on Transmitting Complaints to One9s Colleagues [J]. Journal of Medical Ethics,1990,16(3):115-116.

[294] Welliver P. The AECT Code of Professional Ethics:A Guide to Professional Conduct in the Field[J]. Techtrends,1989(34):52-53.

[295] Strike K A. The Ethics of Teaching[J]. New Directions for Teaching & Learning,1988,70(2):156-158.

[296] Mead J V. Does a Professional Code of Ethics Exist for Teachers? An Investigation of the Operation of Ethical Codes in Daily Teacher Decision Making[J]. Career Choice,1988.

[297] Kipnis K. How To Discuss Professional Ethics[J]. Young Children,1987,42(4):26-30.

[298] Alnasrawi S C,Gill J A. Consulting Teacher Code of Ethics[J]. Education Unlim-

ited,1981(3):42-44.

[299] Rotunda R D. Teaching Professional Responsibility and Ethics[J]. St. Louis University Law Journal,2007,51(4):1223-1233.

[300] 中华人民共和国教育部. 关于做好 2017 年度中小学教师职称评审工作的通知. [EB/OL]. http://www. moe. gov. cn/srcsite/A10/s7030/201706/t20170622_307714. html.

[301] 香港特别行政区政府教育局. 学校行政手册. [EB/OL]. http://www. edb. gov. hk/sc/sch-admin/regulations/sch-admin-guide/index. html.

[302] 香港特别行政区政府教育局. 教师工作表现管理. [EB/OL]. http://www. edb. gov. hk/sc/sch-admin/sbm/sbm-forms-references/staff-appraisal-system/index. html.

[303] 教育職員養成審議会. 養成と採用. 研修との連携の円滑化について(第 3 次答申)[EB/OL]. http://www. mext. go. jp/b_menu/shingi/old_chukyo/old_shokuin_index/toushin/1315385. htm.

[304] 教育職員免許法[EB/OL]. http://law. e-gov. go. jp/htmldata/S24/S24HO147. html.

[305] 教育公務員特例法[EB/OL]. http://law. e-gov. go. jp/htmldata/S24/S24HO001. html.

[306] 法務省法令データ提供システム,《教育職員免許法》(平成 20 年 6 月 18 日改正). http://law. e-gov. go. jp/cgi-bin/idxsearch. cgi.

[307] 中央教育審議会. 今後の教員養成・免許制度の在り方について(中間報告)[EB/OL]. http://www. mext. go. jp/b_menu/shingi/chukyo/chukyo0/toushin/05120801. pdf.

[308] 日本中教審教員養成部会. これからの学校教育を担う教員の資質能力の向上について,[EB/OL]. [2015-10-08]. http://www. mext. go. jp/b_menu/shingi/chukyo/chukyo3/002/houkoku/1360150. htm.

[309] 教育職員養成審議会. 新たな時代に向けた教員養成の改善方策について(教育職員養成審議会・第 1 次答申)[EB/OL]. http://www. mext. go. jp/b_menu/shingi/old_chukyo/old_shokuin_index/toushin/1315369. htm.

[310] 文部科学省専門職大学院制度の概要[EB/OIL]. http://www. mext. go. jp/a_menu/koutou/senmonshoku/__icsFiles/afieldfile/2016/01/06/1236743_1_1. pdf.

[311] 教員の評価等に関する調査研究協議会. 新たな教員の評価システムに関する調査研究最終報告書(平成 18 年 3 月)[EB/OL]. http://www. city. kitakyushu. lg. jp/files/000029891. pdf.

[312] Code of Ethics[EB/OL]. http://www. nea. org/home/30442. htm.

[313] Text of No Child Left Behind Act[EB/OL]. http//www2. ed. gov/policy/elsec/leg/esea02/index. html.

[314] About NCATE [EB/OL]. http://www. ncate. org/Public/AboutNCATE/tabid/179/Default. aspx.

[315] About TEAC [EB/OL]. http://www. teac. org/.

[316] National Board for Professional Teaching Standards[EB/OL]. http://www. nbpts. org/who-we-are.

[317] Professional Recognition [EB/OL]. http://www. academyofsingaporeteachers. moe. gov. sg/professional-excellence/professional-recognition.

[318] Relief Teacher who Hurled Vulgarities at Student no Longer Employed by Secondary School[EB/OL]. http://www. straitstimes. com/singapore/relief-teacher-who-hurled-vulgarities-at-student-no-longer-employed-by-secondory.

[319] Former Primary School Teacher Jailed 21 Months for Sexually Assaulting 12-year-old girl[EB/OL]. (2016-02-15)[2017-04-10]. http://www. straitstimes. com/singapore/courts-crime/former-primary-school-teacher-jailed-21-months-for-sexually-assaulting-12? login=true.

[320] Australian Capital Territory, ACT(2006), Code of Professional Practice[EB/OL]. http://www. dct. act. gov. au/_data/assets/pdf_file/0007/17692/er_CodeProfession-alPractice. pdf.

[321] United Nations Educational, Scientific andCultural Organization(2009), Teacher codes: learning from experience[EB/OL]. http://www. iiep. unesco. org/information -services/publications/abstracts/2009/teacher -codes -learning-from-experience. html.

[322] New Zealand Teachers Council. Registered Teachers Code of Ethics[EB/OL]. http://www. teacherscouncil. govt. nZ/required/ethics/codeofethics. stm.

[323] The Education System in the Federal Republic of Germany 2006. Page245 [EB/OL]. http://www. kmk. org/dossier/ evaluation_en. pdf.

[324] Victorian Institute of Teaching. The Victorian teaching profession code of Ethics. Melbourne. 2006. The teacher Registration Board of South Australia. Code of ethics for the teaching profession in South Australia[EB/OL]. http://www. trb. sa. edu. au/pdf/Code-of-Ethics. pdf.

[325] Western Australian College of Teaching. Code of ethics[EB/OL]. http://www. wacot. wa. edu. au/index. php? section=39.

[326] Department for Education. Teacher Appraisal and Capability: Model Policy[EB/OL]. https://www. gov. uk/government/publications/teacher-appraisal-and-capability-model-policy.

[327] Department for Education. School Teachers' Pay and Conditions[EB/OL]. https://www. gov. uk/government/publications/school-teachers-pay-and-conditions.

[328] National College for Teaching and Leadership. Teacher Misconduct Panel Outcome: Mr Michael James Lingard[EB/OL]. https://www. gov. uk/government/publications/teacher-misconduct-panel-outcome-mr-michael-james-lingard.

[329] Department for Education. Keeping Children Safe in Education[EB/OL]. https://

www. gov. uk/government/publications/keeping-children-safe-in-education-2.

[330] Department for Education. Teachers' Standards[EB/OL]. https://www. gov. uk/government/collections/teachers-standards.

[331] Department for Education and National College for Teaching and Leadership. Early Years Teachers' Standards [EB/OL]. https://www. gov. uk/government/publications/early-years-teachers-standards.

[332] Understanding INTASC standards [EB/OL]. http://intascstandards. net/.

[333] What Teachers Should Know and Be Able to Do National Board for Professional Teaching Standards [EB/OL]. http://www. nbpts. org/sites/default/files/what_teachers_should_know. pdf.

[334] Government of ontario. Education act[EB/OL]. https://www. ontario. ca/laws/statute/90e02? search=education+act.

[335] Government of Ontario. Teaching Profession Act[EB/OL]. https:// www. ontario. ca/laws/statute/90t02? search=Teaching+Profession+Act.

[336] Ontario College of Teachers. Ontario College of Teachers act[EB/OL]. . https://www. ontario. ca/laws/statute/96o12? search=Ontario+College+of+Teachers+act.

[337] Ontario College of Teachers. Ethical Standards[EB/OL]. http://www. oct. ca/public/professional-standards/ethical-standards.

[338] Ontario College of Teachers. What the College Does[EB/OL]. http://www. oct. ca/about/default. aspx? lang=en-CA.

[339] Ontario College of Teachers. Standards of Practice[EB/OL]. http://www. oct. ca/public/professional-standards/standards-of-practice

[340] Ontario Teachers' Federation. We the Teachers of Ontario[EB/OL]. http://www. otffeo. on. ca/en/wp-content/uploads/sites/2/2014/09/WTT-ABOUT-OTF-AND-ITS-AFFILIATES-ENG-September-2014. pdf.

[341] Lew M M, Applegate B, Lim Z C, et al. Evaluating Pre-Service Teacher's Knowledge on Teacher Codes of Ethics: Challenge faced by Malaysia's Teacher Education Institute[EB/OL]. https://scholarworks. wmich. edu/grad_research_posters/100/.

[342] Breach of Ethics(Teacher's Code of Ethics)[EB/OL]. http://www. geocities. ws/pan_andrew/teachers. htm.

后　记

本专著是教育部人文社科研究青年基金项目(15YJC880057)和河北省社会科学基金青年项目(HB14JY002)的最终研究成果。

2006年新《义务教育法》颁布以后，问责制开始在义务教育领域引起较多关注，部分学者开始撰文介绍西方教育问责制的理论与实践成果，发表了系列论文，并且一些师范院校教育学科的研究生也开始把教育问责制作为学位论文来研究，取得了一系列研究成果。本课题组成员长期关注问责制研究，先后承担了"教育问责制国际比较研究""学术问责制研究"等一系列省部级以上课题研究，取得了丰富的前期研究成果，其中"教育问责制国际比较研究"获得了第四届全国教育科学研究优秀成果奖三等奖。

立足于对问责制研究的理论积累和对教育问责的研究兴趣，我们基于国际比较和中外比较两个视角分别以"中小学师德问责制国际比较研究"和"国内外中小学师德问责制比较研究"为题申报了2014年度河北省社会科学基金项目和2015年度教育部人文社科基金一般项目，值得欣喜的是两个课题均顺利获得立项，这对我们是一个鼓舞，更加坚定了对该问题研究的热情和信心，并且做出了出版一本较为系统的研究中小学师德问责制著作的决定。

本书通过对世界主要发达国家和地区中小学师德问责制理论和实践成果的梳理、比较，分析国际中小学师德问责制研究的共性特征与个性差异，并且对中小学师德问责制与所在国家国情和地区情况相结合的本土化过程进行分析，从而为建构适合中国大陆国情的本土化中小学师德问责制理论与实践体系提供参考和借鉴，引起是本课题研究的最终目的。

本书是一本比较教育研究的著作，比较教育研究的基础和前提就是占有大量丰富的研究资料。本书对四大洲12个主要国家和地区的中小学师德问责制实践情况进行了介绍和比较。为了掌握第一手资料，翻译了大量的外文文献。本书的合作者司林波老师(燕山大学)协助本人负责全书框架设计及组稿、统稿工作，王楠老师(燕山大学)承担了加拿大、法国部分的相关资料整理及组稿工作，王萃萃老师(信阳师范学院)承担了澳大利亚、新西兰部分的相关资料整理及组稿工作，徐芳芳博士(国家行政学院)承担了美国部分的相关资料整理及组稿工作，燕山大学校内的在读研究生刘畅、聂晓云、吴振其、朱旭、彭鑫、赵璐等同学承担了大量的资料翻译、材料整理及书稿组织校对等方面的工作，可以说本书是我们通力合作的研究成果。同时，本书的顺利完成，也有赖于国内外相关领域专家和同仁前期成果的积累，我们已将引用或参考过的文献在文后一一列出，在此致以崇高的敬意和诚挚的谢忱。

本书的框架和各个章节的结构几经探讨，但终因讨论范围有限，特别是对非英语国家外文原始文献收集不够，对各个国家中小学师德问责制的理解也有一定局限性，因而难免存在许多谬误和不当之处。希望本书的出版，能够起到“抛砖引玉”之功效，引起更多专家学者对这一领域的关注。同时，也恳请专家学者、同人和读者朋友们批评指正。

宝剑锋从磨砺出，梅花香自苦寒来。本书的写作是一个艰苦的过程，但书稿的出版也是令人倍感欣慰的。本书的出版得到了燕山大学出版社的鼎力支持，在此表示感谢。最后，也借此机会向多年来在学习、工作和生活上给予我们关怀和帮助的领导、老师、同事和朋友们表示由衷的谢意。

乔花云

2018 年 3 月 20 日于秦皇岛